中世公家の生活と仕事

広橋家文書の世界

家永遵嗣・田中大喜 編

同成社

まえがき

本書は、国立歴史民俗博物館において二〇二三年三月七日から五月七日にかけて実施した特集展示「中世公家の〈公務〉と生活―広橋家記録の世界―」の内容を、各展示物を選定・提示した専門家の文章によって、わかりやすく解説したものである。

展示にあたっては、参観者が「お公家さんって、どんな仕事をしていたの？ どんな生活をしていたの？」という、生活者の視点で感じておられる知的欲求にマッチした素材をお見せしようとした。そこで、広橋家の当主たちは、現代の「ホワイト・カラー」と呼ばれる労働者に通じる仕事をしていた、という観点をとった。各当主は仕事熱心で、自分の仕事について書き残したり、情報を集めたり、収集した情報を組み立て直して記録したりすることに情熱を傾けていた。そのことを、本書を手に取って、確かめていただきたい。

「広橋家記録」は、国立歴史民俗博物館の正式呼称で「広橋家旧蔵記録文書典籍類」と呼ばれている。広橋家に伝わる中世史料の集合体（一部近世史料を含む）である。鎌倉時代から戦国時代にかけて、広橋家の当主たちが書き残した日記や帳簿、作成したり受け取ったりした命令書・申請書・受領書、有職故実の参考書、といった多様な資料群である。

現代であると、これらの多くはオフィスのロッカーに保管されている書類だが、かつて朝廷や摂関家のオフィスに保管されていた書類は、今ではほとんどが失われてしまった。広橋家を含む実務家の公家衆は、父から子に「お仕事」を伝えてゆくために、「どのような手順で、どのような書類を作り、儀式や会議の場でどのように論議したり所作をしなければならないのか」を克明に記録した。子孫たちは、先人の残した記録を調査・研究して自分の実務に必要な情報を掴んだ。このようにして、「お公家さんって、どんな仕事をしていたの？　どんな生活をしていたの？」という疑問に答える材料が蓄積されてきたのである。

鎌倉時代の経光の日記『経光卿記』（『民経記』とも）、兼仲の日記『兼仲卿記』（『勘仲記』とも。以上は重要文化財）、室町時代の兼宣の『兼宣公記』および綱光の『綱光公記』、戦国期の守光の『守光公記』は、翻刻（活字化）・刊行が完了していたり、目下、進行中のものである。内容が豊富で、各時代の歴史研究において根本史料として活用されてきた。国立歴史民俗博物館の「広橋家記録」には本人の自筆本があるため、「各当主たちが、どんな要領で、どんな意識で日記を書いたのか」ということや、公務の参考にするために子孫が参照したり抜き書きを作ったりした事情を知ることができる。「〈公務〉と生活」と銘打った理由である。

「公務」に括弧を付けた理由は、摂関家や足利将軍家の私的な従者としての仕事が、朝廷の「公的」業務に負けないほど重要だったからだ。摂関家は朝廷政務の中心であった。頼資・経光・兼仲ら鎌倉時代の広橋家当主は、朝廷の事務部門・政務会議で活躍するとともに、摂関家（近衛家・鷹司家）の従者として家政を取り仕切った。南北朝時代以降には、足利将軍家が朝廷を支える枢要な位置を占めた。広橋仲光・兼宣父子は足利義満の叔父・従兄弟であると同時にその家政を担った従者であり、後円融天皇（後小松天皇の父）の叔父・従兄弟でもあった。二人は、のちに「武家伝奏」と呼ばれるようになる、朝廷と幕府とを仲介する役目に就いた。子孫たちが「武家伝奏」の役目を引き継いで、それは江戸時代にまで続くことになる。

広橋家の資料群は、国立歴史民俗博物館の画像データベースで、全国どこからでもすべてのページの写真をみることができる。しかしながら、写真のコマ数で二万三〇〇〇コマになるほど分量が多いため、宝の山であると同時に、迷子になってしまいそうな密林でもある。資料目録には、公式目録として国立歴史民俗博物館の刊行する『広橋家旧蔵記録文書典籍類目録』があり、学習院大学人文科学研究所の公開しているデジタル目録『広橋家旧蔵記録文書典籍類目録稿』（https://www.gakushuin.ac.jp/univ/let/rihum/tokubetsuPJ/shokai.html）もあるが、本書がこの宝の山へのもう一つの道しるべになるならば、幸いである。

また、本書を介して、中世の「お公家さん」たちがどんな「仕事」を営んでいたのか、「生活」をとりまく世界がどのように変化していったのか、ということを、感じ取っていただけると幸甚である。

なお、本書中に国立歴史民俗博物館所蔵の「広橋家旧蔵記録文書典籍類」を引用する場合、便宜的に、「歴博」に続けて先述の国立歴史民俗博物館公式目録の資料番号を付し（たとえば「歴博九二九」など）、記述することをお断りしておく。

二〇二四年十二月

家永遵嗣

目次

執筆分担

第1章　第一節　家永遵嗣
　　　第二節　廣田浩治
　　　コラム1　田中大喜
第2章　第一節　家永遵嗣
　　　第二節①　尾上陽介
　　　　　　②　高橋秀樹
　　　コラム2　甲斐玄洋
　　　コラム3　家永遵嗣
第3章　第一節　家永遵嗣
　　　第二節①　小川剛生
　　　　　　②　榎原雅治
　　　　　　③　桃崎有一郎
　　　　　　④　末柄　豊
　　　コラム4　遠藤珠紀
　　　コラム5　家永遵嗣
　　　コラム6　村井祐樹
第4章　第一節　家永遵嗣
　　　第二節①　湯川敏治・廣田浩治
　　　　　　②　末柄　豊
　　　　　　③　末柄　豊
　　　コラム7　末柄　豊
　　　コラム8　遠藤珠紀
　　　コラム9　木下昌規
第5章　第一節　家永遵嗣
　　　第二節　久水俊和
　　　第三節　井手麻衣子
　　　第四節　田中奈保

第1章

中世の公家社会と広橋家

第一節　中世公家を見つめる眼差しの転換――広橋家とその史料から――

はじめに

広橋家は鎌倉時代の初めに興ったイエで、歴代当主は摂関家・太政官・内裏の蔵人所、のちには足利将軍家の政務や家政を担うことで官位や所領を授かり、イエを立てた。

広橋家の記録・文書・典籍類からは、他にはない、どんなことがわかるのだろうか。

他のイエ、たとえば武士のイエは農場を経営する会社のようなものなので、将軍からの所領給付書類（宛行状《あてがいじょう》）・相続認可書類（安堵状《あんどじょう》）など権利書類を保存するのが最優先だった。広橋家に伝わる史料は、儀式の方針書、命令書、申請書、報告書など、朝廷や摂関家・将軍家などの業務のなかで作成・発信・受信した業務書類が多い。現代では会社や役所のロッカーに保管しておいて、自宅には持ち帰らないような書類である。しかしながら、朝廷や摂関家などのオフィスに保管されていた書類は今ではその多くが現存しない。広橋家に伝わる史料から、朝廷・摂関家・足利将軍家の政務・事務を推察することが可能になるのだ。

広橋家の当主たちは、自分が作ったり受け取ったりした業務・論議に関係する書類を控えとして写し、それについての克明な記録を記して子孫たちのために残した。書類を作成する「お仕事」を、学校ではなく広橋家のイエの中で子孫に伝えていったからだ。

どんな日記を書くと「お仕事」を継承できるのだろう。広橋家の当主たちは、現代の普通のオフィスであれば定期的に廃棄してしまうような書類の実例を、日記に写し取ったり貼り付けたりして記録した。次に書類を作るとき、行事を行うときの参考資料であったからだ。子孫たちは祖先の日記からその時々に自分に必要な情報を探した。日記の自筆原本が多く伝わっているのも広橋家の特徴で、当主たちの工夫、子孫たちの学習の跡がうかがえる。

一　広橋家のイエの展開

このイエの姿は、鎌倉時代、南北朝時代、室町・戦国時代という三段階で変化した。

〈広橋家略系図〉

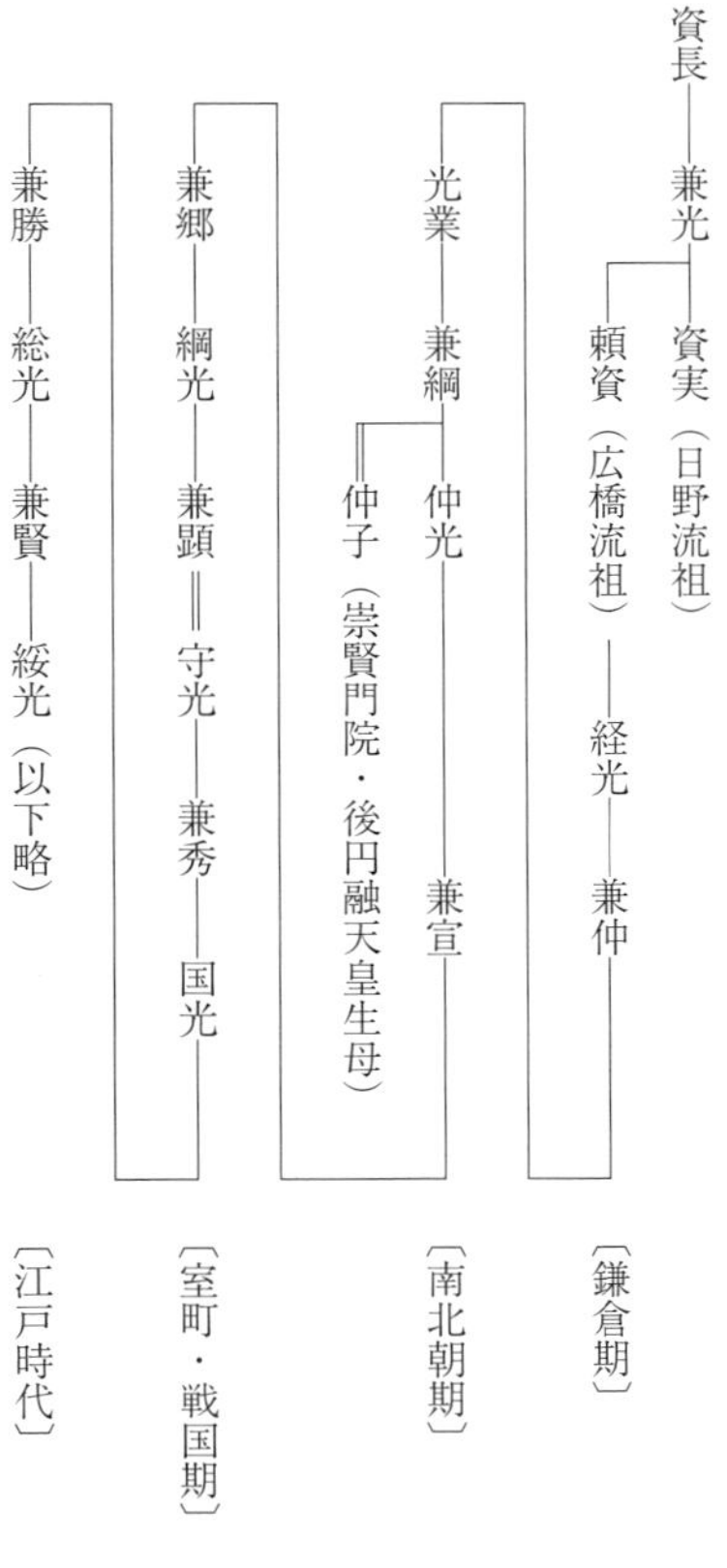

鎌倉時代には、摂関家の近衛家・鷹司《たかつかさ》家の従者としてその家政を支え、弁官・蔵人として朝廷の実務を担い、代々公卿に昇るイエという地位を確立した。頼資・経光・兼仲の三代は権中納言を「先途《せんど》」（その家の当主が昇任する官職の最高位）とした。南北朝・室町期には持明院統の天皇家及び足利将軍家の姻族となり、朝廷と幕府との仲介役である「武家伝奏」を務めるイエのひとつになった。光業の子の兼綱は後円融天皇（後小松天皇の父）の義理の外祖父になり、権大納言・准大臣となった。これがその後の「先途」となった。十五世紀末に兼顕が早世して絶家の危機に見舞われたが、遠縁にあたる日野町広光の子守光を養子に迎えて絶家を免れた。その後、守光の曾孫の兼勝は江戸時代最初の「武家伝奏」になる。

二　古代から中世へ──官僚制の構造変化──

「中央集権国家」の性質をもつ古代国家では、すべての官人が一つの組織の構成員として人事管理されていた。文官を担当する式部省と武官を担当する兵部省がすべての官人の人事を司った。このような中央集権的な人事管理は十世紀に崩壊し（吉川二〇二二）、各セクションが独立した子会社のように各個独立に人事を行い、業務の面では相互に連携するという姿に変わっていった。

朝廷全体の年々の叙位の記録として『歴名土代』という典籍がある。清原宣賢・広橋兼秀の写した写本を山科言継《ときつぐ》が整理し、応永六年（一三九九）から慶長年間（一五九六〜一六一五）の情報を記す（湯川一九九六）。従三位以上の情報は『公卿補任』にあるから載せない、として、正四位上から従五位下までを記す。六位以下の官人たちの統一的な名簿は存在しなくなっていた。中央政府は五位以上の人事しか記録しなくなっていたのだ。

六位以下の官人の人事管理は、その人が所属するセクションに任されていたようだ。それぞれのセクションの実務の大部分は、古代と同じく引き続いて六位以下の官人によって行われていた。叙位の会議に上程される昇進候補者リストの「十年労勘文」には、外記局・弁官局・八省・衛府などの官司ごとに、従五位下に昇進（叙爵《じょしゃく》）させるのが適当な候補者を列挙した。現存する永正十八年（大永元・一五二一）の「十年労勘文」では、叙爵の候補者が正六位上になった年月日とその後の異動が、各官司ごとに列記されている（「叙位除目女叙位」宮内庁書陵部所蔵、『大日本史料』第九編之十二、三〇九～三一一頁）。

太政官の事務局のうち、外記局の六位事務官「外記《げき》」については『外記補任』という記録が伝存しており、井上幸治が八世紀から十五世紀の間の人事記録を復元している（井上二〇〇四）。弁官局の六位書記官「史《さかん》」の任用も永井晋によって復元されて、『官史補任』という書にまとめられている（永井一九九八）。『官史補任』によれば、鎌倉時代半ばまで、弁官局と中務省・式部省・民部省などとの間では、六位の事務官が部署をまたがって人事異動していたことがわかる。

人事管理が変化したのと同じ頃、組織編制や文書行政の面でも変化が起こっていた。

太政官の命令発令部門である弁官局は、「弁官の下文」とも呼ばれた「官宣旨」という新しい書式の命令書を十世紀半ばから発行するようになった。「下文」という書式の書類は、十一世紀になると非常に多くの官司や家政機関から発行されるようになる。摂関家では寛徳二年（一〇四五）の関白左大臣藤原頼通家の政所下文（「内閣文庫所蔵文書」）が古い。署判する「令」「別当《べっとう》」「知家事《ちけじ》」「書吏」などの職員のうち、「別当」「知家事」の職名は律令の規定にはない。これらの職名は延喜二十年（九二〇）九月の藤原忠平家の牒《ちょう》（「東寺文書」）に現れる。文書の様式変化は家政機関の組織変化と結びついていたようだ。

摂関家の政所では「家司《けいし》」と呼ばれる政所別当や令（家令《けりょう》）には四・五位の者が任用され、「下家司《げけいし》」と呼ばれる知家事・従《じゅう》・案主は六・七位の者が務めた。侍所の幹部は六位である。彼らは、中央政府ではなく、仕えている摂関家から六・七位の位階を授けられていたのだろうという。

摂関家の侍所《さむらいどころ》勾当《こうとう》が内裏蔵人所の六位蔵人に転任する例（和田一九〇二）は、九条兼実・近衛家実の日記に散見する。侍所勾当・六位蔵人は摂関家や内裏の御殿の庶務を行う役職だった。摂関家で経験を積んだ者を、宮中に差し出す形で転任させたのではないかとも思われる。

	（三位以上）	（四・五位）	（六～八位）
太政官	大臣・納言	弁	史・外記
蔵人所	別当（大臣）	蔵人	六位蔵人・出納
摂関家	家礼（公卿）	政所別当	下家司・侍所別当・侍所勾当・侍

五位以上の官人の場合にも、セクション間を横断する人事異動は盛んだった。「摂関家の家政機関と朝廷の事務部門との間を異動しつつ昇進する」という広橋家のあり方は、朝廷を構成する各セクション同士の連繫・結合が変化したためにあらわれたのである。

三　「名家」の若者たちの修業

六位以下の官人たちは、官人生活の最後の段階になってようやく、従五位下に昇叙される「叙爵《じょしゃく》」（栄爵に叙す）という恩典に浴した。これに対して、広橋家の当主たちは立身の最初に「叙爵」する。六位以下の官人たちとは隔絶した高い身分に属していた。

従五位下よりも上位の官人を「殿上人《てんじょうびと》」、正六位以下の者を「地下《じげ》」と呼ぶ。両者の間には、内裏の殿上《てんじょう》に昇殿できるのかできないのか、という格差があった。

平安時代後期、藤原氏の日野流・勧修寺流や桓武平氏の高棟流などの諸家を総称する言葉として、「名家　めいか」という呼称が出現した。弁官など太政官の事務部門を経歴して大納言・中納言・参議などの太政官の幹部（議政官）に登用される経歴を辿ったイエである。「名家」とは、文学的な才能で名を馳せる家、ということらしい。鎌倉時代初期に日野家から分かれた広橋家も「名家」のひとつに数えられる。

「名家」の人々は、中国の古典・史書を学ぶ「紀伝道」（文章道）を学んで書類作成に必要な漢文の知識を身につけた。まず、官吏採用試験「方略試《ほうりゃくし》」に合格して従五位下の位階を授けられた（叙爵）。その後、摂関家に登用されて「政所別当」を務めた。摂関家の主人を補佐し、命令書を発行し、帳簿を管理する、という仕事をした。これは事務官僚としてのトレーニング・コースのようなものであったのだろう。次に、太政官の命令書を作成・発行する弁官局に登用されて、その上級書記官「弁《べん》」に就任した。大臣・大納言以下が出席する太政官の最高会議（仗議《じょうぎ》）に上程する原案を用意し、決定されると命令書に仕上げて発令した。官僚としての本務についた、ともいえるだろう。

さらに、これらの仕事で有能さを示すと、天皇の秘書局である蔵人所に採用されて「蔵人《くろうど》」を務めた。朝廷のさまざまの行事は、議政官の幹部（大臣・納言・参議）を長官「上卿《しょうけい》」として、蔵人・弁官が事務を執る、実行委員会「行事所《ぎょうじしょ》」の方式で進められていた。特に書類実務を担う蔵人・弁官には有能な人材が必要だったのである。

鎌倉時代の当主経光・兼仲の日記では、若い駆け出しの頃の記載が詳細だ。いつかその行事を担当することになる子孫たちのために、行事の絵図面や書類の見本をすぐに見られるようにして収めた。子孫たちが二人の記録を重視して学んだことはいうまでもない。

蔵人・弁官を勤め上げると、天皇の秘書長「蔵人頭」や、弁官局の首席書記官「左大弁」「右大弁」になり、太政官の最高幹部会にあたる「議政官」の構成員である参議・中納言・大納言に昇進した。議政官の会議では議案や命令書を点検して誤りを正さなければならない。摂関家の儀式を行う際にも、四・五位の政所別当が作成した書類を公卿になった重臣たちが点検・修正する会議が行われた。公卿たちは、先祖の日記を調べて先例を確認し、点検会議の論議を記録した。公卿になったあとも日記を読み、書く、営みを続けたのである。

四　殿上人と公卿との連繋

公卿は殿上人や六位以下の官人とは格の違う存在だった。議員、大臣、裁判官などの特別職国家公務員にあたる。摂関家にも、会社の取締役会にあたる公卿の会議があった。公卿と殿上人以下の官人との間には身分格差があったが、いうまでもなく業務連繋もあった。

朝廷では、殿上人の「蔵人」が天皇の指示をメモ（口宣《くぜん》）にして、太政官の責任者である公卿の「上卿《しょうけい》」に伝達した。「上卿」は弁官局の責任者である殿上人の「弁」を呼んで下達した。さらに「弁」がこれを六位の「史《さくわん》」に伝え、外記局の「外記《げき》」も加わって命令書を作成した。人事発令は経路が違い、「上卿」から「外記」に伝えた。

摂関家では、まず、当主がどの年の先例によって行事を行うのかを決める。四・五位の政所別当が先例にあわせて書類を用意し、公卿の重臣たちは、これが正しく作られているかどうかを会議で点検した。確定後は、下家司や侍所職員に下達されて実施された。

摂関家の重要行事では公卿の点検会議を行うことが必須だった。治承三年（一一七九）十一月に近衛基通が関白になり、初めて書類決裁を行う「吉書」の儀式を行った。しかし、基通が予め公卿を召集することを失念していたために、点検会議を行う段になって行事が立ち往生してしまった。慌てて呼び出された大納言源定房が駆けつけてくるのを、明け方まで待っていたという。基通の叔父の九条兼実は、「基通は政務に不慣れだ」と嘆いている（『玉葉』）。

殿上人の「政所別当」は、主人に書類を渡したあと、廊下まで退いて待機していた。書類を受け取った主人は、会議室「公卿座《くぎょうのざ》」に着座している公卿たちに回覧して書類を点検させた。公卿たちは当主と同席して対面協議するが、殿上人の政所別当にはこれができない身分格差があった。政所別当の会議（「政所所宛《まんどころのところあて》」など）に主人が出座することはなく、結果を報告する者は御簾を隔てた状態で主人に会い申告した。

安貞元年（一二二七）、広橋経光が近衛家実の政所別当の幹部である「執事」になると、公卿だった父の頼資が家実と話し合って指揮した。広橋兼宣が足利義満の政所別当の長である「年預別当」だった頃には、公卿である父の仲光が義満の相談役だった。父親が公卿であると主人と対座して協議できる。公卿である父親が主人と協議して政所別当である子息を後見するのが、普通の要領だった。

五　所領の恩給と主従関係

鎌倉末の延慶二年（一三〇九）十一月八日、摂関家の九条忠教は教訓書「遺誡」を著して（「九条家文書」『図書寮叢刊九条家文書一』七三～七四頁）、代々仕えてきた者たちに所領を授けることは大切だ、と記した。現代の給与政策にあたる文章である。当時の雇用関係は、所領を介する「御恩と奉公」の関係、封建的な主従関係であった。

九条忠教は、「特に名家の人々は九条兼実以来、代々仕えてきた人々だ」と言う。当時仕えていた名家の人々として「頼藤卿〈宗頼卿嫡流〉・俊光卿〈資長卿嫡流〉・光経〈光長卿嫡流〉」を挙げている。頼藤は葉室家、俊光は日野家、光経は海住山《かいじゅうせん》九条家の当主たちであった。祖先の宗頼・資長・光長はいずれも十二世紀末の九条兼実の日記『玉葉《ぎょくよう》』に現れる人たちである。摂関家九条家は兼実に始まり、従者のイエ葉室家・日野家・海住山九条家は、主人のイエ九条家と歩調を合わせて形成されていったのである。

広橋家の始祖にあたる頼資は、嘉禄二年（一二二六）九月に氏長者近衛家実から殿下渡領の一つ河内国朝妻荘を給与された。南北朝期にいったん近衛家との主従関係が中絶したが、仲光のときに復活した。応永元年（一四九六）に仲光の子兼宣が近衛家の「殿中年預」になって、その後に再び近衛家領を給与されるようになった。守光の没後に作成された大永六年（一五二六）の『広橋家所領目録』（國學院大學所蔵）には、近衛家領が数多く含まれている。

（家永遵嗣）

参考文献

井上幸治『外記補任』続群書類従完成会・八木書店、二〇〇四年
遠藤珠紀『中世朝廷の官司制度』吉川弘文館、二〇一一年
金井静香『中世公家領の研究』思文閣出版、一九九九年
佐藤進一『新版　古文書学入門』法政大学出版局、一九九七年
高橋秀樹『日本中世の家と親族』吉川弘文館、一九九六年
永井晋『官史補任』続群書類従完成会・八木書店、一九九八年
橋本政宣編『公家事典』吉川弘文館、二〇一〇年
湯川敏治編『歴名土代』続群書類従完成会・八木書店、一九九六年
吉川真司『律令体制史研究』岩波書店、二〇二二年
和田英松『官職要解』明治書院、一九〇二年（所功校訂『官職要解』講談社学術文庫、一九八三年）

第二節　広橋家領の推移

一　広橋家領の史料と鎌倉期の家領

広橋家の家領については南北朝後期と室町期の家領譲状《ゆずりじょう》、室町期の置文《おきぶみ》、戦国前期の目録が残されており、これにもとづいて家領の相伝や推移が明らかにされている（藤本一九八七、金井一九九七・一九九九a・b、喜多二〇一九、柴田二〇一二・二〇二〇）。ここでは特に金井静香・柴田真一両氏の成果にもとづき、譲状と家領目録から明らかになった中世後期の広橋家領の推移を紹介する。その上で時期ごとの広橋家領の動向や特質、その支配のあり方について考える。なお広橋家は天皇家とも密接な関係にあり、禁裏領《きんりりょう》（天皇家・朝廷の所領）の支配にも深く関わっている（本書第4章第二節①の二参照）。このため広橋家の禁裏領支配についても見ていきたい。

鎌倉期の広橋家（当時は勘解由小路《かでのこうじ》家）の家領についての史料は少ない。鎌倉期からの家領であることがわかっているのは摂津国細川荘《ほそかわのしょう》の正税分《しょうぜいぶん》、播磨国高岡南荘《たかおかみなみのしょう》の領家職《りょうけしき》である（貞和五年〈一三四九〉沙弥理翁《しゃみりおう》〈猪熊基教《いのくまもとのり》〉譲状―歴博四一六、貞治三年〈一三六四〉勘解由小路家雑掌《ざっしょう》有賢言上状―歴博九二六）（金井一九九七）。高岡南荘は戦国期まで家領として続いている。広橋家は中流公家であり単独で荘園を立荘・集積できる家格や実力はなかった。高岡南荘は摂関家の近衛家《このえけ》から、細川荘は近衛家庶流の五摂家鷹司家《たかつかさけ》から給与されている。近衛家・鷹司家ともに勘解由小路家が家司《けいし》として仕えた家である。このように上級の権力から給与された領家職（中流公家が持つことが多い荘園の支配権）などの所領から成るという広橋家領の性格は後々まで一貫している。

なお日野家・勘解由小路家を含む日野流一門の氏寺《うじでら》である山城日野法界寺《ひのほうかいじ》の寺領（法界寺末寺賢聖寺領《けんしょうじりょう》近江国明《あけ》見荘《みのしょう》など）に対しては、鎌倉期には日野・勘解由小路両家が一門の長（日野長者《ちょうじゃ》）として交互に寺領を保護していたとされる（高橋一九九八）。

二　南北朝内乱と広橋家（勘解由小路家）領の拡大

広橋家（南北朝期までは勘解由小路家）の家領が増加し始めるのは鎌倉期を過ぎてからである。南北朝期の中葉ごろまでに京都の屋地や山城・和泉・伊勢・美濃・尾張・但馬・備後・讃岐の国々で所領を獲得している（家領の現在地名は表に記した）。こうして応安四年（一三七一）の勘解由小路兼綱《かねつな》から子息仲光《なかみつ》への譲状草《そう》にみられる家領群が形成された（金井一九九七）。鎌倉期に比べてそれらは山城国衣比須島荘《えびすじまのしょう》や京都の屋地を除くと、畿内近国からやや離れた国にある家領が多い。それでは兼綱の譲状草から家領の構成をみよう（表1）。

第一に北朝の天皇家から与えられた「朝恩地《ちょうおんち》」がある（金井一九九七）。

史料1　応安四年勘解由小路兼綱譲状草（図1）

［釈文］

一、朝恩地等事

和泉国淡輪庄西方

当庄者九条中将為顕朝臣相伝之地也、而参

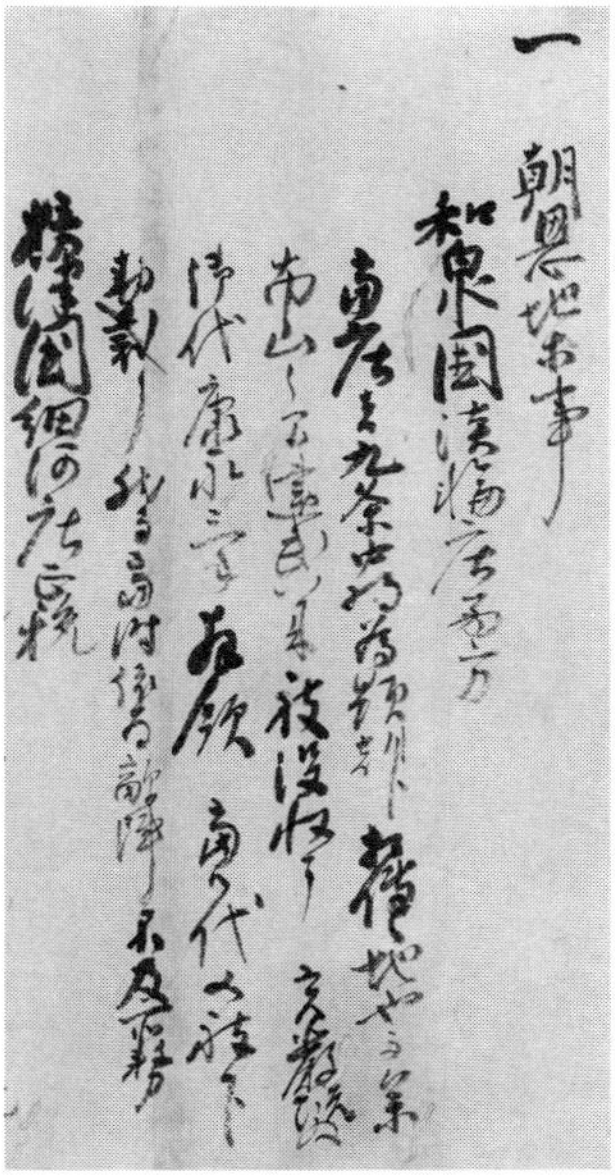

図１　「兼綱公譲状草」応安４年（部分、歴博372）

南山之間、建武以来被没収了、光厳院殿
御代康永三年拝領、当御代又被下
勅裁了、然而当時依為敵陣不及所務、
摂津国細川庄正税（後略）

［読み下し］
一《ひとつ》、朝恩地等《ちょうおんちとう》の事《こと》
和泉国淡輪庄西方《いずみのくにたんのわのしょうにしかた》
当庄《とうしょう》は九条中将為顕朝臣相伝《くじょうちゅうじょうためあきあそんそうでん》の地《ち》なり。而《しか》るに南山《なんざん》に参《まい》るの間《あいだ》、建武以来没収《けんむいらいぼっしゅう》され了《おわ》んぬ。光厳院殿御代《こうごんいんどのおんだい》、康永三年拝領《こうえいさんねんはいりょう》、当御代《とうおんだい》また勅裁《ちょくさい》を下《くだ》され了《おわ》んぬ。然《しか》れども当時敵陣《とうじてきじん》たるにより所務《しょむ》に及《およ》ばず。
摂津国細川庄正税《せっつのくにほそかわのしょうしょうぜい》（後略）

「朝恩地」には和泉の淡輪荘のように領主である公家が「南山」（南朝）についたため、北朝と室町幕府によって闕《けっ》所《しょ》（没収地）となり、北朝から勘解由小路家に与えられた家領がある（金井一九九九ａ）。このような北朝の闕所地給与により広橋家（勘解由小路家）領は一気に増加した。とはいえ戦乱のなかの闕所地には遠隔地所領も多く、兼綱譲状草が作成された時点でも支配できなかった家領もあった。淡輪荘は和泉国全体が南朝方（楠木氏）に制圧されていたため、「敵陣たるにより所務に及ばず」という状態であった。

淡輪荘西方の次に記される摂津国細川荘は南北朝期には「朝恩地」となっている。ただし南北朝期には「近来庄《しょう》家《け》錯乱」（荘園の混乱）という状態となったため、「直所々務《じきしょしょむ》」つまり広橋家の直務《じきむ》（直接支配）とされている。当時の広橋家にとって畿内にある重要な家領であったのであろう。

表１　応安４年（1371）勘解由小路兼綱譲状草にみえる広橋（勘解由小路）家領

所領区分	国	家領	現在地名	伝領
朝恩地	天皇家（北朝）からの恩給地			
	山城	大蔵省省務	—	大蔵省の業務に関する支配権
		大炊御門油小路の地（花山院家賢跡）	京都市	南朝方公家の闕所地を給与される
	和泉	淡輪荘西方	大阪府岬町	南朝方公家の闕所地を給与される、北朝の上皇より拝領、南朝方がいるため支配できず
	摂津	細川荘正税	大阪府池田市	鎌倉期からの家領、近年は「庄家錯乱」、このため直所務の地
	伊勢	女河原御園	所在地不明	伊勢神宮領　南朝方の闕所地を給与される、伊勢の戦乱で支配できず
	尾張	一楊御園	名古屋市	伊勢神宮領　闕所地、家領の替地として給与される
	但馬	雀岐荘内栗尾村・南尾村	兵庫県豊岡市	南朝方公家の闕所地を給与される
	備後	有福荘内郡戸・階見両郷（領家職・預所職）	広島県府中市	賀茂社領　朝敵の所領を給与される「庄家無為」で支配できている
鷹司家領	勘解由小路家が「数代家礼」として仕えたことによる所領			
	山城	猪熊殿并金蓮華院跡敷地	京都市	鷹司家庶流猪熊家の邸宅および猪熊家建立寺院跡地
		洞々殿御地内	—	おそらく洛中の邸宅地
	美濃	上有智北方内各別名	岐阜県美濃市	
	但馬	小代荘内輔遠名	兵庫県香美町	
	讃岐	井原荘半分	香川県高松市	
鷹司家猪熊流関係	貞和５年（1349）年に猪熊基教（理翁）より兼綱が譲与された家領			
	山城	衣比須島荘	京都府宇治市	別の寺院とも所領の係争中、また別の領主とも権益を調整中
	尾張	熱田社領相厩戸郷	愛知県内	熱田社神供料所　所領替地の裁定が出たが沙汰止み
	播磨	高岡南荘領家職	兵庫県福崎町・姫路市	守護方の違乱あり、年貢収取の努力
私領洛中屋地	山城	土御門烏丸屋地	京都市	この時期の勘解由小路家の邸宅地、他の屋地の替地として取得
		中御門京極	京都市	他の屋地の替地として鎌倉期から勘解由小路家領、他の公家との係争に勝訴して確保
		三条京極地〈京極以東、北頬〉	京都市	朝恩地

第二に勘解由小路家が「家礼《かれい》」として仕えた鷹司家から給与・安堵《あんど》された家領がある（金井一九九七）。

史料2　応安四年勘解由小路兼綱譲状草（図2）

［釈文］

一、鷹司殿御恩地等事
讃岐国井原庄半分、美濃国上有智北方内各別名
但馬国小代庄内輔遠名
猪熊殿并金蓮花院跡敷地等、於小庵者私領也
洞々殿御地内、在所丈数見文書
以上忩可申安堵御教書、数代家礼跡也、
殊存旧好、不可存疎略者也

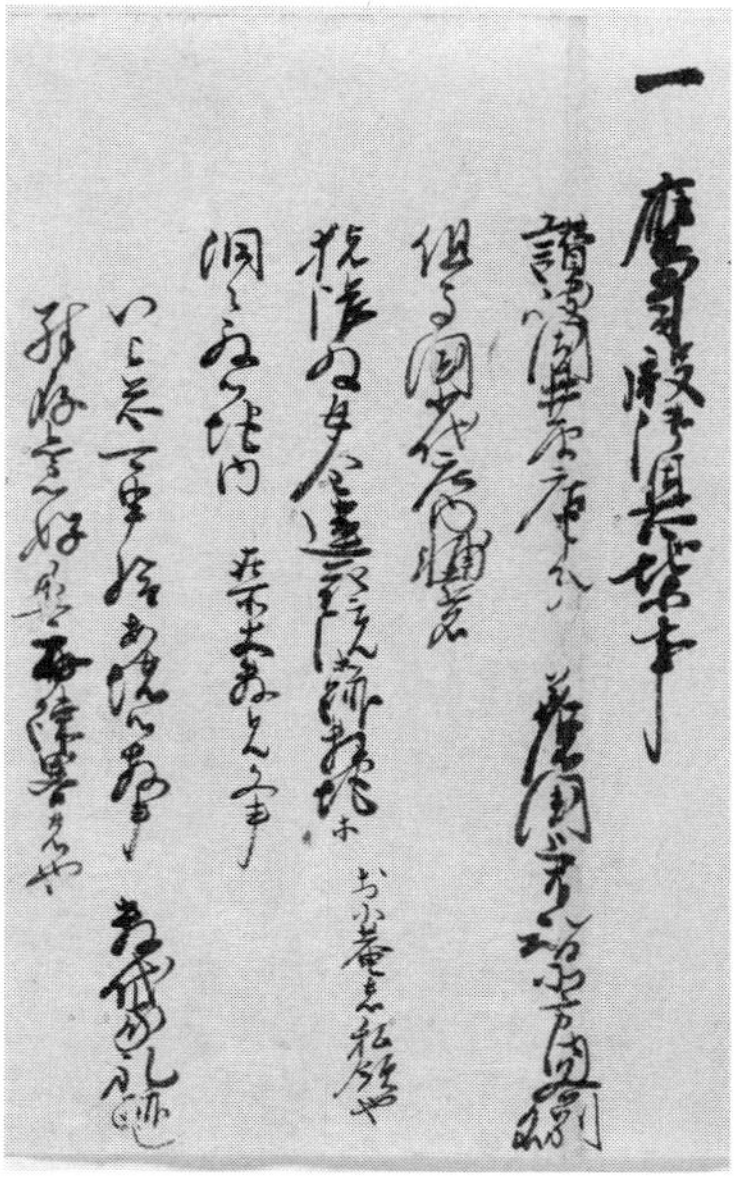

図2　「兼綱公譲状草」応安4年（部分、歴博372）

［読み下し］

一《ひとつ》、鷹司殿《たかつかさどの》御恩地等《ごおんちとう》の事《こと》
讃岐国《さぬきのくに》井原庄《いはらのしょう》半分《はんぶん》、美濃国上有智北方内各《みののくにかみうちきたかたないかく》別名《べつみょう》、但馬国《たじまのくに》小代庄《おしろのしょう》内輔遠名《ないすけとおみょう》、猪熊殿《いのくまどの》并《ならびに》金蓮花院跡敷地等《きんれんげいんあとしきちとう》、小庵《しょうあん》に於《お》いては私《し》領《りょう》なり。洞々殿御《おん》地内、在所丈数《ざいしょじょうすう》、文書《もんじょ》に見《み》ゆ。以上忩《いじょういそ》ぎ安堵《あんど》の御教書《みぎょうしょ》を申《もう》すべし。数代《すうだい》家礼《かれい》の跡《あと》なり。殊《こと》に旧好《きゅうこう》を存《ぞん》じ、疎略《そりゃく》を存《ぞん》ずべからざるものなり。

南北朝期に鷹司家から与えられた家領も、京都の屋地の他は畿内近国から離れた遠隔地である。

第三に鷹司家庶流の猪熊家（南北朝期に断絶）から安堵および給与された家領がある（金井一九九七）。播磨国高岡南荘は引き続き安堵され、新たに給与された家領に山城国衣比須島荘などがある。衣比須島荘も室町・戦国期まで支配が続いたことがわかっている。高岡南荘は守護方による違乱を受けているが、こうした事態を乗り越えて室町・戦国期まで広橋家が支配を維持している（表３）。

三　室町期の広橋家領の盛衰

広橋家は室町前期（兼綱の子仲光、その子の兼宣《かねのぶ》の時期）にも家領を拡大した（金井一九九七・一九九九ａ・ｂ）。仲光は応永十二年（一四〇五）の置文（歴博九二九）作成まで山城・美濃・越前・但馬・備中の国々に新たな家領を得ている（表２）。仲光の子の兼宣の時期にも別に山城・近江・美濃・丹波・丹後・備中に新たな家領がある（表２・３、歴博九二九―年月日未詳土代《どだい》、金井一九九七・一九九九ａによれば広橋兼宣置文）。この時期に兼宣の弟兼《かね》俊《とし》が分家（竹屋《たけや》家）を創出するが、兼宣は兼俊に家領を分与せず、竹屋家は広橋領を相続することなく近衛家の家司となっている。この時期に広橋家では嫡流の単独相続が確立したといえる。仲光・兼宣の時期に集積した家領も、京都・山城以外には畿内近国より周辺の国々にあることが多い。仲光・兼宣は近衛家との関係を復活させ、美濃・丹波・丹後で近衛家領の奉行《ぶぎょう》の権限を与えられている（表２・３）。

広橋家が仲光・兼宣の時期に家領を拡大できた背景には、やはり室町幕府将軍（室町殿《むろまちどの》）と広橋家の親密な関係があるだろう。『兼宣公記』の次の記事がそれを物語る。

史料３　『兼宣公記』応永元年十二月十九日条

［釈文］

陽明御家領濃州大井庄故仲信奉行地、家君有可御奉行之由、自室町殿御口入、

［読み下し］

陽明《ようめう》御《ご》家領《けよう》濃州《のうしゅう》大井庄《おおいのしょう》、故仲信奉行地《こなかのぶぶぎょうち》、家君《かくん》、御奉行《ごぶぎょう》あるべきの由《よし》、室町殿《むろまちどの》より御口入《おくにゅう》

室町殿足利義満《あしかがよしみつ》の口入により「家君」つまり仲光が近衛家領の奉行に補任されている。この他、美濃国軽海郷地頭《かるみごうじとう》職《しき》・近衛家領丹後国稲富位田《いなとみいでん》（島荘《しまのしょう》）領家職は、仲光・兼宣が室町殿から与えられたものである（表3）。

しかしながらこのような広橋家領のあり方は恩領《おんりょう》としての性格が強く、給与者である朝廷（天皇）・近衛家や口入者である室町殿の影響を強く受け、独立が低く不安定な家領であることを免れなかった。応永二十八年九月、兼宣は将軍足利義持《よしもち》の不信を買って家領を没収された（『看聞日記』）。もっとも兼宣の死後の永享元年（一四二九）十一月、広橋家領は将軍足利義教《よしのり》により兼宣の子兼郷《かねさと》に安堵されている（『千家文書』）（藤本一九八七）。さらに兼郷は永享四年、一門であった公家日野家の家領も管理するようになった（『看聞日記』）。ところが永享八年、兼郷は義教の逆鱗にふれて広橋家領・日野家領の計三十八カ所を没収された（『看聞日記』）（菅原一九九三、金井一九九七）。室町殿の専制の前に家領が簡単に左右される状況にあったことがわかる。

それでも兼郷の子の綱光《つなみつ》は一定度の家領を保持し、寛正三年（一四六二）四月には他の公家に与えられていた家領十カ所を取り戻した（『綱光公記』）。寛正六年十月にも家領の返還を受けている（『大乗院寺社雑事記』）。（菅原一九九三、金井一九九七・一九九九b）。広橋家の興隆をもたらした室町将軍の専制がその家領没収を引き起こし、義教死後の専制の後退が家領の回復の条件になったといえよう。

表2　南北朝・室町期の置文・譲状等にみえる広橋家領

(1) 熱田社領四カ所別名相伝系図(「下郷共済会文庫文書」)にみえる広橋家領

国	家領	現在地名	伝領
尾張	熱田社領四カ所(堀津・下中村・小鍋・椙厩戸)	愛知県内	南北朝期に猪熊基教から勘解由小路兼綱に譲与

(2) 明徳3年(1392)広橋仲光譲状2通(歴博929-1・2)にみる広橋家領

国	家領	現在地名	伝領
山城	市川	京都市(推定)	市川敷地・畠地　広橋家の「由緒の地」、南北朝期からの家領
山城	五条	京都市(推定)	「五条革嶋」と併記　山城と推定
山城	革嶋	京都市(推定)	「五条革嶋」と併記　山城と推定
播磨	高岡南荘	兵庫県福崎町・姫路市	南北朝期からの家領
但馬	雀岐荘内栗尾村・南尾村	兵庫県豊岡市	南北朝期からの家領
但馬	楽前北荘	兵庫県豊岡市	もと王家(天皇家)領
備中	備中国衙領	岡山県内	

(3) 応永12年(1405)9月広橋仲光置文(明治大学博物館所蔵「藤波家文書」)にみえる広橋家領

国	家領	現在地名	伝領
美濃	恒富郷(軽海郷内か)	不明	
但馬	楽前北荘	兵庫県豊岡市	もと王家(天皇家)領
備中	備中国衙領	岡山県内	

(4) 応永12年(1405)11月広橋仲光譲状(歴博929-3)にみえる広橋家領

国	家領	現在地名	伝領
越前	坪江郷藤沢名	福井県坂井市	興福寺大乗院領河口坪江荘の内
但馬	楽前北荘	兵庫県豊岡市	もと王家(天皇家)領
不明	山上荘	不明	

(5) 年月日未詳土代(広橋兼宣置文、歴博929-4)にみえる広橋家領

国	家領	現在地名	伝領
山城	酒麹役	—	禁裏領　洛中の酒麹生産への課役
近江	羽田荘	滋賀県八日市市	室町期には崇賢門院(兼綱養女、後円融天皇母)の所領
美濃	軽海郷	岐阜県本巣市	広橋仲光からの家領
美濃	宇多院	岐阜県関市	鷹司家からの給与
美濃	弘見荘	岐阜県関市	鷹司家からの給与
丹波	宮田荘	兵庫県丹波篠山市	近衛家領
播磨	高岡南荘	兵庫県福崎町・姫路市	鎌倉期からの家領
讃岐	井原荘	香川県高松市	鷹司家からの給与
不明	八幡田	不明	

(6) 正長元年(1428)広橋家雑掌言上状(歴博926-7)にみえる広橋家領

国	家領	現在地名	伝領
山城	山田荘(当尾)	京都府木津川市	広橋仲光からの家領

(1)(3)(5)(6)は金井1997、1999 a・bをもとに作成

表3　大永6年（1526）広橋家所領目録（國學院大学図書館所蔵）にみえる広橋家領

所領区分	国名	所領名	現在地名	備考1（個別所領注記）	当納務
朝恩地	山城	絹糸・綿・黒布駄別課役	—	南北朝期からの家領、絹糸・綿・黒布の輸送に対する課役	○
		酒麹役	—	禁裏領、室町期からの家領、洛中の酒麹生産への課役	○
		大蔵省町大宿	京都市	大蔵省故地の所領	○
		市川敷地・田畠	京都市（推定）	広橋家の「由緒の地」、南北朝期からの家領	○
	近江	羽田荘	滋賀県八日市市	室町期からの家領	
	伊勢	女河原御園	所在地不明	伊勢神宮領	
	尾張	一楊御園	名古屋市	伊勢神宮領	
	備中	備中国衙領	岡山県内	室町期からの家領	
	備後	有福荘内郡戸・階見両郷（領家職・預所職）	広島県府中市	南北朝期からの家領	
幕府からの恩給地	美濃	軽海郷地頭職	岐阜県本巣市	室町期からの家領、室町将軍からの給与	
鷹司家領	山城	衣比須島荘領家職	京都府宇治市	南北朝期からの家領	○
	尾張	小鍋	名古屋市	熱田社領　南北朝期からの家領（「小鍋狐穴」と一括記載）	
	美濃	上有智北方内各別名	岐阜県美濃市	南北朝期からの家領	
	播磨	高岡南荘領家職	兵庫県福崎町・姫路市	鎌倉期からの家領	
近衛家領	摂津	沢良宜村	大阪府茨木市	戦国期に近衛家から給与	○
	近江	柿御園下郷預所久次名	滋賀県八日市市・東近江市	近衛家領	
	美濃	生津荘内東方	岐阜県穂積市・北方町	室町期の足利義満の口入により広橋兼宣が近衛家から給与	
		大井荘	岐阜県大垣市	室町期の足利義満の口入により広橋兼宣が近衛家から給与	
		苗木郷	岐阜県中津川市	戦国期に近衛家から給与	
	丹波	宮田荘半分	兵庫県丹波篠山市	室町期に広橋兼宣に給与	
	丹後	稲富位田（島荘）領家方	京都府与謝野町・宮津市・京丹後市	室町期に足利義持が兼宣に給与	
興福寺大乗院領	越前	坪江郷藤沢名	福井県坂井市	大乗院から広橋仲光が給与 大乗院配下の松林院は広橋家から付弟を迎えている	
上級領主不明の家領	近江	岡屋郷	不明		
		久野辺郷	滋賀県野洲市		
		保坂関	滋賀県高島市	九里半街道の関	○
	尾張	狐穴	愛知県愛西市	熱田社領（「小鍋狐穴」と一括記載）	
		奥田北嶋	北嶋は愛知県稲沢市		
	美濃	深坂領南方	岐阜県岐阜市		
	丹波	今林荘	兵庫県南丹市	戦国期には三条西家領	
	備前	佐伯上村	岡山県和気町		○
洛中の屋地・田畠	山城	〔三条町〕鴨町半分	京都市		○
		土御門烏丸屋地	京都市	広橋家の邸宅地	○
		中御門京極	京都市		○
		朱雀院田	京都市		○
		北岩蔵中殿敷地	京都市		○
		二条町鴨居殿半分	京都市		○
		四条町西頬	京都市		○
		土御門京極敷地	京都市		○
		一条猪熊瑞雲院敷地	京都市	瑞雲院は広橋兼綱の墓所か	○
		法成寺敷地	京都市	藤原道長の建立寺院の敷地	○
		大嘗会畠内散在	京都市		○

柴田2012・2020をもとに作成

四　戦国期の広橋家領と禁裏領支配

広橋家領の多くは中世後期においても天皇家・近衛家・鷹司家の給与や将軍の口入にもとづく所領である。場合によっては改易されかねない脆弱な家領で、公家領荘園としての自立度は低かった。広橋家領が禁裏領・近衛家領・鷹司家領でもある場合、広橋家は荘園奉行として支配を担っている。つまり家領支配はそれら上級権門の支配機構に依存していたと考えられる（近衛家領については湯川一九八六）。広橋家領の家政機構は家司の藤堂家・速水家くらいしかわからず、家領在地の支配実態もわかっていない。広橋家がどのようにして家領（土地と住民）を支配し年貢の収取を実現していたのかは、今後の研究課題である。

戦国期にも広橋守光《もりみつ》（綱光の子兼顕《かねあき》の養子）が長享二年（一四八八）に近衛家から美濃国苗木《なえぎ》郷代官職《ごうだいかんしき》を与えられている（『後法興院記』）。この時期には広橋家領が将軍の意向に左右される事態は見えなくなる。戦国期の広橋家領を物語るのは守光の死去直後に作成された大永六年（一五二六）の「広橋家所領目録」（國學院大學図書館所蔵）である（表3）。これによると広橋家領は京都を中心に山城・摂津・近江・伊勢・美濃・尾張・越前・丹波・丹後・播磨・備前・備中・備後に三十九カ所ある（藤本一九八七、柴田二〇一二）。

ただし家領のうち「当納務《とうのうむ》」つまりこの時点で現実に支配できているのは十九カ所で、そのほとんどが京都の屋地や、酒麹役《さけこうじやく》（洛中の酒麹生産への課役）のような商工業への課役である。守光の在世中の永正年間には表3にみえる酒麹役、山城国衣須島荘領家職、山城国長谷内田地作職《さくしき》、摂津国沢良宜村《さわらぎむら》、播磨国高岡南荘領家職について支配の努力をしていることが、守光の日記『守光公記』にみえる（柴田二〇一二）。広橋家が現実に支配できる家領は京都に集中し、京都以外で数カ所の家領を維持するのみとなっていた。『守光公記』にも広橋家領の記事は少ない（本書

第4章第二節①の二参照)。

むしろ『守光公記』には禁裏領の記事が非常に多い。さらに守光は禁裏領の奉行をつとめていた。

史料4　『守光公記』永正十年(一五一三)六月二十日条(宮内庁書陵部所蔵)

[釈文]

今度当庄奉行儀訴申条、言語道断無謂次第也、就其可被仰出委細候間、可致在京之由、堅被仰、仰付候処、中御請被罷下候、曲事旨被仰出候、急度可被為参候由所候也、仍状如件、

六月廿日　勧修寺家雑掌
顕家
広橋家雑掌
景俊

山国庄
沙汰人名主百姓中

[読み下し]

今度《こんど》当庄《とうしょう》奉行《ぶぎょう》の儀《ぎ》、訴《うった》え申《もう》すの条《じょう》、言語道断《ごんごどうだん》、謂《い》われなき次第《しだい》なり。それに就《つ》き委細《いさい》を仰《おお》せ出《い》ださるべく候《そうろう》間《あいだ》、在京《ざいきょう》を致《いた》すべきの由《よし》、堅《かた》く仰《おお》せられ、仰《おお》せ付《つ》け候《そうろう》ところ、御《お》請《う》けを申《もう》し罷《まか》り下《くだ》られ候《そうろう》。曲事《くせごと》の旨仰《むねおお》せ出《い》だされ候《そうろう》。急度《きっと》参《まい》らせらるべく候由《そうろうよし》に候《そうろう》ところなり。よって状《じょう》、件《くだん》の如《ごと》し。

六月廿日《ろくがつはつか》　勧修寺家雑掌《かじゅうじけざっしょう》
顕家《あきいえ》
広橋家雑掌《ひろはしけざっしょう》

景俊《かげとし》

山国庄《やまぐにのしょう》

沙汰人《さたにん》名主《みょうしゅ》百姓《ひゃくしょう》中《ちゅう》

守光は勧修寺《かじゅうじ》尚顕《ひさあき》とともに禁裏領山国荘の奉行であった（『守光公記』同年七月二十六日条）。勧修寺家・広橋家の家司である雑掌（広橋家雑掌は藤堂景俊）が尚顕・守光の意を受けて山国荘の住民あてに、訴訟は言語道断であり参上して在京するよう命じている。このほか守光は酒麹役などの禁裏領をめぐる問題や案件にも尽力している（本書第4章第二節①の二参照）（柴田二〇一二、湯川二〇〇六・二〇一二）。守光にとって「当納務」の家領だけでなく禁裏領の奉行権限が重要な経済基盤にもなっていたのであろう。

広橋家領は美濃・尾張以東の東国や、備後・讃岐以西の中国・四国・九州には存在しない。天皇家・将軍・近衛家・鷹司家との関係で成り立つ家領は、公武政権の実効的な支配圏内に限られて設定された（喜多二〇一九）。守光死去後の広橋家にはまとまった家領文書は見られない。守光以降、広橋家領は退転の度を深めたと考えられるが、その実相は今後の追究課題である。

参考文献

高橋秀樹「『勘仲記』と家」五味文彦編『日記に中世を読む』吉川弘文館、一九九八年

金井静香「広橋家領の構成と相続」『中世公家領の研究』思文閣出版、一九九九年（初出一九九七年）

金井静香「中世の相続制度と公家領」『中世公家領の研究』思文閣出版、一九九九年a

金井静香「中世公家社会と恩領」『中世公家領の研究』思文閣出版、一九九九年b

喜多泰史「広橋家と広橋家資料」『広橋家旧蔵記録文書典籍類目録』国立歴史民俗博物館、二〇一九年

柴田真一「永正期の広橋家領について―『守光公記』の記事を中心として―」鶴崎裕雄編『地域文化の歴史を往く』和泉書院、

二〇一二年
柴田真一「解題」史料纂集『守光公記　第二』八木書店、二〇二〇年
菅原正子「日野家領の研究」『中世公家の経済と文化』吉川弘文館、一九九八年（初出一九九三年）
藤本元啓「神宮祭主藤波家旧蔵文書の紹介（上・下）」『皇學館大學史料編纂所報』八九・九〇号、一九八七年
湯川敏治「公家領荘園の支配機構―近衛家領の荘官をめぐって―」『戦国期公家社会と荘園経済』続群書類従完成会、二〇〇五年（初出一九八六年）
湯川敏治「『守光公記』にみる播磨国の禁裏御料所について」『史泉』一〇四号、二〇〇六年
湯川敏治「『守光公記』と戦国期丹波国禁裏御料所」鶴崎裕雄編『地域文化の歴史を往く』和泉書院、二〇一二年

（廣田浩治）

コラム１

「広橋家旧蔵記録文書典籍類」の形成

国立歴史民俗博物館（以下、歴博）所蔵の「広橋家旧蔵記録文書典籍類」（以下、広橋本）は、主に中世史料からなる広橋家旧蔵史料群と、伊勢神宮祭主家の藤波家旧蔵史料群とが融合した史料群である。明治四十年（一九〇七）に前者の史料群が広橋家から藤波家に移り、その後、大正五～六年（一九一六～一七）にかけて藤波家で糊はがれの継ぎ直しや装丁などの大規模な修補を実施したのち、岩崎小弥太が購入して岩崎文庫に入った。そして、昭和初期の東洋文庫への寄贈を経て、昭和五十八～六十二年（一九八三～八七）度に文化庁・歴博が購入し、現在に至っている（喜多二〇一九、高橋二〇二二）。

以上の経緯を経て歴博の所蔵となった広橋本の個々の史料の多くには、題簽《だいせん》等に符号が記されていることが確認できる。この符号は、大正年間の修補に際して、修補作業を担当した宮内省旧職員の上野竹次郎によって記入されたものと見受けられ、大正六年二月に作成された藤波家所蔵段階の目録である『藤波家蔵文書記録目録』（以下、『目録』）の項目・番号と対応していることが指摘されている（伴瀬二〇一三a・b）。この符号に着目することで、広橋本の形成過程を垣間見ることができる（田中二〇二二）。

符号は「漢字＋漢数字」で表記されている。符号の漢字には、「儀」・「叙」・「改」・「珍」・「資」・「乙」・「番外」・「政」が確認できる。これらのうち、「儀」・「叙」・「改」・「珍」・「資」・「乙」が『目録』に記載されている項目の略称であり、漢数字は『目録』の各項目の番号を示している。一方、「番外」と「政」は『目録』に見えない項目の略称となるが、その大部分は前者であり、符

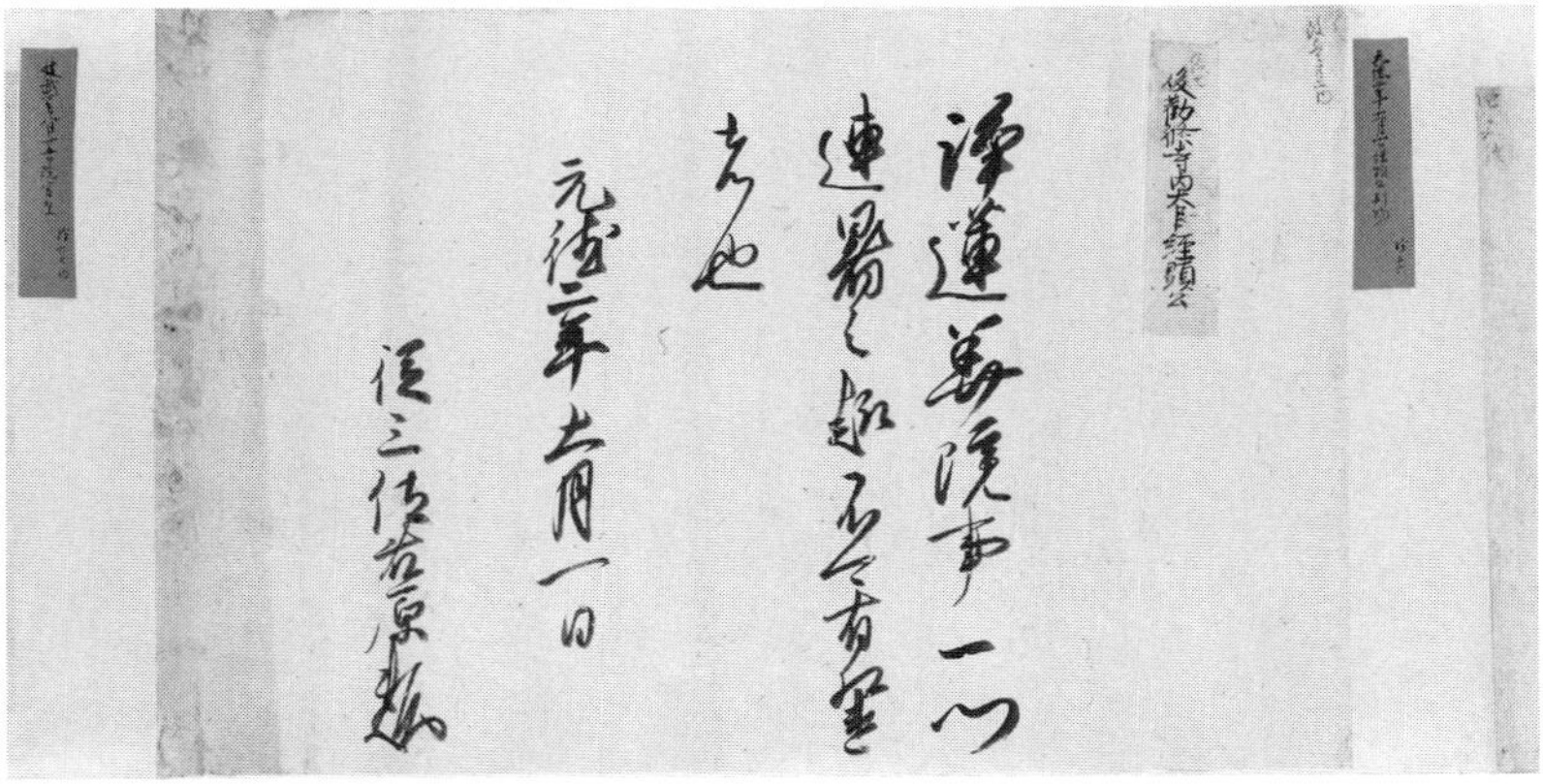

図　移動（項目替え）された文書（元徳２年11月１日付勧修寺経顕判物、歴博914-3）

号には「番外甲」・「乙番外」・「資番外」・「珍資番外」などと記されている。この「番外」符号を持つ史料群は『目録』に記載されていない史料群となるので、これらは『目録』番外史料群、すなわち未立項史料群を意味していると理解できよう。「政」符号を持つ史料群も同様である。

　このように考えると、修補時の藤波家所蔵史料群は「残らず糊が剥がれて何が何だか判らなくなった」（村口一九三四）という状態にあったようだが、このような状態にあった史料群こそが未立項史料群に該当すると考えられる。上野は修補に際して、糊が剥がれてばらばらの状態にあった史料群を整理して「番外」符号を付したものの、おそらく雑多な内容を持つために立項するまでには及ばなかったのだろう。そのため、これらの史料群は『目録』に記載されなかったと考えられる。ただし、内容的にまとめられると判断した史料群については、まとめられて新たに立項されたものもあっただろう。実際、『目録』には後筆（追記）の情報として、「改元部類」（「改」）八四・八五号の史料が記載されているが、これらはそうした史料群と推測される。なお、修補作業に際して上野は、たんに継ぎ直しや装丁を行うだけでなく、別のまとまりとして伝来してきた史料や本来別の巻子にあったもの同士を内容によってとりまとめて書名を付したり、巻分けをするといった作業（類纂）も行っている（伴瀬二〇一三a）。

　さて、符号を手がかりに広橋本のなかの文書群を『目録』と照合させてみると、現形態の文書数と『目録』の文書数が合致しないものがあることに気がつく。現形態の文書数が『目録』の文書数よりも少なくなっている文書群は、一見すると散逸したためとも考えられる。しかし、『目録』の作成と修補は同時期に行われたという事実に鑑みると、その可能性は低い。現形態の文書数が『目録』の文書数よりも多い文書群もあり、このような文書数の増減は修補と何かしらの関係があると見るべきである。

　文書数の増減とは、修補に関わって文書が移動したことを表していると考えられるが、こうした観点から注目されるのが図の文書である。これは「浄蓮華院文書」のなかの一通だが、二種類の押紙が貼られている。一つは巻子の台紙右上に貼られた橙色の染め紙から作られたもので、「元徳二年十一月一日経顕公判物　珍二六」と記載されている。もう一つは文書の料紙右上に貼られた楮《ちょ》紙《し》から作られたもので、前者とは異筆で「『儀七』（朱筆）後勧修寺内大臣経顕公」と記載されている。前者は「浄蓮華院文書」に限らず、広橋本に広く確認できる押紙であり、おそらく上野によって作成されたものだろう。また、両者を比べると、後者の方が明らかに先に作られたものと判断される。したがってこの文書は、当初は「儀式部類」七号の史料として整理されていたが、修補に際し、上野によって「珍資料」二六号の史料に整理し直されたことになる。すると、上野は修補に着手するにあたって、修補前の藤波家所蔵史料群の整理状況を見直し、再整理を行ったという事実が浮かび上がってくるが、その過程で文書の移動（項目替え）も行われたと考えられよう。

　このように明治四十年に藤波家に入った広橋家・藤波家伝来史料群は、大正年間の修補前に整理状況が見直され、再整理される過程で文書の移動が行われたと見受けられるのである。上野が藤波家所蔵史料群の再整理を行った目的は、修補に際し、その全容を把握するためだったと見られる。再整理を終えたのがおそらく大正六年二月であり、上野はその結果をひとまず『目録』として記録した。そしてその後、未立項史料群も対象として類纂＝文書の移動を行いながら修補作業を進め、現在の広橋本が形成されたのである。

（田中大喜）

参考文献

喜多泰史「広橋家と広橋家資料」『広橋家旧蔵記録文書典籍類目録』国立歴史民俗博物館、二〇一九年
高橋秀樹「藤波家旧蔵史料の現状と伝来」同編『藤波家旧蔵史料の調査・研究　二〇一九年度・二〇二〇年度一般共同研究　研究成果報告書』東京大学史料編纂所、二〇二一年
田中大喜「『広橋家旧蔵記録文書典籍類』所収文書群の書誌的考察」同右書
伴瀬明美「応永年号の一散状から」『日本歴史』七七八号、二〇一三年a
伴瀬明美「史料編纂所所蔵『古文書目録』（『藤波家蔵文書記録目録』）」『東京大学史料編纂所研究紀要』二三号、二〇一三年b
村口半次郎「洒竹文庫及び和田維四郎氏」反町茂雄編『紙魚の昔がたり　明治大正篇』八木書店、一九九〇年（初出一九三四年）

第2章

鎌倉時代の広橋家

第一節　朝廷・摂関家の政務を支えるイエとして興った広橋家

はじめに――摂関家の成立と日野流の諸家――

摂関家の祖先は藤原北家の冬嗣である。冬嗣の兄真夏が広橋家を含む日野流諸家の祖である。真夏の子孫である有国は藤原道長の父兼家の家司（政所別当）となり、以後、日野流の諸家は摂関家の従者として摂関家の家政に参画した。また、有国は太政官の最高会議である議政官の構成員である参議に昇進している。有国のあと、資業・実綱・有信の歴代は、太政官の事務局にあたる弁官局の幹部になった。彼らは太政官の政務（合議や発令事務）という面でも摂関政治を支えたのだ。

有国の子資業は道長の子頼通に仕えて、永承五年（一〇五一）に日野法界寺に阿弥陀堂（現法界寺本堂）を建立した。藤原頼通が永承六年に宇治平等院を創建するのと同じ頃だ。資業は祖先を祀る法界寺の法会「日野八講」を創始した。一門の上首「日野長者」が法会を主宰し、日野流諸家の集う場になった。のち、広橋家の当主の頼資・経光・兼仲・光業・兼綱も「日野長者」を務めている。広橋家の地位は高かったようだ（高橋一九九八）。

摂関政治の最盛期を開いた藤原道長の足場は、長く左大臣を務めて太政官の最高幹部会議（議政官《ぎせいかん》）を強固に掌握したことと、天皇との外戚関係とにあった。長和五年（一〇一六）から半世紀のあいだ、道長の外孫の後一条・後朱雀・後冷泉の各天皇が位にあった。しかし、子息の頼通は外戚の地位を維持できず、治暦四年（一〇六八）に外戚関係のない後三条天皇が位についた。応徳三年（一〇八六）にやはり外戚関係のない白河上皇が院政を始めて、天皇家の家長が皇位継承者と摂関の人事とを決める、いわゆる院政時代になる。

天皇の外戚の地位は、藤原道長の叔父藤原公季《きんすえ》に始まる閑院流藤原氏（白河天皇の生母茂子の生家、三条・徳大寺・西園寺などの諸家）や、村上天皇の孫にあたる源師房の子孫の村上源氏（白河天皇の妃・堀河天皇の生母賢子の生家。久我・中院・土御門・北畠などの諸家）、白河天皇の近臣藤原顕季に始まる六条家（美福門院の生家）などに遷った。しかし、彼らが摂政・関白になることはなく、その結果として「摂関の地位を世襲して院権力を支える特別なイエ」摂関家が確立することになった。

この過程で「名家」のなかから上皇の政務を支える者も出てきた。白河・鳥羽両上皇に仕えた藤原為房の血をひく

〈藤原北家略系図〉

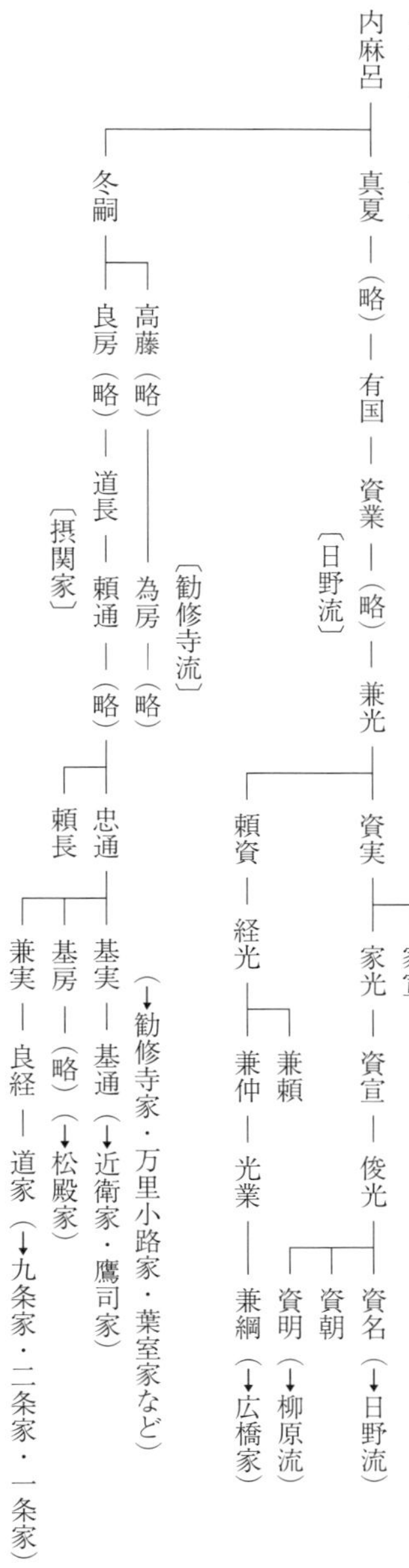

勧修寺流の吉田家・勧修寺家・中御門家・万里小路家などだ。ただし、為房の子孫には葉室家・海住山九条家など摂関家の家司を務める血筋もある。

公家諸家がそれぞれ中世公家社会に特有の位置に定まってゆくなかで、各家が担った公務を記録する日記が書かれ、先例を知るために参照されるようになる。九条家を興した兼実の日記『玉葉』や、兼実の兄基実の血筋が近衛家となる時期に家司を務めた平信範の『兵範記』は、九条家・近衛家の有職故実の原点である。広橋家の当主たちの日記も大切な記録として扱われた（なお、本節の執筆にあたって『大日本古記録　民経記十』所収「藤原経光略年譜」を参照した）。

一　近衛家・九条家の分立と名家

保元元年（一一五六）の保元の乱で藤原忠通と弟の頼長とが対立したあと、摂関家の勢力は大きく後退した。たとえば、頼長の知行していた陸奥国の荘園が院領荘園になり、奥州藤原氏と後白河上皇との関係が強くなった。仁安元年（一一六六）には、忠通の嗣子近衛基実が早世した。弟の松殿基房が摂政・氏長者になったが、摂関家領の主要部分は基房には与えられず、基実の未亡人平盛子に委ねられて、盛子の父平清盛が実質支配する状態になった。

治承三年（一一七九）六月に平盛子が没すると、後白河上皇が基実の遺領を没収し、怒った平清盛が同年十一月にクーデターを起こして後白河を幽閉し、松殿基房を配流した。寿永二年（一一八三）に平家が都落ちして源義仲が入京すると、基房は義仲に与して子息師家を後鳥羽天皇の摂政にした。しかし、基房は義仲と結んで後白河と対立する形になってしまったため、その後の松殿家は衰えた。義仲を倒した源頼朝は基実・基房の弟の九条兼実と結んだ。文治二年（一一八六）、兼実が摂政になり、摂関家は近衛・松殿・九条の三家に分かれた。

広橋頼資の祖父の日野資長は、松殿基房が摂関だった時期に公卿の地位にあった。資長の子の兼光（広橋頼資の父）は松殿基房の家司を務め、治承三年に基房が失脚すると近衛基通の家司となり、九条兼実が摂関になると公卿として兼実を支えた。頼資の兄の資実は、摂政九条兼実の家司となり、建久七年（一一九六）に兼実が失脚すると近衛基通の子家実の家司になった。摂関家三家の分流はまだ固定しておらず、資長、兼光らは三家に均しく仕えていた。

仁安元年に基実の遺領が平盛子に委ねられたとき、摂政・氏長者松殿基房には後に「殿下渡領」と呼ばれるようになる一群の荘園が与えられた。大和国佐保殿などの由緒の古い荘園に氏寺・氏社の荘園一〇〇カ所余りが加えられて、藤原氏全体の氏寺・氏社を統べる氏長者が在任中に支配する財産となった。他方、基実の遺領の主要部分は基実の子基通が相続して、後の近衛家領となった。

のち、暦応五年（一三四二・康永元）に九条家で作られた「殿下渡領」の目録（『図書寮叢刊九条家文書一』七七〜八五頁）をみると、氏長者のもとで藤原氏の氏寺・氏社の祭祀を司る役職「執事《しつじ》」だった葉室長顕に対しては、「殿下渡領」のなかでも由緒の古い大和国佐保殿・備前国鹿田荘が授けられている。

名家の人々は、摂関家から分かれた三家のうち、たとえば日野家の場合には近衛家と九条家とに仕えるとともに、藤原氏全体の財源「殿下渡領」から手当（氏長者在任中の所領給与）を受けて、氏長者が行う氏の公務（氏寺・氏社の祭祀・人事など）にも従事した。

九条家領は、崇徳天皇の皇后だった皇嘉門院藤原聖子（藤原忠通の女子）から譲られた荘園が核になった。著名な能登国若山荘はもと皇嘉門院領で、本所九条家・領家日野家の荘園になる（「九条家文書」「法住寺文書」など『珠洲市史第二巻』三三〜一二一頁）。豊後国津守荘の本家職は皇嘉門院から兼実の子良通に譲られ、良通の室花山院兼雅女子を介して広橋頼資の室「仲川禅尼」が領家になった（金井一九九九）。『勘仲記』弘安六年（一二八三）八月二日条（『兼仲卿記〈勘仲記〉』歴博七七六）に、広橋兼仲が「家領津守庄」の領家職を有しているとある。弘安八年の

「豊後国図田帳」には、「津守荘百七十町　領家勘解由小路中納言家」とある。津守荘は大きな荘園だった。「豊後国図田帳」の「勘解由小路中納言」は兼仲の父経光のことで、経光が「仲川禅尼」から領家職を譲られ、兼仲に継承されたのだという。

摂関家の家政と朝廷政務とを家業とする家が、摂関家領の領家職などを家産（家の財産）として存立し、「御恩と奉公」からなる封建的主従制によって摂関家と結びついていた。

二　日野兼光の子頼資の立身

広橋流の祖藤原頼資（一一八二〜一二三六）は日野兼光の子である。兼光は頼資の兄資実（一一六二〜一二二三）を嫡子、頼資を庶子としていた（高橋一九九九）。資実から日野諸流が分かれる。

頼資は兄の資実よりも二十歳も若く、頼資の活動期間は兄資実の子家宣（一一八五〜一二二二）・家光（一一九九〜一二三六）と重なる。頼資の叙爵は近衛基通から九条兼実の子良経に摂政が交代する建仁二年（一二〇二）だが、その後、頼資が摂関家の政所別当を務めていたという明証はない。甥の日野家宣は建永元年（一二〇六）頃から近衛家実の家司として現れる。摂関家の重臣としての兼光の地位は、嫡子日野資実を介して資実の子の家宣・家光に継承されたようだ。

「中殿御会図」は建保六年（一二一八）八月十三日、順徳天皇の主催で内裏の清涼殿（中殿）で催された詩歌管弦の会を描く図である。写実性の高い「似絵《にせえ》」で描かれ、他の肖像画と比較対照できるため肖像研究に用いられる図像である。当時は五位の蔵人かつ右衛門権佐であった頼資の姿がみえる。中世の広橋家当主の肖像は他に見当たらず、貴重である。

広橋家記録の「修明門院熊野御幸記」（歴博〇五二）は、承元四年（一二一〇）に頼資が順徳天皇の生母修明門院の熊野参詣に供奉した時の記録である。修明門院藤原重子は後鳥羽天皇の妃で順徳天皇を産んだ。『尊卑分脈』には建暦二年（一二一二）閏正月に頼資が修明門院の推薦（御給《ごきゅう》）で但馬守を兼ねた記事があり、承久二年（一二二〇）に頼資が「院（後鳥羽上皇）・修明門院」の財務部署「率分所《そつぶんじょ》」の長官に任じられたとある。以上より、頼資は修明門院に仕えてその配偶者である後鳥羽上皇や皇子である順徳天皇の知遇を得て立身したのではないかと思われる。修明門院は後鳥羽の政務を取り仕切った女房藤原兼子（卿二位）の従姉妹である。承久の乱で後鳥羽が権力を失った後も修明門院・兼子らは地位を保った。『経光卿記』安貞元年（一二二七）五月十日条（『経光卿暦記』歴博八四一）に、頼資が修明門院の命で仏事を執行する記事がある。

同じ頃、嘉禄二年（一二二六）六月に、近衛家実の女子長子（鷹司院）が、後白河上皇の皇女宣陽門院覲子の猶子となって、後堀河天皇の中宮に立てられる変化があった。同年四月十六日に頼資は宣陽門院の院司になって（『明月記』）、長子の入内に参画する。このあと、頼資・経光父子と近衛家・九条家との関係が急激に深まった。

図１　下段右から２人目の人物が頼資（「中殿御会図」部分、國學院大學所蔵）

宣陽門院は大荘園群である長講堂領を後白河から伝領していて、これを鷹司院に伝えた。

女院領は大きな経済基盤であり、女院には従者の官位昇進を推薦する権利（年官《ねんかん》・年爵《ねんしゃく》）もあった。頼資は修明門院の推薦（御給）で但馬守を兼ねている。頼資の子経光は寛喜元年（一二二九）に後堀河天皇の生母北白河院（八条院領の伝領者）の御給で正五位下に越階した。経光の子の兼仲は正元元年に室町院暉子《きし》内親王の御給で従五位上に越階した。この頃の広橋家の当主たちは、代々、女院に仕えて地位を得ていたようだ。

頼資の子の経光は寛元元年（一二四三）に後堀河天皇の皇女室町院暉子内親王の女院司になった。室町院も大きな荘園群の支配者である。経光が没したことを記す文永十一年（一二七四）四月十五日の『兼仲卿暦記』（歴博八三〇）に、「室町院年預三十餘年御奉行」とある。経光は室町院の家政を司る「年預」だったのだ。経光の子兼仲も室町院に仕え、記事は『兼仲卿記』永仁二年（一二九四）六月二十九日条（『兼仲卿暦記』歴博八三二）までである。

三　近衛家・鷹司家の従者になる

朝廷政務の面で頼資をみると、後鳥羽院政期に弁・蔵人として実績を積み、承久の乱の翌年の貞応元年（一二二二）に後堀河天皇の蔵人頭となり、元仁元年（一二二四）に参議になっている。兄の日野資実が承久二年（一二二〇）に出家して貞応二年に没しているので、入れ替わるような関係であった。資実の子家宣が貞応元年に没したのと入れ替わる関係でもある。頼資は家宣の没後「日野長者」を務めており、元仁元年（一二四四）に家宣の弟家光に「一門長者」を譲った。このようにみると、兄資実の血筋に適格な人材が欠けていた時期、弟の頼資が諸々の公務を代わって担っていたということのようだ。

日野家宣が貞応元年に没した頃、家宣の弟家光は若く、承久元年（一二一九）に蔵人になったばかりであった。家光は嘉禄元年（一二二五）に蔵人頭になり、同じ年の十二月に参議になってしまった。家光の子資宣が叙爵するのは延応元年（一二三九）である。この頃、日野家には摂関家の家司を務めるのに適当な年頃の若者がいなかったため、頼資の子経光に注目が集まってゆくように思われる。

『経光卿記』嘉禄二年（一二二六）九月一日条（『経光卿記〈民経記〉』歴博六八三）に、経光の父の頼資が関白・氏長者近衛家実から殿下渡領河内国朝妻荘を給与される記事がある。ちょうど、頼資が宣陽門院の女院司となり、近衛家実の女子長子（後の鷹司院）の入内にも参画するようになった時期である。このあと、『経光卿記』安貞元年（一二二七）四月十日条（『経光卿記〈民経記〉』歴博六八三）に経光が近衛家実の子兼経の参内に供奉する記事が顕れ、続いて、経光が九条道家の嗣子教実の家司になる記事、経光が近衛家実の執事別当となる記事が、たて続けに現れる。近衛家・九条家が競うように経光の登用に努力し始めたのだ。これらは、近衛家・九条家がそれぞれ、後堀河天皇に后妃を入れて、外戚の地位を奪い合っていたことと、関係があることのようだ。

経光は九条道家の嫡子教実の家司になったあと、寛喜三年（一二三一）に道家の外孫秀仁（四条天皇）が誕生すると皇太子秀仁の東宮坊に出仕した。貞永元年（一二三二）に四条天皇が践祚《せんそ》すると、経光は五位蔵人・右少弁・右衛門権佐に検非違使を兼ねる、当時「三事兼帯」と呼ばれた栄誉に浴した。経光は四条天皇のときに参議になり、後嵯峨天皇に仕えて権中納言になり、建長三年（一二五一）頃から後嵯峨上皇の院評定に出仕するようになった。

この後、建長四年（一二五二）に近衛家実の子で近衛兼経の弟にあたる鷹司兼平が摂政となり、五摂家（近衛・鷹司・九条・一条・二条の五家）が分立するという形勢になった。

藤原氏の氏長者を支えて氏寺・氏社の祭祀を指揮した「執事」の人事をみると、広橋家の当主は近衛家・鷹司家に仕えている。『経光卿記』を記した経光は近衛家実・近衛兼経の執事を務めた。経光の子兼頼は近衛兼経の弟鷹司兼平の執事を務め、兼頼の弟で『兼仲卿記』を記した兼仲は鷹司兼平・近衛家基の執事を務めた。兼仲の子光業は鷹司冬平・近衛家平の執事、光業の子兼綱は近衛経忠・鷹司師平の執事になった。広橋家の人で九条道家の子孫である九条家・一条家・二条家の氏長者に執事として仕えた人はおらず、歴代、近衛家・鷹司家に均しく仕えていた。

四　女官「典侍《ないしのすけ》」を出すイエになる

経光の女子には天皇の女官になった者が二人いた。経光死没直後の文永十一年（一二七四）六月四日に広橋邸が放火されて焼失した。経光の子兼仲は「母儀（経光室・藤原親実女子）并典侍殿（経子・経光女子）・予（兼仲）」が「歓喜光院内侍殿宿所」に仮住まいしたと記す（高橋一九九八）。この「典侍殿《ないしのすけ》」と「内侍殿《ないし》」とは別人だ。「内侍殿」は『経光卿記』文永二年六月二十五日条（『大日本古記録民経記九』一六三頁）に斎宮愷子内親王《がいしないしんのう》（後嵯峨皇女）の伊勢下向に随行したことが記される経光の「息女斎宮内侍局」と同じ人だとみられる。「典侍殿」は『尊卑分脉』に「典侍」と記載されている経光の女子経子のようだ。経子は『兼仲卿記』では文永十一年二月一日条（『兼仲卿暦記』歴博八三〇）に春日祭使となった兼仲の兄兼頼に「戸部《こほう》（経光）・母儀・典侍殿」が同行した記事に初出する。後宇多天皇の践祚直後の記事なので「典侍」経子が後宇多天皇の登極儀礼にどのように関係していたのかが気になるが、情報が乏しい。とはいえ、経光の女子二人が内裏の女官になっていたことはわかる。いっぽう、詳細は不明だが、『尊卑分脉』には兼仲の女子で「典侍」になった者も記されている。広橋家は宮中の幹部女官「典侍」を出す家になっていたようだ。

これは、後に足利義詮の室紀良子の妹仲子を広橋兼綱の養女にして、後光厳天皇の「典侍」とする問題に関係している（遠藤珠紀氏のご教示による）。仲子は石清水八幡宮の神職善法寺通清の女子なので「地下」身分であった。「地下」身分の女性が産んだ皇子には皇位継承権がない。仲子が兼綱の養女になったことから、仲子が上臈《じょうろう》女官である「典侍」となり、仲子の産んだ皇子緒仁《おひと》（後円融天皇・後小松天皇の父）に皇位継承権が認められたと推定される。鎌倉時代の広橋家に、「典侍」を出したという先例があったことが重要だった。

五　兼仲の時に「日記の家」として確立

経光が没したのは文永十一年（一二七四）だった。『兼仲卿記』の記主兼仲の兄である経光の嫡子兼頼は文永六年に関白鷹司基忠に仕え、文永七年に弁官となり、建治三年（一二七七）に蔵人頭となって活躍していた。しかし、弘安三年（一二八〇）に四十二歳で病没してしまった。兼頼の弟の兼仲は建治二年に鷹司兼平の家司となり、弘安元年に兼平が関白・氏長者になるとその「執事」になって活躍していた。

兼仲は兄の死後、弘安六年六月十九日に院宣と氏長者の御教書によって「家文書」の支配を命じられて家を相続した（『兼仲卿記〈勘仲記〉』歴博七七五、高橋一九九八）。「家文書」には広橋家の有する朝廷関係の記録・文書と摂関家関係のそれがあったのだろう。朝廷政務に関わる記録を有する家の代替わりに際して、記録の散逸を防ぐために朝廷が介入する事象があり、松薗斉は「日記の家」と呼んだ。広橋家は新興の家だが、兼仲の頃に「日記の家」として認められるようになったようだ。

兼仲は相続した翌年の弘安七年（一二八四）に四十一歳で後宇多天皇の蔵人となり、弘安十年に伏見天皇のときに右少弁となり、正応三年（一二九〇）には左大弁、翌年蔵人頭、正応五年には四十九歳で参議となった。兼仲はかなりの高年齢で家を相続したわけだが、その後は非常に急激に昇進した。広橋家を断絶させないために配慮されたのかもしれない、とも思われる。

兼仲は有能な人で、正応二年に執事と南曹弁（勧学院別当を兼ねる弁官）との兼任を命じられた。執事は氏寺・氏社の祭祀万般を司り、南曹弁は興福寺・春日社の訴訟を処理する。兼任すると業務量が凄まじく多くなるのだが、兼仲は平気だった。日記には、両職兼担は珍しく、兄兼頼と自分とが二代続けて両職を拝命するのはめでたい、摂関家の政務をわが家が独占しているのは「傍若無人」とさえいえる、と誇らしげに記している。

六　後醍醐天皇と広橋家

文永九年（一二七二）に後嵯峨上皇が没した後、後深草・亀山両上皇の血筋の間に皇位継承を巡る確執が生じた。この頃、多数の皇室領荘園を知行する女院が天皇・上皇を後見する、という慣行は崩れてゆき、皇室領荘園は持明院統・大覚寺統のいずれかの家長が支配するようになった。宣陽門院の長講堂領は文永四年に持明院統の後深草上皇へ、八条院領は弘安六年（一二八三）に大覚寺統の亀山上皇へ伝領され、室町院が正安二年（一三〇〇）に没すると、室町院領の相続を巡って両統の激しい争奪が起こった。このようなわけで、女院に仕えることで政治抗争から距離を置く、ということは不可能になっていった。

名家のうちの勧修寺家・万里小路家などは院の政務を扶ける役割を強めて、それぞれ持明院統・大覚寺統の重臣という立場になった。日野家は、俊光のあと子息の資名が持明院統の皇子の養育役の地位を占めたため、持明院統との結びつきを強めた。しかし、周知の通り、資名の弟の日野資朝は後醍醐天皇の側近になって討幕運動に奔走し、最後は処刑されてしまった。このように、兄弟の間でも政治路線の分化が進展していった。

兼仲の子の光業は大覚寺統の後宇多上皇の院政期、元応二年（一三二〇）三月に蔵人頭、同年十二月に参議になった。ところが、翌年三月には参議を辞して、同年十二月に後醍醐天皇が親政を開始したあと、参画しなかった。その後、後醍醐天皇に所領を没収されたようだ。詳細は不明だが、後醍醐と対立していた後宇多上皇の庇護を受けていた光業が、そのあと後醍醐に仕えなかったために、後醍醐によって朝恩を召し上げられたのではないかとみられる。

参考文献

尾上陽介「『民経記』と暦記・日次記」五味文彦編『日記に中世を読む』吉川弘文館、一九九九年
尾上陽介「『民経記』（藤原経光）―「稽古」に精進する若き実務官僚」元木泰雄・松薗斉『日記で読む日本中世史』ミネルヴァ書房、二〇一一年
金井静香『中世公家領の研究』思文閣出版、一九九九年
五味文彦『院政期社会の研究』山川出版社、一九八四年
高橋秀樹「『勘仲記』と「家」」五味文彦編『日記に中世を読む』吉川弘文館、一九九九年
高橋秀樹『日本中世の家と親族』吉川弘文館、一九九六年
橋本政宣編『公家事典』吉川弘文館、二〇一〇年
橋本義彦『平安貴族社会の研究』吉川弘文館、一九七六年
本郷和人『中世朝廷訴訟の研究』東京大学出版会、一九九五年
松薗斉『日記の家』吉川弘文館、一九九七年
元木泰雄『院政期政治史研究』思文閣出版、一九九六年
森茂暁『鎌倉時代の朝幕関係』思文閣出版、一九九一年
森茂暁『増補改訂南北朝期公武関係史の研究』思文閣出版、二〇〇八年

（家永遵嗣）

第二節　鎌倉時代の広橋家当主の日記

①『経光卿記』と日記の書き方

はじめに

平安時代以降の朝廷貴族社会においては、先例通りの正しい作法（故実）を守って政務儀礼を滞りなく遂行することが最も重要であり、貴族たちは毎日の政務のなかで経験・見聞した故実について、備忘のため日記に記録することに努めていた。十世紀になると天皇や摂政・関白をはじめとする朝廷の貴族たちは数多くの日記を書き残しており、ちょうどこの頃に編纂が衰退した国史に代わって、当時の政治・社会を知るための根本的な史料となっている。さらに十二世紀半ば以降になると、日記帳に記主（筆者）の名前や年齢・官職などを書くことが一般的となり、他者が閲覧することが前提となった。これは個人の日記が記主だけのものに止まらず相対化され、先祖・子孫らの日記までを含む「家記」、すなわちその家代々の記録の一つとして認識されるようになったことを意味している。

広橋家においても、初代の頼資から幕末の胤保に至るまで、ほぼすべての当主が日記を書き残している（表１）。

表1　広橋家歴代当主一覧　※初代頼資の父兼光以降。極官に没後の贈官は含まない。

代	名前	生没年	極官	日記名	備考
0	兼光	一一四五―九六	権中納言	『兼光卿記』（『姉言記』）	経光が日記を書写し部類記を作成。
1	頼資	一一八二―一二三六	権中納言	『頼資卿記』	経光が日記を書写し部類記を作成。
2	経光	一二一二―七四	権中納言	『経光卿記』（『民経記』）	暦記・日次記を並行して書く。
3	兼仲	一二四四―一三〇八	権中納言	『兼仲卿記』（『勘仲記』）	暦記・日次記を並行して書く。『経光卿記』を書写、目録作成。『経光卿記』原本に奥書を残す。
4	光業	一二八六―一三六一	権中納言	『光業卿記』	『経光卿記』を書写、目録作成。『経光卿記』原本に奥書を残す。
5	兼綱	一三一五―八一	准大臣	『兼綱公記』	『経光卿記』を書写。『経光卿記』原本に奥書を残す。
6	仲光	一三四二―一四〇六	権大納言	『仲光卿記』	
7	兼宣	一三六六―一四二九	准大臣	『兼宣公記』	暦記・日次記を並行して書く。『経光卿記』の目録作成。『経光卿記』原本に奥書を残す。
8	兼郷	一四〇一―四六	権中納言	『兼郷卿記』	
9	綱光	一四三一―七七	准大臣	『綱光公記』	暦記・日次記を並行して書く。
10	兼顕	一四四九―七九	権中納言	『兼顕卿記』	暦記・日次記を並行して書く。
11	守光	一四七一―一五二六	准大臣	『守光公記』	実父町広光が『経光卿記』を書写。
12	兼秀	一五〇六―六七	内大臣	『兼秀公記』	『経光卿記』を書写、目録作成。『経光卿記』原本に奥書を残す。
13	国光	一五二七―六八	権大納言	『国光卿記』	
14	兼勝	一五五八―一六二三	内大臣		
15	総光	一五八〇―一六二九	権大納言		
16	兼賢	一五九五―一六六九	准大臣	『兼賢公記』	
17	綏光	一六一六―五四	権中納言	『綏光卿記』	
18	貞光	一六四三―九九	権中納言	『貞光卿記』	『経光卿記』を書写、目録作成。『経光卿記』原本に識語を残す。
19	兼廉	一六七八―一七二四	権大納言	『兼廉卿記』	
20	兼胤	一七一五―八一	准大臣	『八槐御記』『公武御用日記』	
21	伊光	一七四五―一八二三	准大臣	『勁槐御記』	
22	胤定	一七七〇―一八三三	権大納言	『日申御記』	
23	光成	一七九七―一八六二	准大臣	『後勁槐御記』	
24	胤保	一八一九―七六	権大納言	『胤保卿記』	

特に第二代当主の経光は父頼資と協力し、日野家から分かれたばかりで蓄積が不十分な家の記録の整備に努めた。本節では経光の日記『経光卿記』（別に経光が民部卿であったことに因む『民経記』という称号もある）を取り上げ、経光の日記の書き方、さらにはそこからうかがえる広橋家「家記」の整備と子孫による継承について述べる。

一　藤原（広橋）経光の経歴と『経光卿記』

経光は建暦二年（一二一二）、藤原（日野）兼光の四男である頼資の嫡男として誕生した。先述の通り頼資は日野家の庶流として分家したため、経光は父と共に新たな家の基盤を構築していく必要があった。嘉禄二年（一二二六）に十五歳で殿上人となって本格的に朝廷に出仕し始め、天福元年（一二三三）には二十二歳で五位蔵人・右少弁の立場で右衛門権佐を兼ねて検非違使宣旨を受け、有能な官僚であることを象徴する「三事兼帯」（蔵人・弁・衛門佐を兼ねること）を果たす。その後、中弁・大弁、蔵人頭、参議を経て、権中納言、民部卿に至った。このほか、後堀河院・後嵯峨院の院司、鷹司院・室町院など女院の院司、近衛家・九条家の家司等を勤め、文永十一年（一二七四）に六十三歳で没した。有能な実務官僚として多方面で政務に重用された生涯といえよう。表2に経光自身に加えて比較のために父頼資・経光嫡男兼頼の官歴を示しておく。

そのため『経光卿記』には、記主自らが関わった公事を中心に当時の朝廷政務の実態や周辺の動静が詳細に記録されており、鎌倉時代史研究の根本史料の一つとなっている。また、多数の自筆原本が近代に至るまで広橋家に守り伝えられたという点でもきわめて貴重なものである。現在、国立歴史民俗博物館に四十八巻が所蔵され（他所に原本の断簡も伝わる）、当時の日記の書かれ方の一例を知ることができる。

現存する原本第一巻（嘉禄二年四月一日～九月三十日記、歴博六八三）巻頭の端裏には経光自ら「第一」と記して

表2　藤原経光関係略年譜

元号	西暦	年令	官歴	頼資・兼頼年令	頼資・兼頼官歴	『大日本古記録　民経記』底本
建暦二	一二一二	1	誕生	31	（当時頼資正五位下但馬守）	
建保元	一二一三	2		32		
二	一二一四	3		33		
三	一二一五	4		34	右衛門権佐・検非違使	
四	一二一六	5		35		
五	一二一七	6		36	蔵人	
六	一二一八	7	東宮蔵人	37		
承久元	一二一九	8		38	右少弁（止権佐）、左少弁	
二	一二二〇	9		39	従四位下、右中弁	
三	一二二一	10	六位蔵人（仲恭）	40	従四位上	
貞応元	一二二二	11	文章得業生	41	左中弁、蔵人頭、正四位下、右大弁	
二	一二二三	12		42		
元仁元	一二二四	13	従五位下、治部権少輔	43	左大弁、参議	
嘉禄元	一二二五	14		44	従三位、権中納言	
二	一二二六	15	昇殿	45		自筆日次記（起筆）
安貞元	一二二七	16	従五位上	46		自筆暦記・自筆日次記・自筆日次記断簡・抄出
二	一二二八	17	蔵人（後堀河）	47	正三位	自筆日次記・抄出
寛喜元	一二二九	18	正五位下	48		自筆日次記・自筆日次記断簡　※元来は暦記も存在
二	一二三〇	19		49		抄出
三	一二三一	20	春宮権大進	50		自筆暦記・自筆日次記・自筆日次記断簡・抄出
貞永元	一二三二	21	蔵人（四条）	51	従二位	自筆日次記・自筆日次記断簡・抄出・部類記 ※元来は暦記も存在

天福元	一二三三	22	右少弁、右衛門権佐・検非違使（三事兼帯）	52	辞権中納言	自筆暦記・自筆日次記
文暦元	一二三四	23		53		自筆部類記（御斎会奉行記＝文永六年以降成立）
嘉禎元	一二三五	24		54	出家	自筆部類記（維摩会参向記＝宝治元年以降成立）
二	一二三六	25	左少弁	55	頼資没	
三	一二三七	26	従四位下、権右中弁			自筆部類記（春日経供養家記抄＝文永六年以降成立、維摩会参向記＝宝治元年以降成立）
暦仁元	一二三八	27	右中弁、従四位上、左中弁、右大弁			自筆部類記（大納言拝賀著陣部類記＝文永九年以降成立）
延応元	一二三九	28	正四位下、蔵人頭	1	兼頼誕生	
仁治元	一二四〇	29		2		
二	一二四一	30	参議、左大弁、従三位	3		日次記・部類記
三	一二四二	31		4		抄出・断簡・目録・別記（広橋兼秀写叙位記）・部類記 ※元来は日次記・暦記が存在
寛元元	一二四三	32		5		抄出・自筆部類記（改元定記＝建長七年以降成立）
二	一二四四	33	正三位	6	（兼頼弟兼仲誕生）	
三	一二四五	34		7		自筆部類記（大仁王会参仕記）
四	一二四六	35		8		自筆暦記・抄出・目録・部類記
宝治元	一二四七	36	権中納言	9		自筆部類記（改元定記＝建長七年以降成立）
二	一二四八	37	従二位、辞権中納言	10		
建長元	一二四九	38		11		自筆部類記（改元定記＝建長七年以降成立）
二	一二五〇	39		12		
三	一二五一	40		13		
四	一二五二	41		14		抄出・自筆部類記（春日経供養家記抄＝文永六年以降成立）
五	一二五三	42		15		部類記
六	一二五四	43		16		抄出
七	一二五五	44	正二位	17	（此年以前、治部少輔）	部類記
康元元	一二五六	45		18		抄出

正嘉元	一二五七	46		19		抄出・自筆部類記（大納言拝賀著陣部類記＝文永九年以降成立）
二	一二五八	47		20	（此年以前、中宮権大進）	抄出・自筆部類記（大納言拝賀著陣部類記＝文永九年以降成立）
正元元	一二五九	48		21	止治部少輔	自筆日次記・自筆日次記断簡・部類記
文応元	一二六〇	49	民部卿	22		抄出・目録
弘長元	一二六一	50		23		抄出・部類記
二	一二六二	51		24		
三	一二六三	52		25		断簡（弘長三年または文永元年の記事）
文永元	一二六四	53		26		抄出・部類記
二	一二六五	54		27		抄出・部類記
三	一二六六	55		28	右衛門権佐・検非違使	
四	一二六七	56		29		自筆暦記・自筆日次記・自筆日次記断簡
五	一二六八	57		30	（此年以前、正五位下）	抄出・断簡・目録
六	一二六九	58		31	蔵人	自筆部類記（春日経供養家記抄＝文永六年以降成立）
七	一二七〇	59		32	右少弁（三事兼帯）	部類記
八	一二七一	60		33	正五位上、左少弁	
九	一二七二	61		34		部類記
十	一二七三	62		35		
十一	一二七四	63	出家、没	36	右中弁、従四位下、左中弁	

おり、この巻が最初の巻で、七月七日に昇殿を許される少し前から日記を起筆したことが判明する。当初は寺社参詣や詩会の記事が中心であったが、昇殿の後になると公事に関する記述が増え、たとえば七月二十二日条には父頼資から殿上人の作法を細かく学んでいる。以後、本格的に出仕して政務に関わることが増えると、日記の記事も詳細になっていく。

『経光卿記』の記事は、原本・写本に加えて部類記《ぶるいき》（日記の記事を内容で分類し再編集したもの）に引用されたものも併せて文永九年（一二七二）七月二日条まで断続的に伝わるが、まとまって記事が残るのは最初の嘉禄二年四月記から天福元年六月記までの部分が中心である。これは東京大学史料編纂所編『大日本古記録　民経記』の翻刻全一〇冊のうち、ほぼ七冊分を占めており、端的に表現すれば現在に伝わる『経光卿記』は「昇殿してから蔵人・弁官になるまで」の青年貴族の日記といえる。公家社会のなかで広橋家は「名家」と称される家格で、歴代当主は必ず蔵人・弁官を経て参議、中納言、大納言へと昇進するのが恒例であった。『経光卿記』の記事は、特に弁官として活躍するまでの故実を知る手掛かりとして永く子孫に参照され、尊重され続けた。

表2の『大日本古記録　民経記』底本欄に各年にどのような形態で経光の日記が残っているかを示した。部類記の多くは紙背文書の年次などから後年に編まれたことが判明するので、成立時期についても注記しておく。

二　経光の日記の書き方

日記を書き始めた当初、経光は反故《ほご》を裏返して貼り継いだ巻物にほぼ毎日、日記を書いていたが、二年目の安貞元年（一二二七）になると、①暦記と②日次記の二本立ての日記を書くようになる。①は具注暦《ぐちゅうれき》（細かい暦注のあるカレンダー）を日記帳とし、基本的にその余白や裏面に記事を書くもの、②は具注暦に書き切れない分量の記事を反故を翻した巻物に書くものである。

具注暦のなかには、日記帳として利用することを想定して記事を書くための余白が数行分、あらかじめ用意されているものもある。余白の分の料紙も必要となるため、空白行のある具注暦は特注の高級品であったと思われ、残された実例を見る限りでは基本的にそれぞれの家の当主だけが利用していたようである。まだ十六歳の青年経光が利用した安貞元年の具注暦は空白行が無く余白が少ないものであるため、その裏面（白紙）などに細かい文字で書き込んでいたが、書くべき内容が多い場合には前年の暦や手紙の反故などを翻した別紙に記事を書き、具注暦をいったん切断

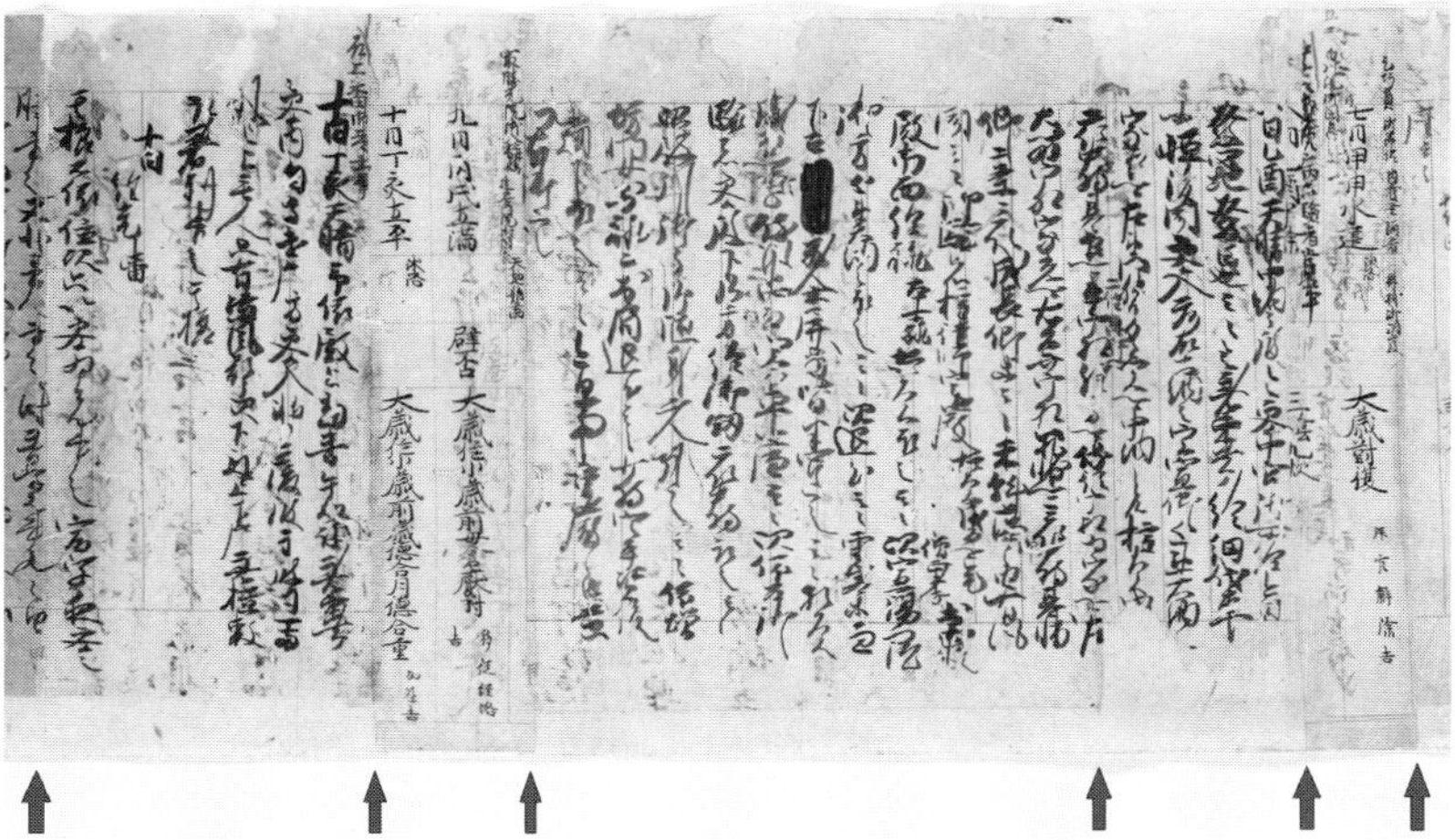

図１　『経光卿暦記』安貞元年７月記（部分、矢印は紙継箇所、歴博 842）

して別紙を該当箇所に貼り継いでいた（図１）。当初、経光はこまめにこの作業を行っていたが、巻物を細かく切断して再び貼り継ぐ手間を省くためか、安貞元年十月十四日条に「委細の記は奥に在り、大概ばかり暦に記す」（詳しい記事は別にあり、概要だけを暦に書く）と注記し、以後、暦記（図２）と日次記（図３）が併存するようになっている。

その後、寛喜元年（一二二九）以降になると暦記と日次記の書き分けの基準が明確となる。同じ日付の内容でも、暦記の方は経光が朝廷や院などに出仕しなかった日の記事のほか、私的な事柄や人名の羅列など、日次記の見出し的な記述が中心であるのに対し、日次記の方は出仕して経光が経験・見聞した政務について大変詳しく記録している。面白いのは天福元年の日記で、念願の弁官になった二月以降、それまでは暦記の表面に書いていた女性との交際の記事をすべて裏面に記入するように変化しており、この時期には暦記表／暦記裏／日次記それぞれを意識的に分けるようになっていたことがうかがえる（尾上一九九八）。経光の意識としては、子孫も経験するであろう政務儀礼について記録した日次記の方こそ将来にわたって永く参照すべきものであり、折々の私的な事柄が中心である暦記の方は自

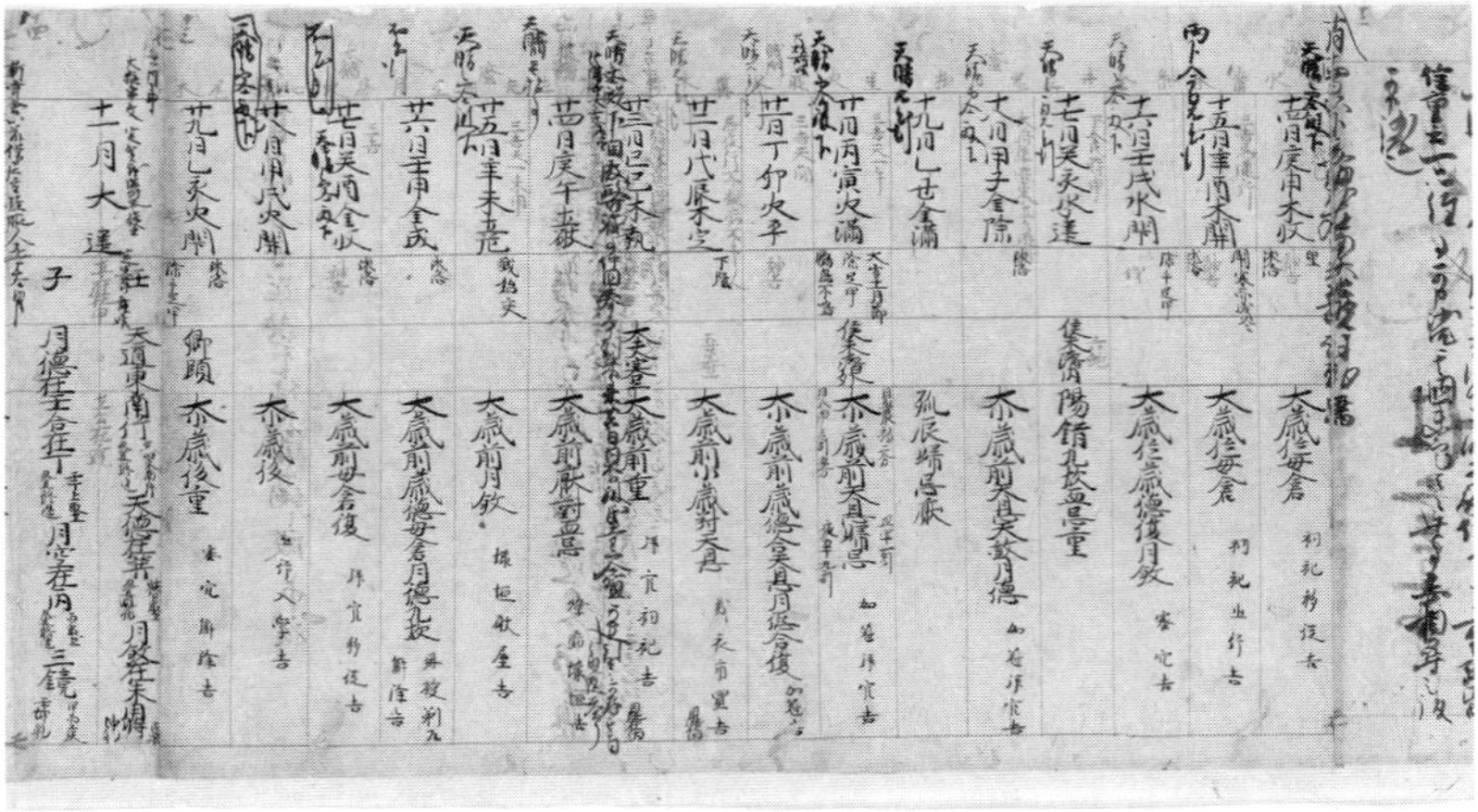

図２　『経光卿暦記』安貞元年 10 月記（部分、歴博 843）

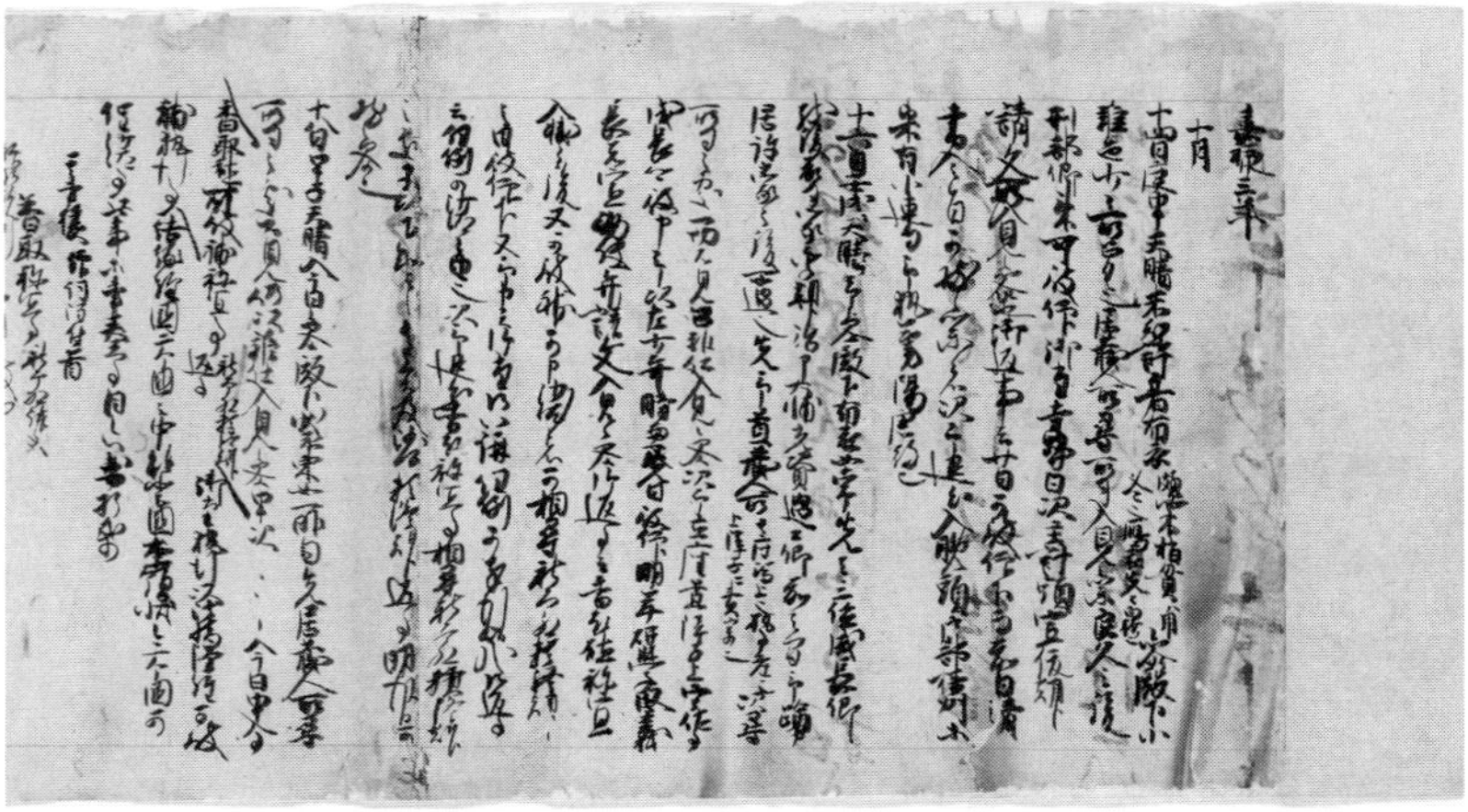

図３　『経光卿記』安貞元年 10 月記（部分、歴博 685）

分限りの備忘録という区別があったのではなかろうか。

三　家記を残し故実を伝える営み

右に述べたように経光は日次記の方を非常に詳しく書いており、場合によっては儀式の次第（プログラム）を下敷きに記事をまとめていた。たとえば、安貞元年十一月二十三日条の春日行幸雑事定の記事では、もとの儀式次第に書かれていたと思われる数カ所の「家司」という一般的な表現について、自分の日記の文章とするために一人称の「予」に書き直した痕跡が確認できる。また、貞永元年十月四日条の後堀河天皇譲位の記事では、一人称の記主が登場しない一方、「次…」「次…」という表現が延々と書き続けられている。これは日記をまとめる際に経光が参照した譲位の儀式次第の表現がそのまま残ってしまっているためであろう。

三十七歳で権中納言を辞した宝治二年頃からは、祖父兼光・父頼資の日記を書写して編集し、自らの日記の記事も含めた部類記を多く作成している。これは代々の当主がある政務儀礼においてどのように行動したのかを知るためには大変便利な記録であり、目的の情報の検索に手間がかかる日記そのままの状態から、さらに充実した家記を子孫に残そうとする意図が感じられる。近年、国立歴史民俗博物館の所蔵となった『八省御斎会部類記』（歴博九九四）『春日経供養家記抄』（歴博九九六）『大仁王会部類記』（歴博九九五）の三巻は、いずれも兼光や頼資の日記を主な材料として経光が編集した部類記の原本である。

このような部類記の一つである『経光卿御斎会奉行記』（歴博三一九）は文暦元年（一二三四）正月に宮中で行われた御斎会の詳細な記録を経光が筆録したものであるが、紙背文書に文永六年（一二六九）の具注暦があり、もとの記事を書いてから三十五年以上経過した後に経光が自らの日記から関係記事を抜粋して写したものと判明する。文永七年正月には嫡男の兼頼が右少弁に任じられて三事兼帯を果たし、文暦元年当時の経光と同じ立場になっており（表2）、兼頼が参照することを想定してこの時期に用意したことがうかがえる。

なお、本家である日野家の家光が三十八歳の若さで亡くなると、経光はその遺児資定・資宣に公事作法を教示し、経光没後には逆に資宣が経光二男の兼仲（兼頼弟で兄の没後に当主となる）に弁官作法を指南しており、日野家・広橋家の間で故実が共有されていた（高橋一九九八）。

四　子孫による家記の継承

経光が基礎を築いた広橋家の家記は時代を超えて子孫に継承された。『経光卿記』の原本には、兼仲（広橋家第三代）以下、光業（第四代）、兼綱（第五代）、兼宣（第七代）、兼秀（第十二代）、貞光（第十八代）らの子孫が閲覧した際に注記した識語が残され、書写や目録作成が行われている。図4は安貞元年十二月記の巻末部分であるが、右端の小さい文字が正和二年（一三一三）光業の奥書、その左の大きい文字が康応元年（一三八九）兼宣の奥書、さらに左の大きい文字が大永五年（一五二五）兼秀の奥書で、それぞれ『経光卿記』を閲覧して目録を作成している。兼仲の日記『兼仲卿記』には『経光卿記』の文体を明らかになぞって書いている箇所があり、父親の日記をよく参照して学習していたことがうかがえる。

戦国時代の当主、広橋兼秀の日記『兼秀公記』大永五年（一五二五）正月一日条（歴博六三六）には、年始の儀礼のなかで安貞三年正月の「民部卿殿御記」すなわち『経光卿記』を取り出して吉方に向かって開き、二拝した後に拝見したことが見える。この年、兼秀は二十歳で五位蔵人（兼権左少弁）であるが、安貞三年（寛喜元年）の経光は十八歳でやはり五位蔵人であり、兼秀は経光が自分とほぼ同じ年齢・立場であった時期の巻を選んでいる。鎌倉時代と

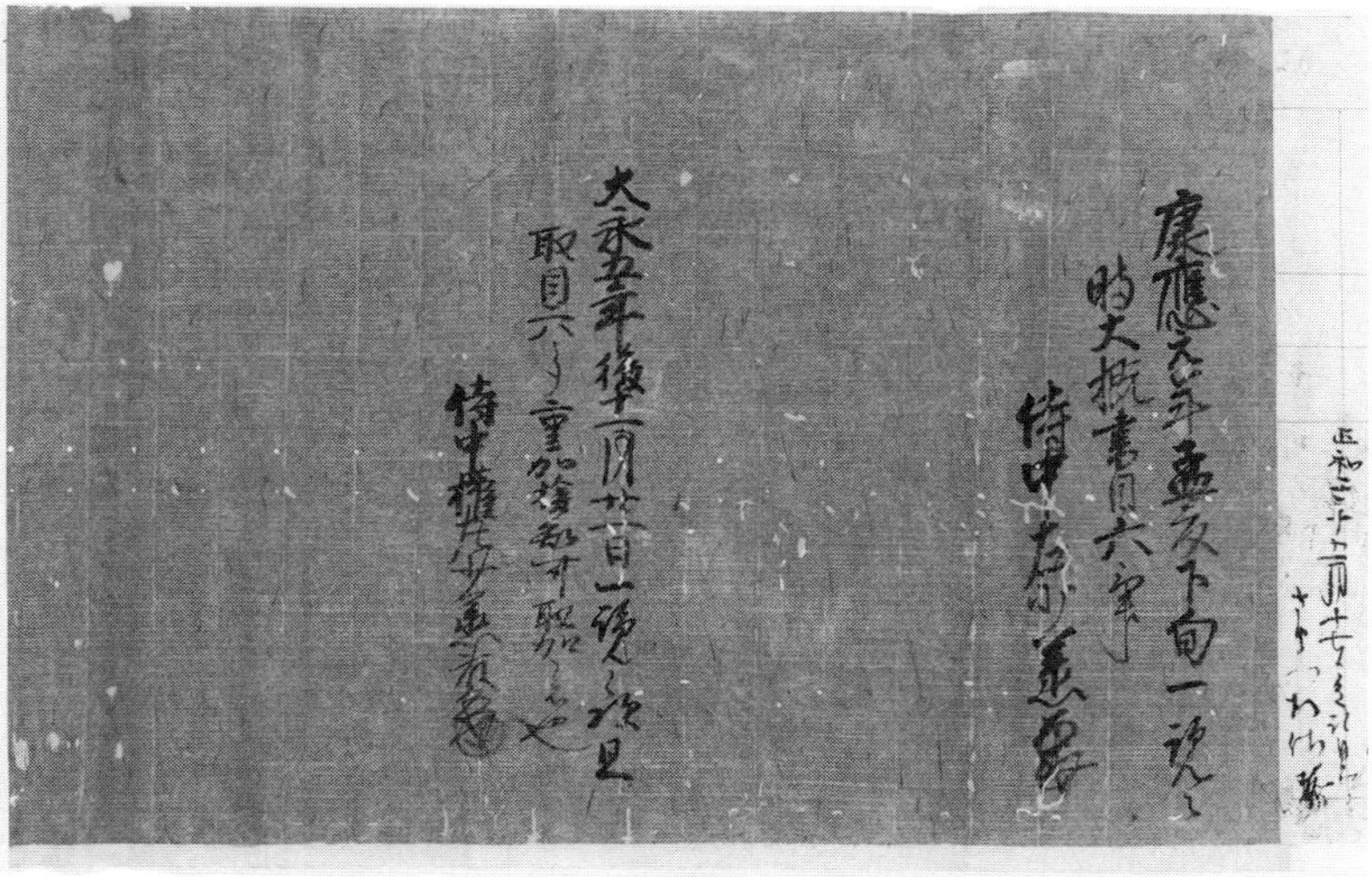

図４　『経光卿暦記』安貞元年12月記巻末（部分、歴博843）

戦国時代とでは社会の情勢が全く異なるが、朝廷儀礼のなかには徐々に変質しながらも脈々と継承されているものがあり、時代は下っても経光の記述が参考になる点があった。実際に、兼秀が仁治三年（一二四二）正月の『経光卿記』叙位記を天文八年（一五三九）二月に書写したものが広橋家に伝来し、現在は国立歴史民俗博物館に所蔵されている（歴博七一六）。その奥書によれば天文八年当時すでに原本は広橋家から失われており、兼秀はわざわざ徳大寺実通から写本を借りて「家宝」とすべく転写している。

毎年正月五日または六日頃に行われてきた定例の叙位は、応仁二年（一四六八）から戦乱の影響などで一時期を除きほぼ中絶していたが、天文七年（一五三八）正月五日に再興され、以降、天文二十年まで毎年挙行された。兼秀が詳細な叙位記を書写したのはまさに叙位が再興された頃であり、中絶していた公事の故実を知るために経光の日記を書写し、参照したことは間違いない。

表1の備考欄には広橋家の当主たちが『経光卿記』に対して行ったことを確認できる限り示しておいた。これを見ると、中世に止まらず江戸時代に入ってからも書写や目録作成

が行われている。国立公文書館所蔵の内閣文庫本「広橋家記録類目録」は幕末の嘉永三年（一八五〇）に成立したと考えられるものであるが、その巻頭に「姉小路殿（兼光）」と「四辻殿（頼資）」の「御記三巻」一箱が独立して記載されている。これらは前述の『八省御斎会部類記』『春日経供養家記抄』『大仁王会部類記』の原本三巻を指しており、経光が家記として作成した記録が幕末に至るまで大切に継承され、家祖の日記として特別扱いされている。広橋家の日記はほとんど他家に流布しておらず、経光が活躍した十三世紀前半から幕末に至るまで、実に六〇〇年以上にわたり子孫が大切に護り伝えていたのである。

参考文献

東京大学史料編纂所編『大日本古記録　民経記』全十冊、岩波書店、一九七五〜二〇〇七年
石田祐一「経光卿記と経光の子孫二名」国立歴史民俗博物館企画展示図録『中世の日記』、一九八八年
尾上陽介「『経光卿記』と暦記・日次記」五味文彦編『日記に中世を読む』吉川弘文館、一九九八年
高橋秀樹「『勘仲記』と家」同右書所収
尾上陽介「『経光卿記』（藤原経光）―「稽古」に精進する若き実務官僚」元木泰雄・松薗斉編『日記で読む日本中世史』ミネルヴァ書房、二〇一一年

（尾上陽介）

②『勘仲記』と日記の書き方

はじめに

藤原兼仲は、経光の二男として寛元二年（一二四四）に生まれた。九歳で元服し、十四歳で叙爵した翌年に治部少輔に任じられ、父のもとで近衛流摂関家（のちの近衛家・鷹司《たかつかさ》家）、室町院《むろまちいん》・神仙門院《しんせんもんいん》（ともに後堀河天皇《ごほりかわてんのう》の皇女）に仕えていたが、三十一歳の時に父が亡くなり、三十七歳の時には、経光の後継者として蔵人《くろうど》・弁官《べんかん》を歴任していた兄兼頼《かねより》が四十二歳で早世してしまった。家の継承者となった兼仲は、二年後に亀山上皇《かめやまじょうこう》の院司《いんじ》となった。蔵人になることを望んでいたが、希望はなかなか叶えられず、四十一歳になった年にようやく五位の蔵人に補任された。四十四歳で右少弁《うしょうべん》に任官してからは、弁官の階段を一歩ずつ上って左大弁《さだいべん》となり、蔵人頭《くろうどのとう》から参議《さんぎ》となって、五十歳で従三位に叙された。その年のうちに五人を超えて権中納言《ごんのちゅうなごん》に至り、家相応の極官であるこの権中納言で官を辞し、十四年後の延慶元年（一三〇八）に六十五歳で亡くなった。

父経光が亡くなった文永十一年（一二七四）兼仲三十一歳の年から五十八歳の正安三年（一三〇一）まで、二十二年分の日記が残っている。兼仲の日記が『勘仲記《かんちゅうき》』と呼ばれているのは、居所が勘解由小路万里小路《かげゆこうじまりこうじ》にあったので、彼が「勘解由小路中納言」と称されており、その「勘」と兼仲の「仲」をとったからである。

一　日記の伝来

日記の大半は、子孫の広橋《ひろはし》家から藤波《ふじなみ》家・岩崎《いわさき》家・東洋文庫を経て国有となり、現在、国立歴史民俗博物館（大学共同利用機関法人人間文化研究機構）に所蔵されている。文書紙背《もんじよしはい》などを利用した自筆の『兼仲卿記《かねなかきようき》』七十七巻（歴博七五三〜八二七）、具注暦《ぐちゆうれき》に自筆で記された『兼仲卿暦記《かねなかきようれきき》』六巻（歴博八三〇〜八三四）、異筆の別記『興福寺上棟別記《こうふくじじようとうべつき》』一巻（歴博〇七九）があり、『広橋家所伝記録雑纂《ひろはしけしよでんきろくざつさん》』（歴博九三五）と題された書物のなかに写《うつし》や目録の断簡《だんかん》、『日記并暦記目録《につきならびにれききもくろく》』（歴博七二八）に目録の一部が残されている。また、広橋家所蔵時代に流出していた断簡二紙（歴博H－一七六三）と暦記二巻（歴博九九七・九九八）が近年同館に収蔵された。近年購入された分を除く『勘仲記』の書誌情報は国立歴史民俗博物館編『広橋家旧蔵記録文書典籍類目録』（国立歴史民俗博物館、二〇一九）に掲載されている。伝来の過程で糊付け部分に剥離が生じたり、分巻・合巻などの改装が行われたりしていて、嘉永三年（一八五〇）作成の『広橋家記録類目録《ひろはしけきろくるいもくろく》』（国立公文書館所蔵）や明治四十年（一九〇七）の『藤波広橋両家《ふじなみひろはしりようけ》ノ古文書調《こもんじよととのえ》』（國學院大學図書館所蔵）、大正六年（一九一七）の『藤波家蔵文書記録目録《ふじなみけぞうもんじよきろくもくろく》』（東京大学史料編纂所所蔵）に掲載されている巻と、現状とでは巻構成が異なる。大正六年のものと現状との異同は筆者が表の形で別に示している（高橋二〇二一）。

国立歴史民俗博物館所蔵分のほか、下郷共済会《しもごうきようさいかい》「広橋文書」と東京理科大学近代科学資料館下村文庫に若干の自筆断簡が所在する。自筆本が現存しない正安三年（一三〇一）十月・十一月の記事が國學院大學図書館所蔵『経光卿御記《つねみつきようぎよき》』（南北朝期古写本）のなかに、永仁六年（一二九八）・正安三年の記事が宮内庁書陵部柳原《やなぎはら》本『大嘗会部類《だいじようえぶるい》』に、正応四年（一二九一）四月七日条の記事が個人蔵の抄出本《しようしゆつぽん》のなかに逸文《いつぶん》として伝わっている。広橋家の他の家記《かき》同様、流布している写本は少ない。

明治・大正期に公家日記の翻刻が盛んになるなかで、日本史籍保存会刊行の叢書「史料通覧」の一書目として『勘仲記』が大正六年に刊行された。秘蔵されていた自筆本が利用できずに、東京大学史料編纂所架蔵謄写本（明治十六年九条道孝《くじょうみちたか》蔵本写）を底本とせざるを得なかった翻刻ではあったが、のちに「増補史料大成」（臨川書店）に再録されて広く用いられてきた。自筆本が利用できるようになった現在、自筆本を底本とし、記主の修正の跡まで再現する新しい刊本が「史料纂集」（八木書店）として平成二十年（二〇〇八）より刊行中（全八冊）である。

二　日記の作成様式——日次記と別記——

現蔵者である国立歴史民俗博物館が『兼仲卿暦記』と称している日記は、具注暦の行間（「間空《まあ》き」と呼ばれる）に書き入れられた日記で、一年分を一巻としている。同じく『兼仲卿記』と称している日記は、白紙や、受け取った文書・書き損じの裏などを再利用して書かれた日記である。原則として一日から始めて日を追って書いていく日記は日次記《ひなみき》と呼ばれる。ただし、具注暦に書かれた暦記も一種の日次記なので、具注暦に書かれていない日次記を筆者は「非暦日次記《ひれきひなみき》」と名付けた（高橋二〇二三）。非暦日次記である『兼仲卿記』は、一カ月あるいは二カ月、季節ごとに巻子《かんす》（巻物）の形に仕立てられている。建治元年（一二七五）十二月一日の記事（歴博七五四）を「晴《は》れ。大呂《たいりょ》の朝《あさ》に当《あ》たり、中心《ちゅうしん》の楽多《がくおお》し。幸甚々々《こうじんこうじん》」（「大呂」は十二月の異称）と書き始め、同二年七月一日条（歴博七五六）が「晴《は》れ。夷則《いそく》の告朔《こうさく》、幸甚々々《こうじんこうじん》」（「夷則」は七月の異称）のみの記事であるように、兼仲は新しい月を迎えたことを言祝《ことほ》ぐ意識で各月一日の記事を書いている。

こうした日次記に対して、日次記と連動する形で、特別な行事についてまとめて記している日記は別記と呼ばれ

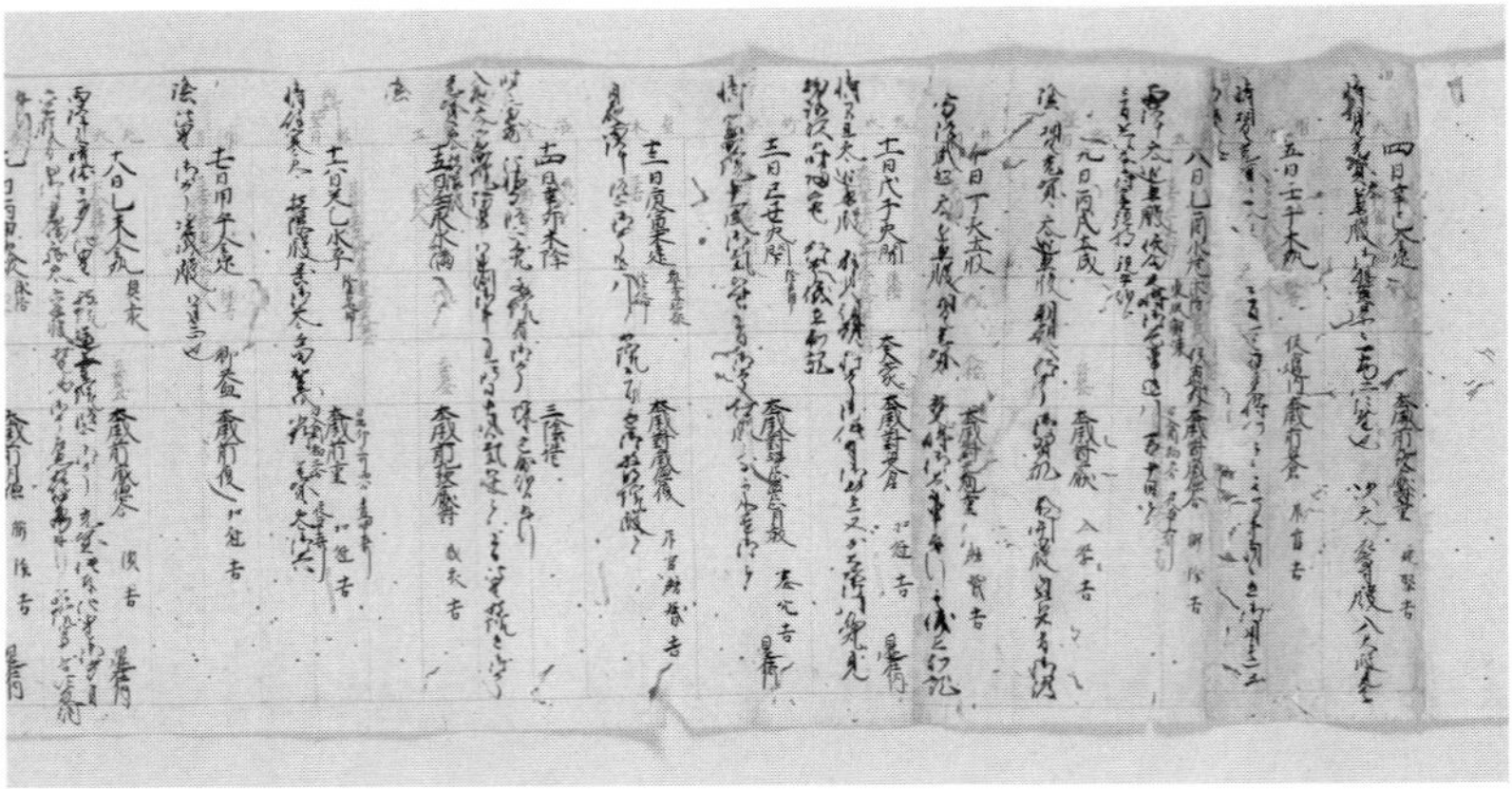

図1　『兼仲卿暦記』正安2年記（正月11日条部分、歴博997）

る。父経光の『民経記』には自筆本『経光卿《つねみつきょう》維摩会《ゆいまえ》参向記《さんこうき》』（歴博〇九九・一〇〇）・同『経光卿《つねみつきょう》御斎会《ごさいえ》奉行記《ぶぎょうき》』（歴博三一九）・写本『経光卿《つねみつきょう》四方拝《しほうはい》参仕記《さんしき》』（歴博三二〇）などの別記が数巻現存しているが、『勘仲記』の場合、明確に別記として伝来しているのは『興福寺上棟別記』（歴博〇七九）のみである。この『興福寺上棟別記』は、兼仲宛ての書状を含む紙背に書かれていながら、日記本文の文字が兼仲の筆跡ではなく、その異筆の誤字を修正している文字が兼仲の筆跡で、兼仲が監修しつつ、兼仲を第一人称の「余」とする形で家人に書かせた別記である。では、兼仲自身は特別な行事に際して、日次記と連動する形で別記を書くことはなかったのだろうか。あるいは書いていたが、現存していないだけなのだろうか。

文永十一年暦記の正月二十六日条（歴博八三〇）には「晴《は》れ。御《ご》譲位《じょうい》〈別《べつ》に在《あ》り〉」、正安二年暦記の正月十一日条には、「行幸《ぎょうこう》の儀《ぎ》別《べつ》記《き》に在《あ》り」という記述がある（図1、〈〉内は注記。以下同じ）。父経光は、暦記と非暦日次記を内容的にも使い分けることがあり、非暦日次記に詳細な記事がある場合に、その非暦日次記を「別記」と呼んでいたことが知られるが（尾上一九九八）、詳細な非暦日次記、簡要な暦記という程度の使い分けしかしていない兼仲の場合（遠藤二〇一一）、暦記と非暦日次記を併用している正応元年（歴博八三二）と永

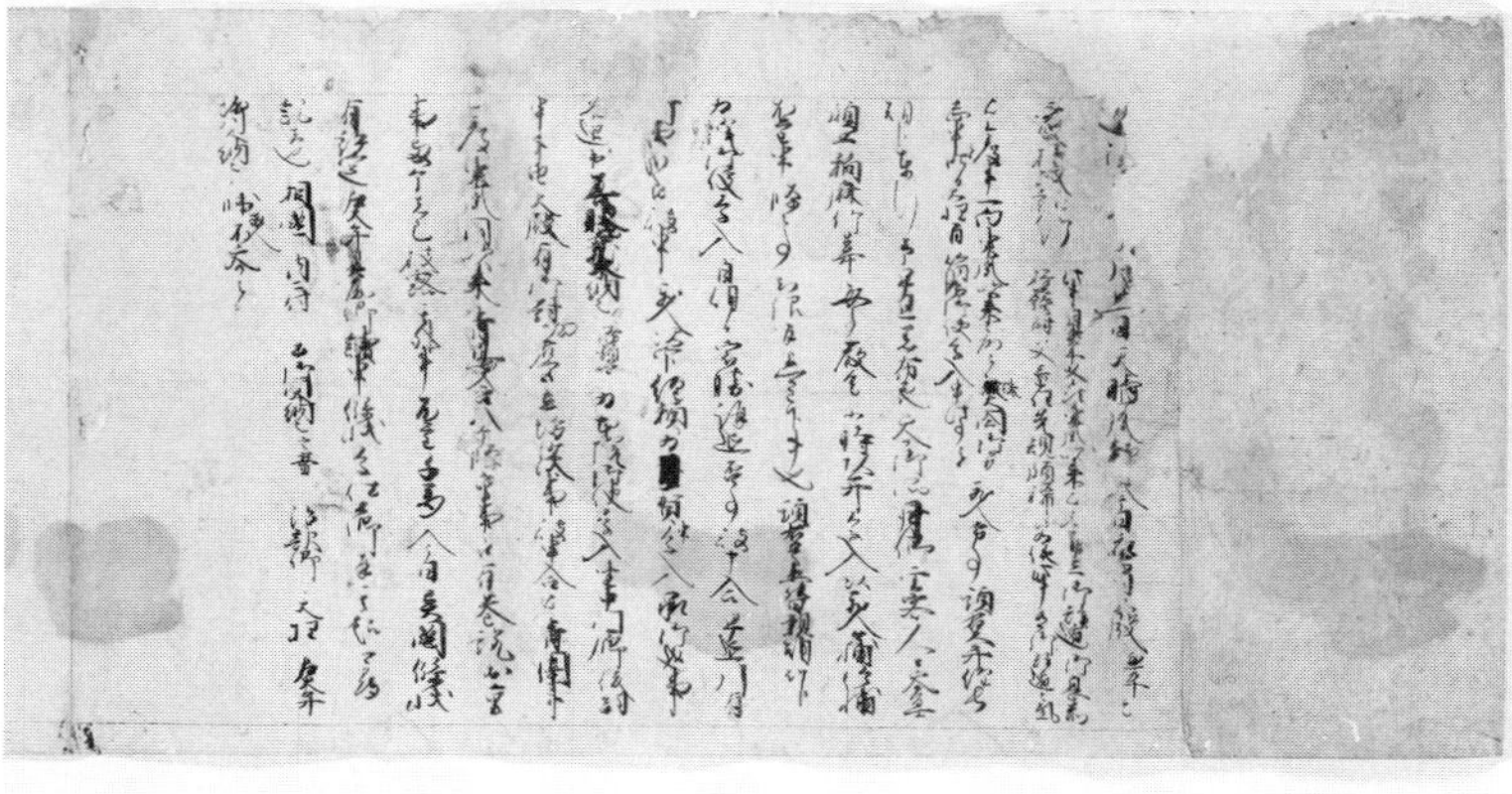

図２　『兼仲卿記』建治元年 10 月記（10 月 21 日条冒頭部分、歴博 753-1）

仁二年（歴博八三三二）の暦記には、「別記」に関する記載はなく、非暦日次記が併用されていない文永十一年と正安二年の暦記のみに「別記」の記載があるから、兼仲が「別記」と呼んでいるものは非暦日次記ではない。暦記と連動する『亀山天皇《かめやまてんのう》御《ご》譲位記《じょういき》』『後伏見《ごふしみ》天皇行幸記《てんのうぎょうこうき》』のような別記を書いていたのだろう。ただし、残念ながら、この別記は現存していない。

兼仲が別記を書いていたならば、現存する『兼仲卿記』のなかに本来は別記だったものが紛れ込んでいることはないだろうか。そうした意識を持って各巻をみていくと、通常のように一日から記事が始まらず、月の途中から記事が始まる巻が複数存在する。たとえば、『兼仲卿記』としては最も古い建治元年十月記（歴博七五三―一）は「建治元年十月廿一日、天晴《てんは》れ風静《かぜしず》かなり。今日《こんにち》鷹司大殿《たかつかさおおとの》〈兼平《かねひら》〉摂政《せっしょう》の詔《みことのり》を蒙《こうむ》らしめ給《たま》ふ」と書き始められている（図2）。巻首に傷みはあるものの、冒頭に書かれるはずの年・月が書かれていることから、一日から二十日までの記事が欠損しているのではなく、意図的にこの日から書き始めていることが明らかである。兼仲は主人である兼平が摂政に再任されたこの日に、『鷹司大殿任摂政記』を意識して、一連の関連行事を記録することを第一の目的として日記を書き始めたと考えられる。

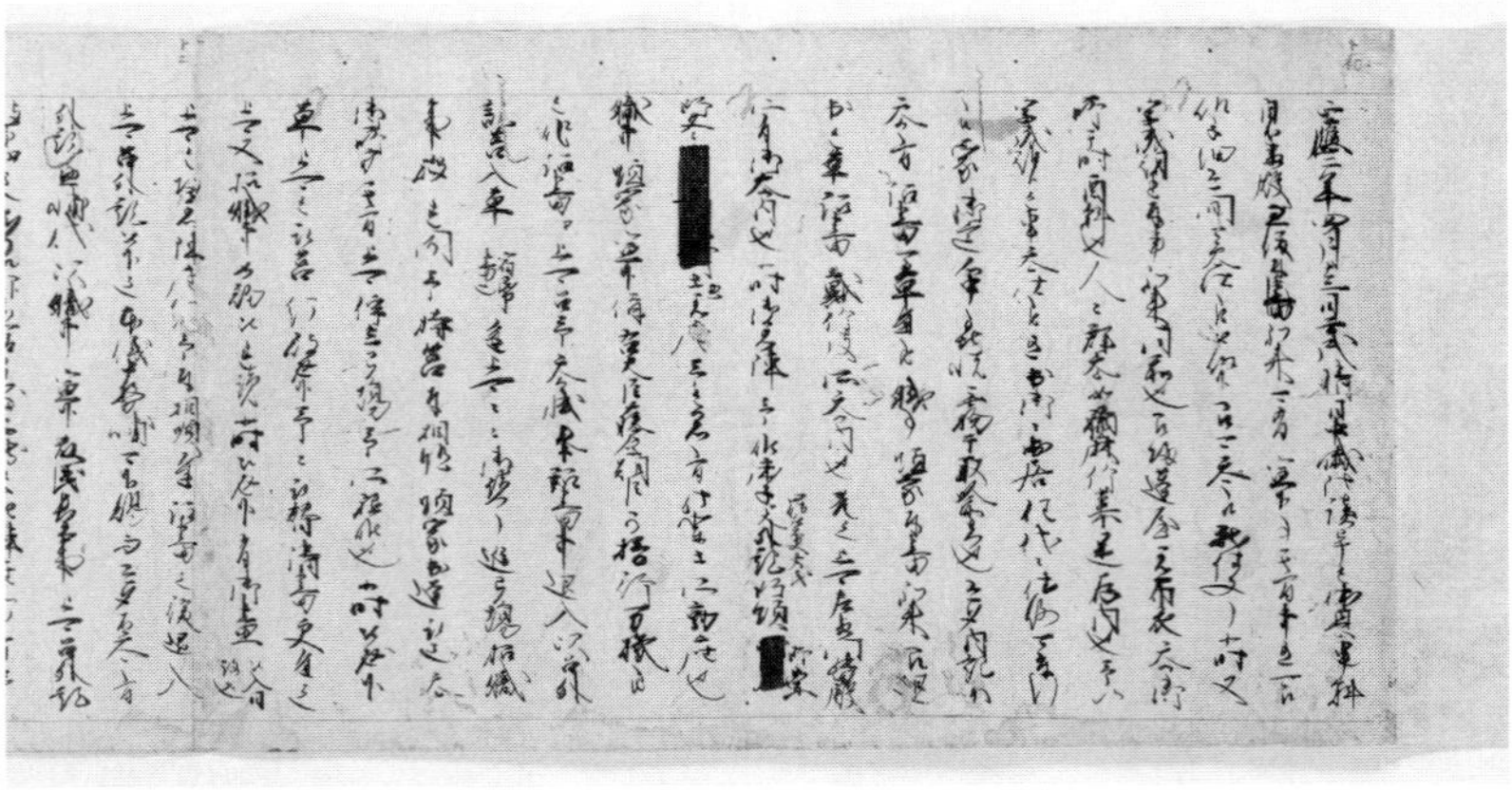

図３『兼仲卿記』正応２年４月・５月記（冒頭部分、歴博813）

別記のような意識で書き始めたものの、前年から日記を書き始めたばかりで、書き慣れていない兼仲は、兼平の任摂政とは関係がないことについても広く情報を集めようと欲張り、その結果、第一の目的である摂関家関係の記事とは異なる雑多な記事が混ざっていく。兼平が摂政とともに就任した藤原氏の氏長者に関わる法成寺御八講初日の十一月三十日の記事でこの巻を書き終えた兼仲は、新しい継紙に巻を改めて、「建治元年十二月」と記し、一日条を書き始めた（歴博七五四）。この巻は体裁としては通常の日次記と区別がなくなっている。ただし、この十二月記は十五日の法勝寺大乗会への亀山上皇臨幸記事を書き終えた後、一行分の空白を空けて、兼平息基忠《もとただ》の再出仕と春日社維摩会僧名定《そうみょうさだめ》の記事を書き、「十八日」の日付のみを書いたところで筆を止め、料紙に十七行分の空白を残した状態で書き終えている。途中、通常の日次記のようになってしまったが、再び摂政交替という摂関家の重大事を記す『鷹司大殿任摂政記』を意識して擱筆《かくひつ》したとみていい。

正応二年四・五月記（歴博八一三）も一日から十二日の記事がなく、「正応二年四月十三日、壬戌《みずのえいぬ》、晴《は》れ。日中懺法読《にっちゅうせんぼうよ》みおはり、休息《きゅうそく》せしむ。申《さる》の斜《なな》めに近衛殿《このえどの》より兼俊《かねとし》の奉書到来《ほうしょとうらい》す。宣下《せんげ》有《あ》るべき事《こと》、その間《かん》の事仰《ことおお》せらるべきの子細有《しさいあ》り。今《いま》の間《あいだ》参仕《さんし》すべきの由仰《よしおお》

図４　『兼仲卿記』正応２年４月・５月記（表紙と端裏書部分、歴博813）

せ下《くだ》さる」から書き始め、主人藤原（近衛）家基《いえもと》の関白宣下からの一連の行事を記している（図3）。前月の日記は、晦日《みそか》までの記事がなく、二十日の芸閣作文《うんかくさくもん》の記事が中途半端な形で終わり、十三行分の空白を残していた（歴博八一二）。十日余り日記を付けていなかった兼仲は、意を新たに日記を再開したとみられる。五月分も同じ継紙に記すが、伏見天皇《ふしみてんのう》や春宮胤仁《とうぐうたねひと》親王関係の記事が多くなり、家基に関する記事は少ない。そして五日に「殿下《でんか》に参《まい》る。条々《じょうじょう》を申《もう》す」と書いて擱筆する。書き始めた時には、別記『近衛殿任関白《このえどのにんかんぱく》記《き》』を意識した日記であったが、この巻を書き終えた兼仲は巻首《かんしゅ》の端裏《はしうら》に自筆で「正応二年四五月記〈五月在別〉右中弁藤原兼仲」と書いた（図4）。兼仲自身はこの巻を「正応二年四・五月日次記」、つまり通常の日次記と位置づけたのである。このように、日次記と別記の区別があいまいなのが、現存する『勘仲記』の特徴のひとつである。

三　端裏書のアイデンティティ

現在の『兼仲卿記』には、「広橋家旧蔵記録文書典籍類」を構成する他の巻子本と同じ青緑色の紙表紙が付けられ、軸・八双《はっそう》・巻緒《まきお》などの装訂具が備わっている。この装訂は藤波家から岩崎家への売却に際して改装されたときの装訂で、広橋家所蔵時代には渋引《しぶびき》紙表紙の装訂だった。藤波・岩崎家を経ていない新規購入の正安二年暦記（歴博九九七・九九八）などにはその表紙が残っている。この装訂も江戸時代のもので、原初的な装訂ではない。兼仲自筆の書き入れが端裏に残っていることから考えると、兼仲は軸や表紙を付けず、単に継紙を左から丸めた状態で保管し、外見から中味の年次がわかるように、もっとも外側に位置している端裏部分に「〇〇年△月記」と書き入れていた。巻によっては本紙の前に目録一紙を加えた上で巻き込んでいる。

端裏に自身の官職や名を書いている場合もあり、そこから兼仲の各時期における自意識（アイデンティティ）を知ることもできる。建治二年正・二月記（歴博七五五）と建治二年秋記の署名は「正五位下治部少輔兼仲」で、建治三年までは治部少輔という官職が兼仲のアイデンティティであった。その後三年間署名がない時期があり、弘安四年夏記（歴博七六七）からは署名に「殿下執事《でんかしつじ》」の文字を加えた。官職に変動はなかったが、父と兄の死を経て、摂関家の執事家司《しつじけいし》（政所別当《まんどころべっとう》の筆頭）になったことは兼仲にとって大きな出来事であり、それが蔵人・弁官などの顕官《けんかん》（重要な官職）に就いていない兼仲のアイデンティティになっていた。日記の内容も執事家司による摂関家家政の記録という性格が色濃くなる。その後、念願の蔵人となった兼仲は、弘安九年秋記（歴博七九一）から「蔵人治部少輔」と署名している。蔵人就任から二年を経た後にこの署名がみられるのは、五位蔵人の最上首となったことで強い自覚が芽生えたからなのだろう。このころから、摂関家家政に関する記事は減り、蔵人としての公事に関する記事が増えている。摂政邸にしばしば赴いているが、これは家司としての務めではなく、蔵人として摂政に内覧《ないらん》するためであった。以後、署名のある巻は少ないが、「右少弁藤原兼仲」「蔵人頭東宮亮」「権中□（納言）」という時々の地位の署名が散見する。

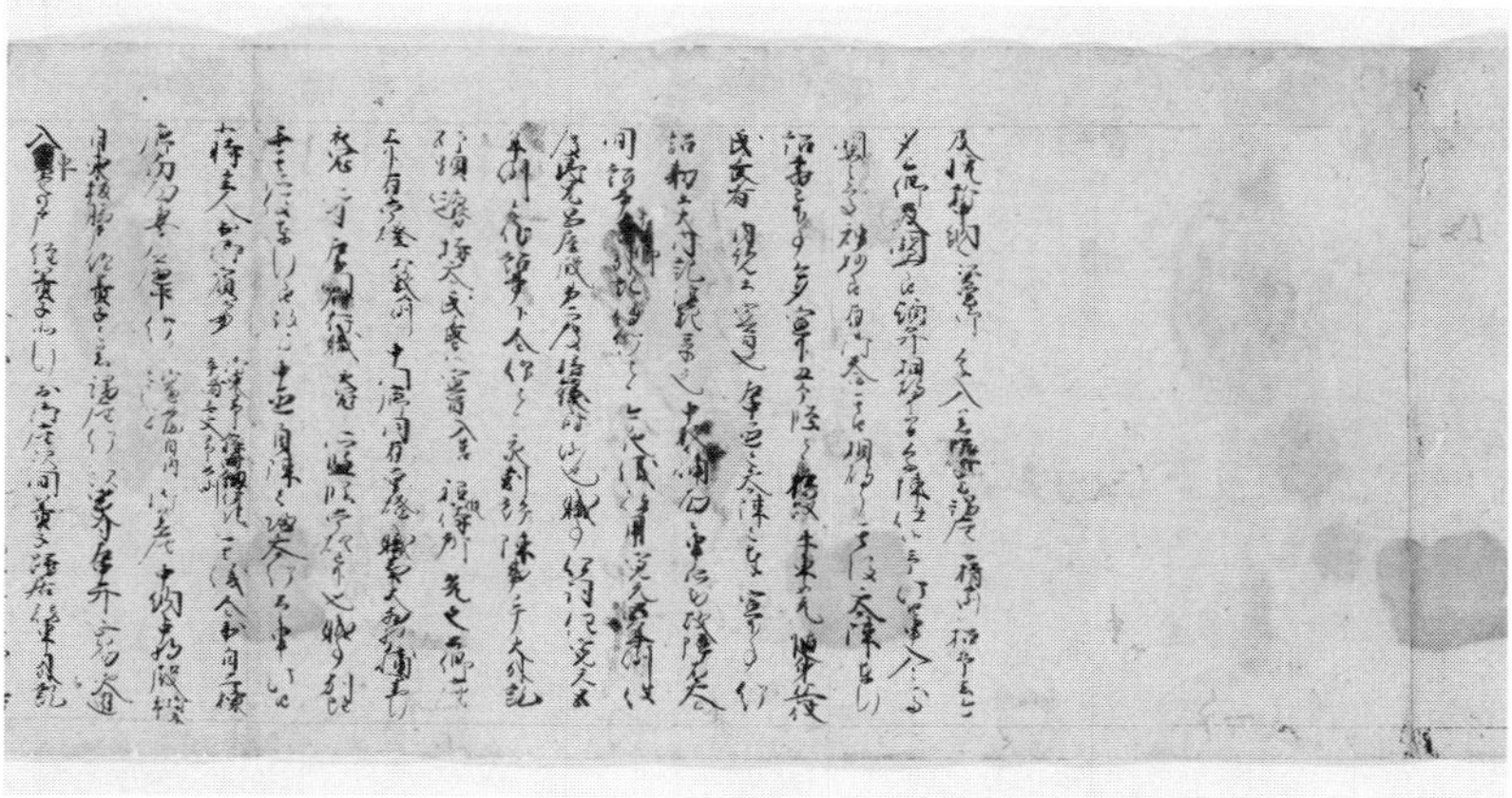

図５　『兼仲卿記』建治元年 10 月記（10 月 21 日条の図 2 に続く空行部分、歴博 753-1）

四　日記の充実化

日記を書き始めたばかりの兼仲は、記録の充実化、補完を強く意識していた。建治元年十・十一月記を『鷹司大殿任摂政記』として書き始めたにもかかわらず、冒頭の十月二十一日条には「今日異国《こんにちいこく》の牒状評定《ちょうじょうひょうじょう》有《あ》り。左大弁具房卿《さだいべんともふさきょう》牒状《ちょうじょう》を読《よ》み申《もう》す。参仕《さんし》の公卿《くぎょう》ならびにその趣《おもむき》尋《たず》ね記《しる》すべき者《もの》なり」と、外交問題の公卿会議について、あとから情報を得て書き込もうと、二紙にまたがる十二行分の空白を設けておいた（図2・5）。元《げん》・高麗《こうらい》の大軍が北九州を襲った文永の役の一年後であるから、外交問題に大きな関心を寄せていたのであろう。情報を集めたいと願っていた兼仲は、後日、参仕した公卿についての情報を得て、人名など二行分の書き入れを行ったが（図2）、会議内容については情報を得ることができず、残る空行はそのままとなった。『勘仲記』には、後日の補入を予定し、数行分の行間を空けている所がいくつもある。「後日《ごじつ》尋《たず》ね記《しる》すべし」（あとから尋ねて書くつもりだ）と書きながらも、予め空行を設けず、次の記事を詰めて書くことも多くなるが、弘安元年冬記（歴博七六一）の場合は、十月十四日の興福寺上棟日時勘申、同月

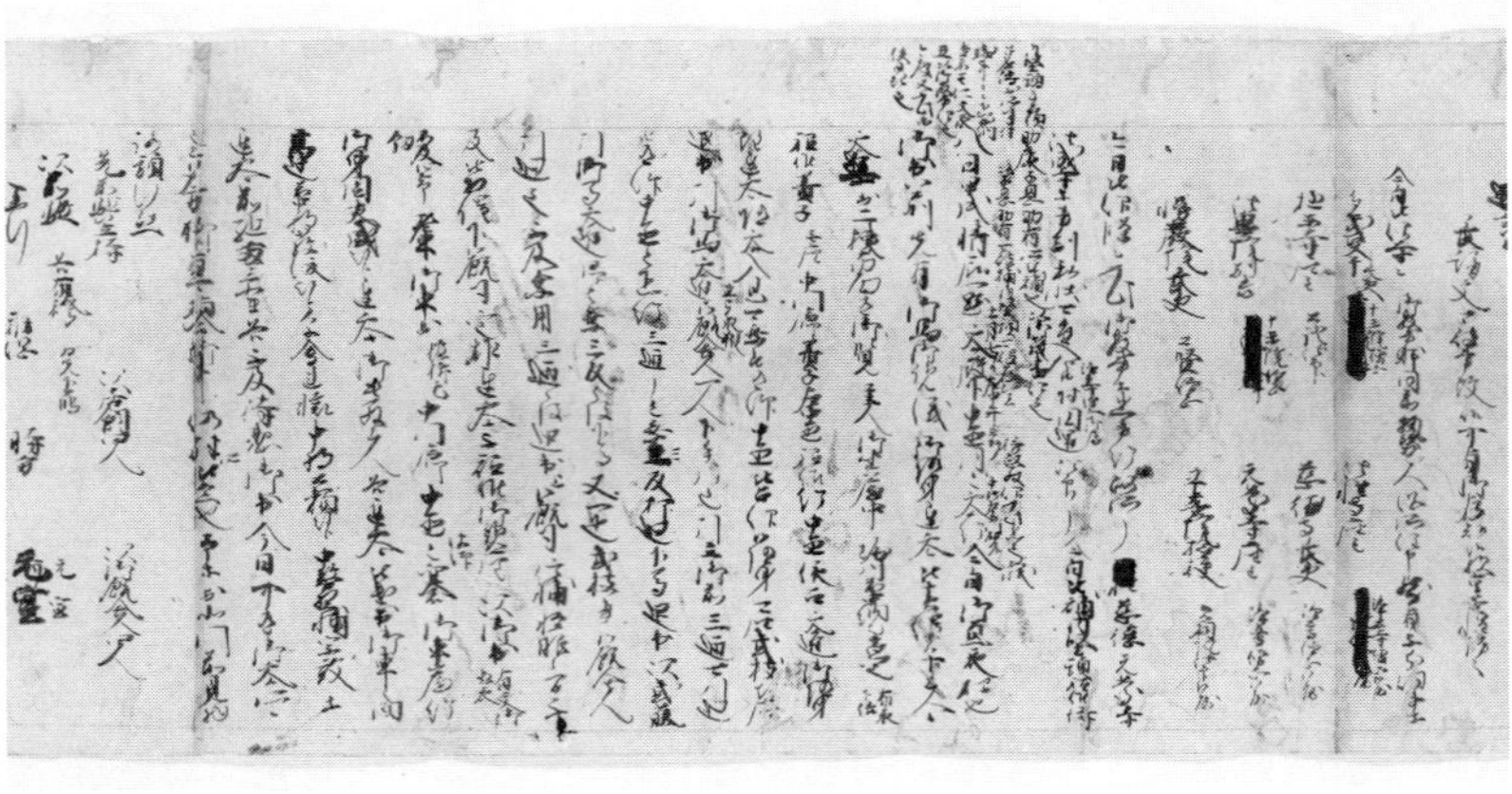

図６　『兼仲卿記』建治元年 11 月記（11 月 7 日条の書き入れ部分、歴博 753-2）

二十二日条の亀山上皇宇治御幸という摂関家にとって重要な行事には空行を設け、十一月八日条の官方吉書始《かんがたきっしょはじめ》のような日常的な記事は「その儀尋《たず》ね記《しる》すべし」と書きつつも空行を用意していない。重要度に応じて勘案するようになったのだろう。

自ら発給した文書の書様を書き載せるのみならず、関連文書を集めることもあった。建治元年の兼平任摂政に際しても、宣旨《せんじ》・詔書《しょうしょ》の案文《あんもん》（写）を太政官《だいじょうかん》の下級官人である史《し》や外記《げき》から手に入れて四紙を日記に継ぎ入れ、継ぎ入れた紙の冒頭に「後日官《ごじつかん》・外記《げき》に相《あい》尋《たず》ねこれを続《つ》ぎ加《くわ》ふ」の一文を書き加えている（歴博七五三―一）。十一月七日条では、兼平家政所が発給した氏寺人事に関する文書を四紙にわたって写し留めているが、後日思い出したのか、この日の記事の末尾に「今日内豎頭《こんにちないじゅのかみ》を補《ほ》せらる。祗候《しこう》の侍《さむらい》」まで書き、それに続く文章を翌八日条との行間に小さな字で「助康《すけやす》の子息助有《しそくすけあり》補《ほ》せらるる所《ところ》なり。御教書《みきょうしょ》をもつてこれを仰《おお》す」と記し、より小さな文字で二行にわたって御教書の書様を載せた。さらに上部欄外に「内豎《ないじゅ》の事《こと》」以下「後日《ごじつ》のためこれを記《しる》す」まで七行にわたる書き入れを行っている（図6、歴博七五三―二）。このように、後日得た情報を行間補書の形で補うことは『勘仲記』の随所にみられ、上欄補書も数カ所確認できる。

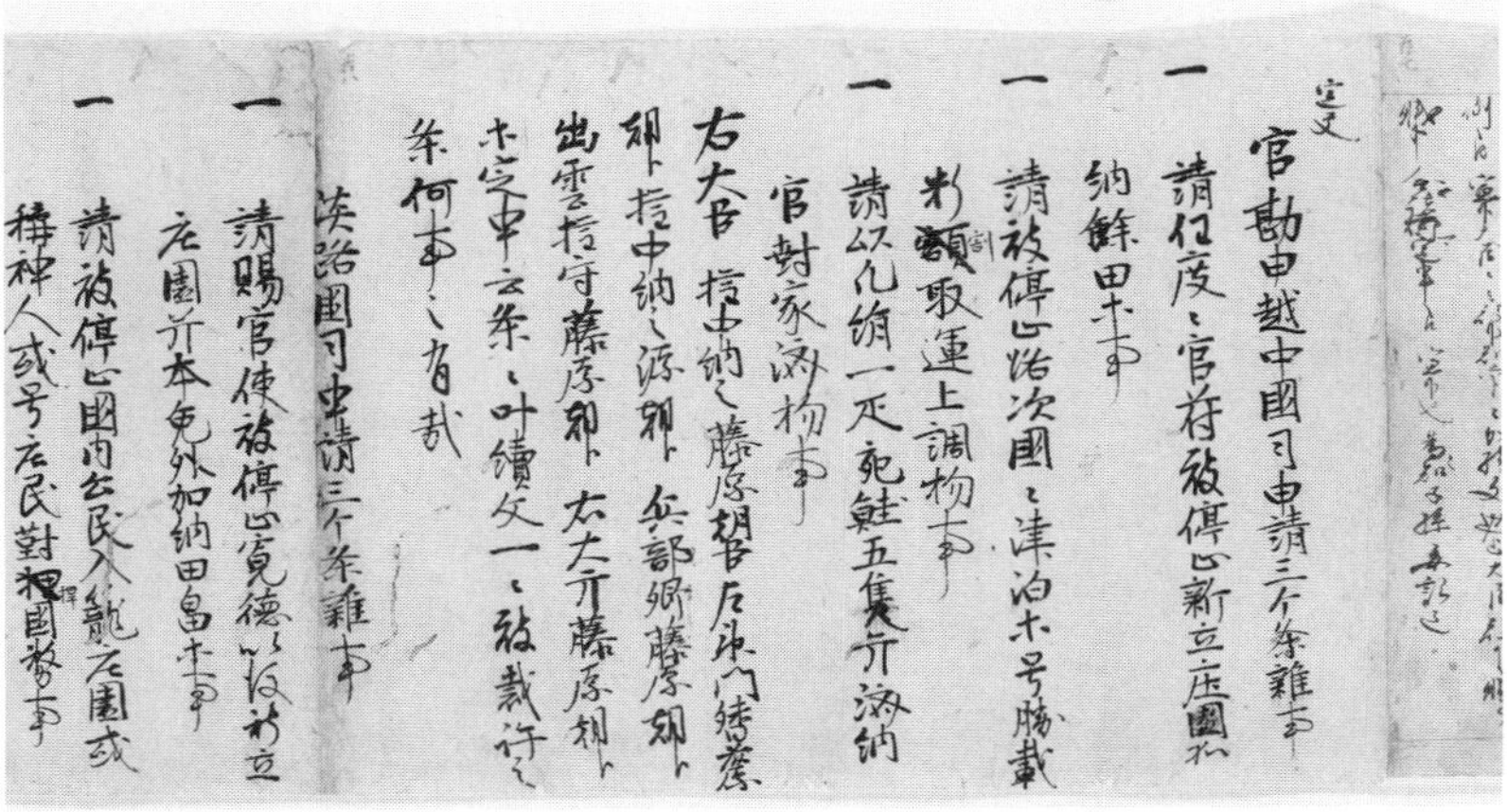

図７　『兼仲卿記』弘安 10 年 7 月記（7 月 13 日条継紙部分、歴博 798）

別紙による文書の継ぎ入れは、弘安十年七月記（歴博七九八）・弘安十一年正月記（歴博八〇一）・正応元年五月記にもある。弘安十年七月記の一五紙七通の文書と、六紙にわたる定文は、「大臣職《だいじんしき》事《じ》に下《くだ》さる。職事諸卿《しきじしょきょう》をして定《さだ》め申《もう》すべきの由宣下《よしせんげ》するなり。子《し》孫《そん》に知《し》らしめんがため委《くわ》しくこれを記《しる》す」と書いた上で貼り込まれている（図７）。兼仲自身が職事（蔵人）の職務を遂行するためだけではなく、必要な情報を子孫に残すために、文書を貼り込み、日記の充実を図ったのであった。弘安十年は兼仲が五位蔵人の上首だった時期、正安元年は右少弁になった直後であり、やがて同じ道をたどるであろう子孫のためにそれぞれの業務に必要な文書を継ぎ入れたのだろう。

亀山上皇院司の時代から五位蔵人在任期にかけては、「仰詞別《おおせことばべっ》紙《し》に在《あ》り」（弘安五年九月二十八日条ほか、歴博七七二）とあるように、日記と連動する「奏事目録《そうじもくろく》」や、摂政への「内覧条々目録《ないらんじょうじょうもくろく》」（弘安七年閏四月十日条、歴博七八〇）、「符案《ふあん》」（弘安七年二月二十七日条、歴博七七八）と呼ばれる発給文書集などを作成し、日記を補完していた。こうした方法は子孫にも引き継がれた。兼仲が作成した発給文書集は失われてしまったが、子孫が作成した広橋家代々の符案は現存している。

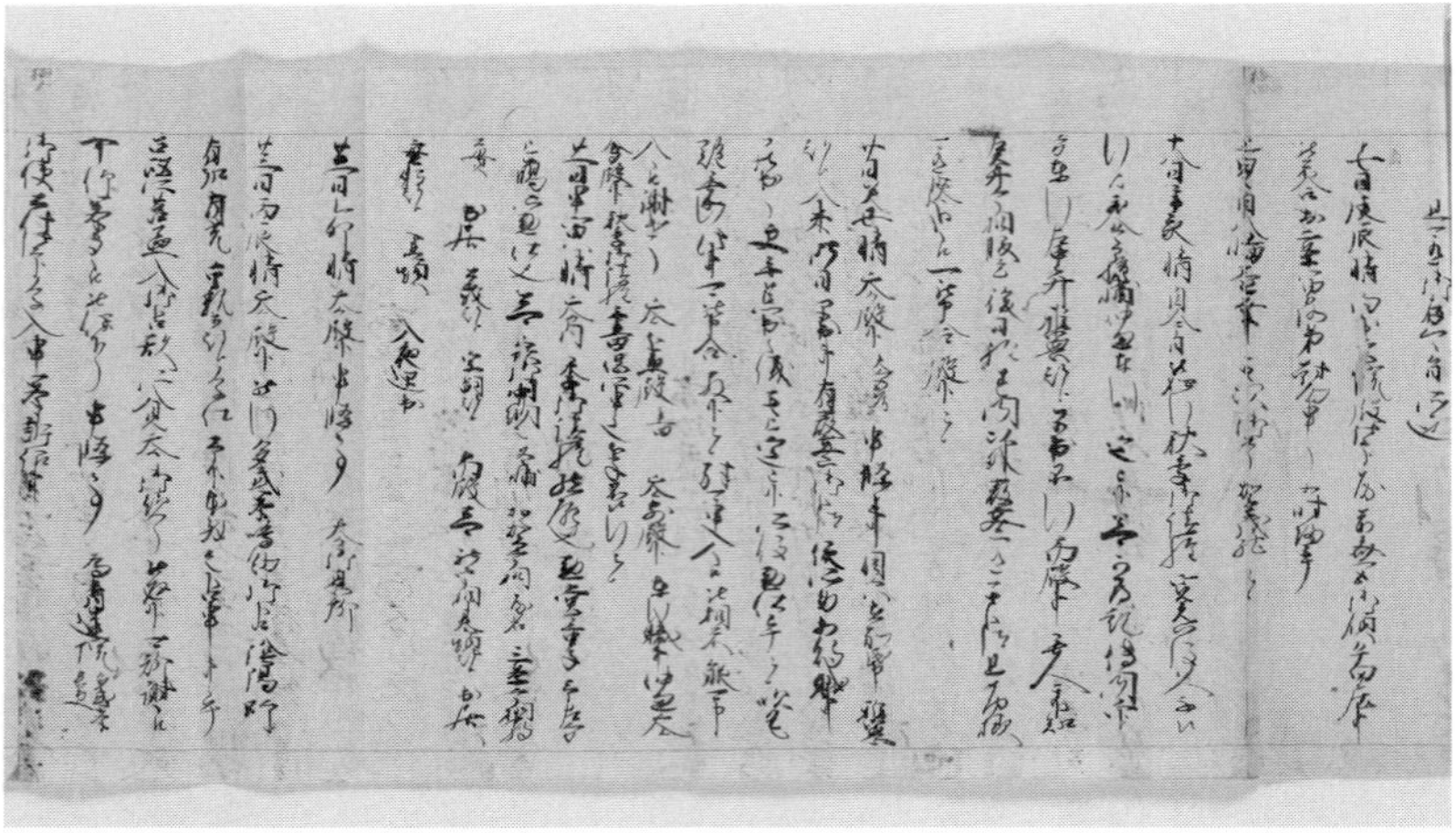

図８　『兼仲卿記』弘安４年８月記（８月18日条部分、歴博769）

藤原師輔《ふじわらのもろすけ》『九条殿遺誡《くじょうどのゆいかい》』に「昨日の公事《くじ》、もしくは私《わたくし》に止《や》むを得《え》ざること等《とう》は、忽忘《こつぼう》に備《そな》へんがために、またいささかくだんの暦《こよみ》に記《しる》し付《つ》くべし」という記述があることから、貴族は翌朝に前日の出来事を書いていたという思い込みが私たちにはある。ところが、『勘仲記』を見ると、数日分まとめて日記を書いている形跡がある。弘安四年八月十八日条は「晴《は》れ。今日《こんにち》より秋季御読経《しゅうきみどきょう》を始行《しぎょう》せらる。寛元以後《かんげんいご》久《ひさ》しく行《おこな》はれざるか。蔵《くろ》人《うど》兵部権大輔仲兼《ひょうぶごんのだいふなかかね》奉行《ぶぎょう》す。定巳下《さだめいか》の公卿《くぎょう》尋《たず》ね記《しる》すべし」「伝《つた》へ聞《き》く、官方奉行《かんがたぶぎょう》左中弁雅憲朝臣《さちゅうべんまさのりあそん》早出《そうしゅつ》し、南殿《なでん》の事《こと》を行《おこな》はず。下知《げち》するに人無《ひとな》し。左大弁宰相《さだいべんさいしょう》腹立《はらだ》ち」「後日奏聞《ごじつそうもん》を経《へ》る。もつての外厳密《ほかげんみつ》にその沙汰有《さたあ》り。かつがつ如何様《いかさま》沙汰有《さたあ》るべきかなの由《よし》、殿下《でんか》に申《もう》し合《あ》はさるべしと云々《うんぬん》」と、最初の段階、あとから「伝へ聞」いた段階、さらに「後日」の段階という三段階の情報が、追記の形を取らずに、一日分の記事として同じ墨色の一筆で書かれている（図８）。これを可能とするためには、翌朝ではなく、「後日」を含む数日後にまとめて日記を書く必要がある。また、弘安七年十二月記（歴博七八六）の奥書には「物忩《ぶっそう》の余《あま》り、案《あん》じ出《いだ》すに随《したが》ひこれを書《か》く〈定《さだ》めて僻事多《ひがごとおお》きか〉。子孫見《しそんみ》直《なお》すべき者《もの》なり」と記しており、この月、兼仲は日記を書いておらず、あとから思い出しながら一月分まとめて記していたことがわかる。

おわりに

実際には、様々な日記の書き方があり、自筆本ではそうした多様な書き方を示す痕跡が、文字の大きさ・位置・墨色など文字列情報以外のさまざまな情報のなかに残されている。ところが、その日記が筆写される際には、空行は詰めて写され、行間補書も他の文字と同じ大きさ、同じ行間で写されてしまう。記主が文章の区切りに微妙に空けている文字間や墨継ぎ位置が書写者に無視されることがほとんどである。自筆本が持つこうした情報は、書写された写本では消滅してしまうのである。その点、ほとんどが自筆本で残る『勘仲記』は、それぞれの時期の出来事を伝えてくれるのみならず、日記の書き方に関する情報や記主の意識までも伝えてくれているから、七五〇年を経た現在でも私たちは様々な情報を読み取ることが可能である。ただし、どれだけの情報を読み取れるかは読み手の経験と技量にかかっている。

（高橋秀樹）

参考文献

遠藤珠紀「『勘仲記』にみる暦記の特質」『中世朝廷の官司制度』吉川弘文館、二〇一一年

尾上陽介「『民経記』と暦記・日次記」五味文彦編『日記に中世を読む』吉川弘文館、一九九八年

高橋秀樹「『勘仲記』と「家」」同右書所収

高橋秀樹「藤原兼仲『勘仲記』を観る」『國學院雑誌』一二二巻一一号、二〇二一年

高橋秀樹『古記録入門（増補改訂版）』吉川弘文館、二〇二三年

コラム2

藤原頼資の熊野詣の記録

広橋家資料には広橋家の祖・藤原頼資が記した熊野詣に関する記録が収められている。熊野詣は紀伊国にある聖地・熊野三山を巡る社寺参詣である。頼資は生涯にわたって幾度も熊野を訪れ、旅路を日記に記した。現在、その原本は伝わらないが、息子の経光が書写したとみられる写本が残されている。「修明門院《しゅめいもんいん》熊野《くまの》御幸《ごこう》記《き》」（歴博〇五二）、「後鳥羽院修明門院熊野御幸記」（歴博〇四九）、「頼資卿熊野詣記」（歴博〇六五）の三点である。

平安後期から鎌倉前期にかけて、皇族・貴族の間では熊野詣が大流行した。熊野は和歌山県南部から三重県南部一帯を指し、深奥な山々と那智の滝に代表される勇壮な景観から、古くより聖地と考えられていた。平安中期に浄土信仰が広まるにつれ、熊野は観世音菩薩の住む南方の補《ふ》陀落《だらく》浄土とみなされ、本宮・新宮・那智からなる熊野三山は崇敬を集めた。院政期に入ると、歴代の上皇・法皇や女院がこぞって参詣を繰り返し、熊野詣は一挙に盛んとなる。貴族たちも院に随行するとともに、私的にも頻繁に熊野を訪れた。京から熊野に至る路次には王子と呼ばれる遥拝所が設けられ、鎌倉前期には八十数カ所に及んだという。こうして熊野詣は最盛期を迎えた。しかし、公家社会を震撼させた承久の乱を境に陰りが差す。鎌倉後期の亀山上皇を最後に院の参詣は終焉を迎え、以後、参詣の主体は皇族・貴族から武士や庶民に移っていった。

藤原頼資の記録は、このような熊野詣の盛衰を伝える貴重な証言である。頼資は藤原北家日野流の藤原兼光の子として寿永元年（一一八二）に生まれた。建仁三年（一二〇三）に二十二歳で叙爵《じょしゃく》を果たし、朝廷の実務を担う官人として歩み始める。世は後鳥羽上皇の院政下にあり、頼資は後鳥羽院と妃の修明門院の院司《いんし》（家政職員）を務めるとともに、摂関家の近衛家にも仕え、昇進を遂げていった。承久の乱を経て、元仁元年（一二二四）に参議として公卿に加わり、翌年には権中納言に昇進し、嘉禎二年（一二三六）に五十五歳で生涯を閉じた。この間、頼資は院の熊野詣に供奉し、あるいは私的に参詣を重ね、二十二回も熊野を訪れたことが確認される。現存する頼資の熊野詣の記録は、最盛期から斜陽に差し掛かった承久の乱後までに及ぶ十一回分である。

頼資の記録の特徴は、一人の公家の公務と生活の双方に及ぶ内容豊かな複数の記事が残されていることである。三点の記録のうち、「脩明門院熊野御幸記」は承元四年（一二一〇）に、「後鳥羽院脩明門院熊野御幸記」は建保五年（一二一七）に、いずれも頼資が修明門院の熊野詣に随行した際の筆録である。供奉人（随行者）や道中の行事の次第を詳細に記しており、いわば公務の記録といえる。一方、残る一点の「頼資卿熊野詣記」は、頼資と兄資実《すけざね》の私的な熊野詣を頼資が記したものである。頼資の日記から関係記事を抜き出したものとみられ、資実の参詣も含めて、建仁二年から寛喜元年（一二二九）までの九回の記事を収めている。このように一人が記した数年分の参詣記が残っていることは珍しく、史料的価値が高い。また、随所に頼資の心境が綴られており、大変興味深い。頼資の記録は内容の幅が広く、様々な視点から読み解くことができる。

一例として、「脩明門院熊野御幸記」から熊野詣の隆盛と頼資の仕事ぶりを見てみよう。承元四年四月二十七日、熊野に向かう修明門院の一行は石代《いわしろ》（岩代）王子（現みなべ町）に立ち寄った。そこでは拝殿の板に参詣者の名を書き連ねるのが習わしであり、頼資はその書き様を日記に控えた。それによると、冒頭に日付、修明門院の熊野御幸である旨、及びその回数が書かれ、以下に供奉人二十人の名と参詣回数が記されている。最も回数が多いのは藤原宗行《むねゆき》の二十二度であり、頼資もすでに六度を数え、当時の公家がいかに熊野を訪れていたのかがわかる。また、頼資はこの名前の書き付けについて、主《しゅ》典代《てんだい》以下の供奉人の名は書かないのが通例であることな

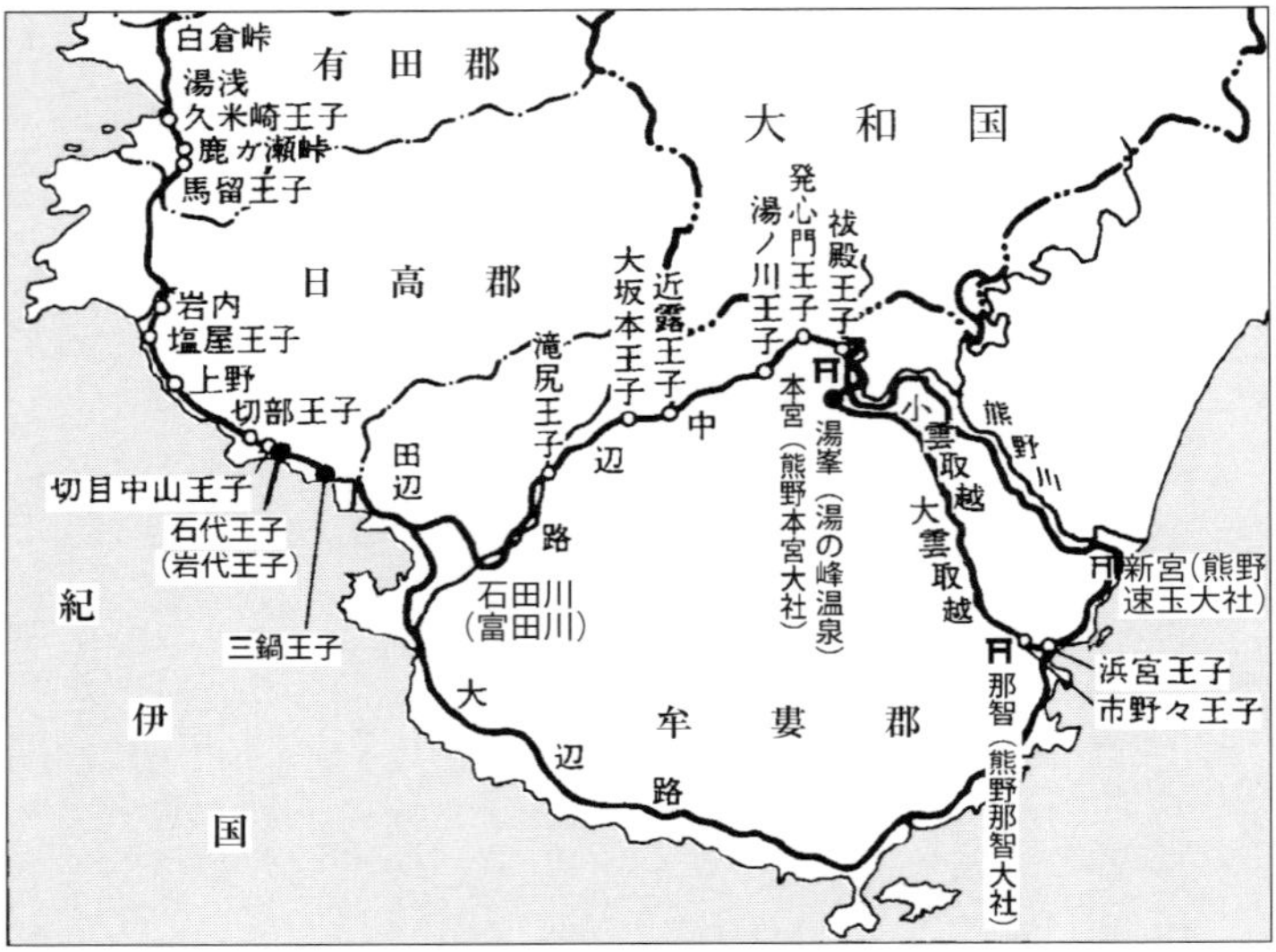

図１　熊野参詣道略図

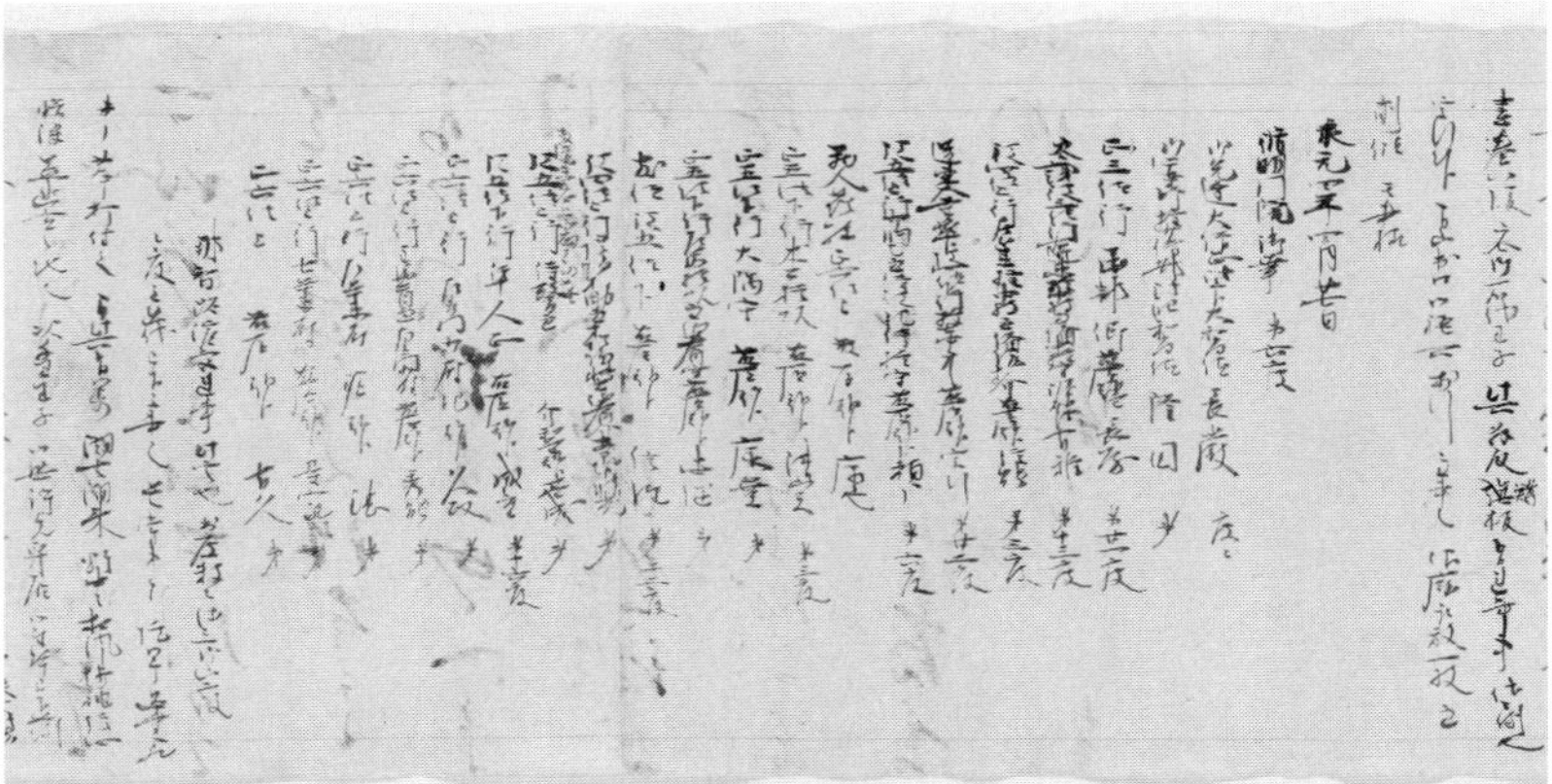

図２　石代王子に立ち寄った修明門院一行の名前が記されている。（『脩明門院熊野御幸記』承元４年４月 27 日条　部分、歴博 052）

ど、書き方の作法を注記している。公家にとって儀式や行事を先例にのっとりそつなくこなすことは重要な使命であった。故実を着実に習得し、公務に臨む頼資の姿勢がうかがえる。

今度は「頼資卿熊野詣記」から頼資の私的な熊野詣について見てみたい。そもそもなぜ熊野に参詣するのか。この点について頼資は、承久二年（一二二〇）十月、この二・三年参詣するたびに昇進し、すぐに四位《しい》の中弁《ちゅうべん》になったのは熊野権現の利生《りしょう》（利益《りやく》）であると述べている（二十七日条）。また、承久の乱後、公卿となった頼資は寛喜元年（一二二九）十月、子の経光の宿願のため久しぶりに熊野を訪れることにした。その際、頼資は「予一門幸運之人々、云先祖云傍親、共奉帰依南山之人也」〔予《よ》の一門《いちもん》は幸運《こううん》の人々《ひとびと》、先祖《せんぞ》と云《い》い傍親《ぼうしん》（傍系の親族）と云《い》い、共《とも》に南山《なんざん》（熊野）に帰依《きえ》し奉《たてまつ》るの人《ひと》なり〕と記している（二十一日条）。頼資は日野流の家風として熊野を篤く信仰し、朝廷での昇進による家の繁栄を祈っていたのである。

その一方で参詣を満喫する頼資の姿も垣間見える。承元四年九月、頼資は熊野詣を控え、人生七度目、年内二度目という度重なる参詣を喜んだ。九月二十四日に京を出発し、十月三日に本宮に到着。道中の三鍋《みなべ》王子（現みなべ町）では神のお告げを受けて落涙している。また、五日には那智で荘厳な滝を眼前にして涙を拭って拝み、八日は湯峯《ゆのみね》（湯の峰温泉）で沐浴し、中国の名湯にも劣らないと賞賛した。頼資は熊野への信仰心の高まりとともに、非日常である旅を満喫しているように見える。

このほかにも注目すべき記事が多い。頼資の筆からは、参詣の光とともに影も映し出される。道中の石田《いわた》川（富田《とんだ》川）は、禊《みそぎ》の場として徒歩で渡るのが通例であったが、承元四年四月の参詣の際には、洪水により同行者九人が水死し、頼資は驚き悲しんだ（「脩明門院熊野御幸記」承元四年四月二十八日条）。また、承久の乱後、寛喜元年の参詣では、近年山立《やまだち》（山賊）がしきりに出没し、うち数人は捕らえたものの、なお出現していると聞く。路次の王子はみな破壊・顛《てん》倒し、後鳥羽院の行宮《あんぐう》（宿所）も取り壊され、後白河院が立ち寄った御所は虎狼の棲み家のようになっていたという（「頼資卿熊野詣記」寛喜元年十一月六日条）。

　このように頼資の記録は、一世を風靡した熊野詣の実態と中世公家の実像を活写する。他の熊野詣の記録には見られない記事も多く、また記主頼資をめぐるさまざまな情報を含んでいる。中世公家の公務と生活を伝える貴重な史料として、興味が尽きない。

（甲斐玄洋）

参考文献

尾上陽介・遠藤珠紀・宮﨑肇校訂「『修明門院熊野御幸記』『後鳥羽院修明門院熊野御幸記』『頼資卿熊野詣記』」三井記念美術館・明月記研究会編『国宝　熊野御幸記』八木書店、二〇〇九年

小山靖憲『熊野古道』岩波新書、二〇〇〇年

小山靖憲『世界遺産　吉野・高野・熊野をゆく　霊場と参詣の道』朝日選書、二〇〇四年

土谷恵「後鳥羽院の熊野御幸」三井記念美術館・明月記研究会編『国宝　熊野御幸記』八木書店、二〇〇九年

戸田芳実「ある中世貴族の熊野信仰―藤原頼資参詣記抄―」同『歴史と古道』人文書院、一九九二年（初出一九八八年）

コラム3

朝廷・摂関家・室町殿の殿舎空間と実務の場

広橋家の当主たちが公務に従事した職場の様子について、摂関家・足利将軍家の殿邸を素材としてみたい。足利将軍家は義満以降、摂関家の故実作法をとっていたから、摂関家と同じような御殿に暮らしていたのだ。

摂関家の殿邸の標準的な施設

『猪隈関白記』建仁三年（一二〇三）八月二十一日条に、近衛家実が父基通から近衛殿を相続する記事がある。「此殿（近衛殿）可為予居所也、上達部座・障子上・北面・侍所・車宿・随身所等如常」とある。上記のうち、広橋家の当主たちが活動した場は、主人と公卿たちが儀式・会議を行う「上達部座《かんだちめのざ》（公卿座《くぎょうのざ》）」と、家政機関の置かれた「障子上《しょうじのうえ》」・「侍所《さむらいどころ》（蔵人所《くろうどどころ》）」である。「北面」は主人の近臣が詰める場、「車宿・随身所」は主人が乗用する牛車や、供奉する随身らの施設である。

主人が公卿たちをもてなしたり合議したりした「公卿座（上達部座）」は、盛大な儀式の際には寝殿の南面に設置された。平常は対屋の一つ「侍《さむらい》（侍廊《さむらいろう》）」と寝殿とを結ぶ渡殿《わたどの》に置かれていることが多い。政所別当は「障子上」で作成した書類を「公卿座」に運んで主人に手渡し、公卿たちが点検した。来訪した公卿は、主人が「公卿座」に出座するまでは「障子上」で待機した。公卿の中には「障子上」で家司たちと談合する者もいた。

「障子上」は対屋の一つ「侍（侍廊）」のうち、上手（寝殿側）の部屋で、下手（邸の入り口側）の部屋を「侍所《さむらいどころ》（蔵人所《くろうどどころ》）」と呼んだ。両室の間は「布障子《ぬのしょうじ》」（カーテン）によって仕切られていた。六位以下の政所別当や侍所別当（職事《しきじ》）や侍《さむらい》は「侍所」で執務し、「障子上」には入らない。四・五位の政所別当は「侍所」と「障子上」とを行き来して執務した。政所別当の長である年預別当の常駐位置は「侍所（蔵人所）」の上座のようだが、書類は「障子上」で作ることが多い。年預業務における両室の使い分け原則は未詳である。

「公卿座」「障子上」「蔵人所」の配置

「障子上」・「公卿座」などの位置について、『兼仲卿記』正応元年十月二十七日条（歴博八〇九）に載せる鷹司兼忠の任内大臣大饗の近衛殿指図が参考になる。

大饗は大臣になった人が催す披露宴で、もてなしを受ける大臣や公卿は寝殿南面の「公卿座」に着座した。寝殿西面には弁官（四・五位）の席が設けられ、西に接続する渡殿は太政官の事務官「上官《じょうかん》（政官）」（六位以下の外記や弁官局の史）の座だった。平素はここが「公卿座」だった。侍廊の「蔵人所（侍所）」には、来賓たちの従者の席「雑色座」が設けられた。『兵範記』保元二年（一一五七）八月一九日条の近衛基実任大臣大饗指図と似ており、故実を踏まえた図のようだ。

国立国会図書館の所蔵する『永享四七廿五室町殿御亭〈大饗指図〉』（古三四－五八三）は、永享四年（一四三二）に足利義教が任内大臣大饗を行った際に、永徳元年（一三八一）に足利義満が任内大臣大饗を行った時の室町殿の様子を調査して作った指図が元になっている。長禄二年（一四五八）七月に足利義政の任大臣大饗を行った際に、再調査して作成したものらしい。『兵範記』・『兼仲卿記』の大饗指図とよく似ており、「障子上」と「蔵人所（侍所）」の位置・呼称を明記していること、両室の間の「布障子」の形状を描く点が、貴重である。

「障子上」での意思疎通と事務処理

『勘仲記』正応二年（一二八九）十月二十一日条（歴博八一五）には、勧学院の別当（南曹弁《なんそうのべん》）になった兼仲が行った吉書始《きっしょはじめ》の記事がある。勧学院領の年貢の上納報告書を氏長者近衛家基に見せ、「障子上」で領収書（返抄《へんしょう》）を作成した。藤原氏の氏寺興福寺や氏神春日社に対する命令書も同時に作成した。作成した書類の写しが掲載されている。

政所別当が「障子上」で書類を作る様子は十二世紀の『玉葉』にもみえる。『兼宣公記』応永元年（一三九四）十一月八日条（歴博六〇二）にも、広橋兼宣が近衛家の年預別当となって吉書を上覧する記事がある。「障子上」から「東向四个間」に持って行き、上覧したとある。『経光卿記』安貞元年十二月二十三日条（歴博八四三）には、「障子上」から主人の近衛家実らがいる「公卿座」まで書類を運ぶ経路や、敬礼する位置が図示されている。経光は同年十月十日に執事別当になったばかりだった。殿中での所作の故実は大切だったようだ。

上記指図には、摂政が自邸（里亭）で執務する場合、宮中の事務所「直廬《ちょくろ・じきろ》」で政務を執る場合の双方が図示されている。摂政が天皇に替わって政務をとるための宮中の事務所「直廬」は、宮中の適当な殿舎に設けられ、決まった位置はない。部屋の什器・舗設は摂政の従者である家司が私邸の「公卿座」「障子上」に準じて設営し、家司（殿上家司）と天皇の秘書官の蔵人とが共同で事務にあたった。六位以下は昇殿しないので「侍所」はなく、公卿の合議は「公卿座」で、家司・蔵人は隣室の「公卿休所」を「障子上」に準じて用いた。

天皇親政の場合、正式の会議は内裏「左近衛陣」に設けられた会議室「仗座《じょうざ》」で行い、上卿が紫宸殿《ししんでん》西側の弓場殿で蔵人に会議の結果を申告して奏上する場合と、清涼殿の東廂を会場として公卿が列座する御前会議とがあった。広橋家の当主が弁官・蔵人として関与するのは会議や命令書の作成で、清涼殿の蔵人の待機所「殿上《てんじょう》」や議政官の会議場「仗座」で事務に服した。

天皇の食事や移動に奉仕するのは近衛府の中将・少将たちと、庶務にあたる男官「六位蔵人」女官「内侍司《ないしのつかさ》」「主殿司《とのものつかさ》」である。近衛中将・少将には、摂関家をはじめとして、「羽林家」と呼ばれる諸家がこれに任じた。宮中での業務はイエによって異なっていたのだ。

さて、『民経記』安貞元年十月二十日条（歴博六八五）には、「障子上」に権中納言広橋頼資や参議平範輔らがいて、布障子を開いて「蔵人所（侍所）」にいた経光らと談合した記事がある。「障子上」は公卿たちの待合室だが、頼資はここから「蔵人所」にいる子息の経光に語りかけて、隆経法橋という僧を法成寺執行に任ずる「令

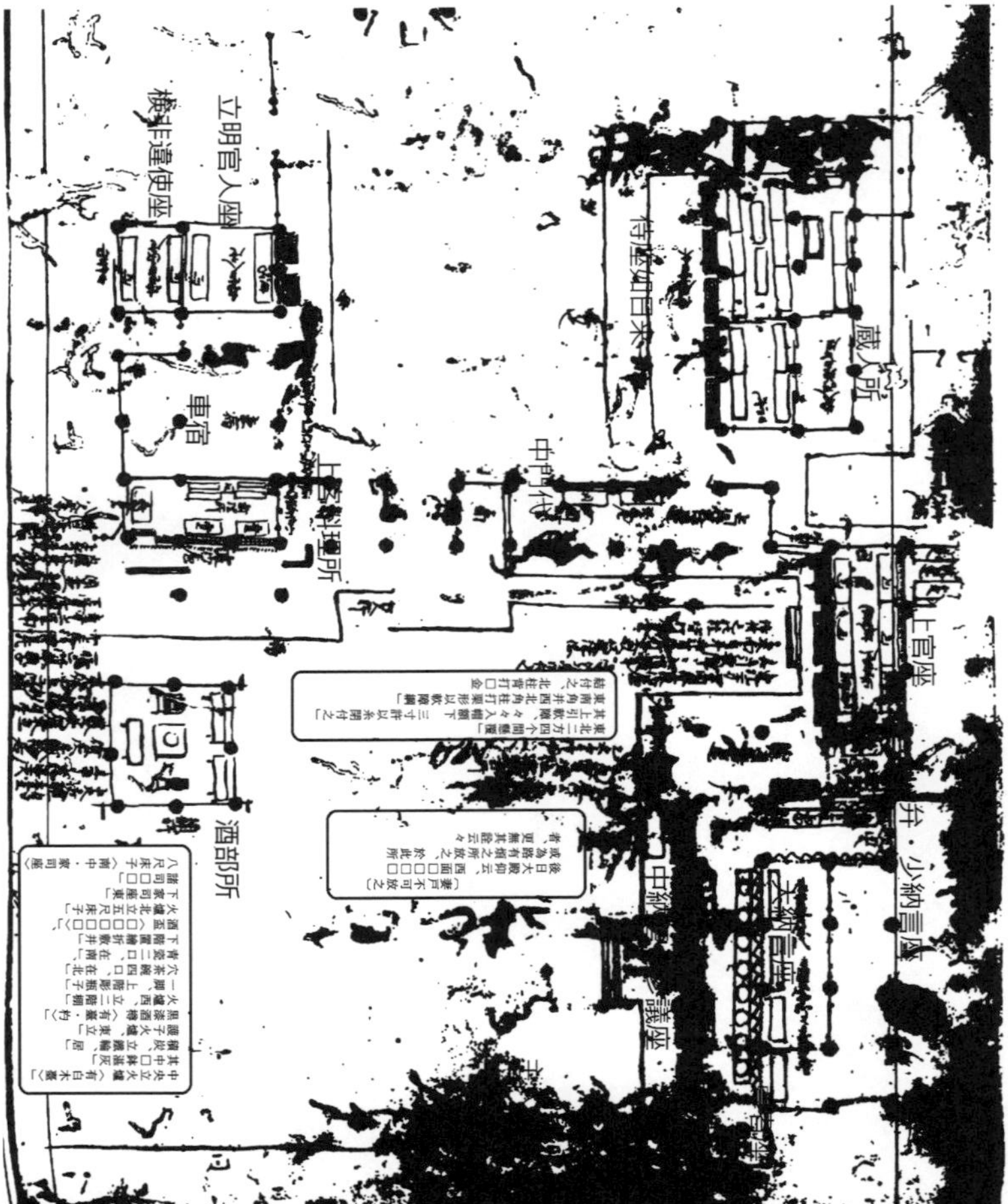

図1『兼仲卿記』正応元年10月27日条（部分、注記翻刻、歴博809）

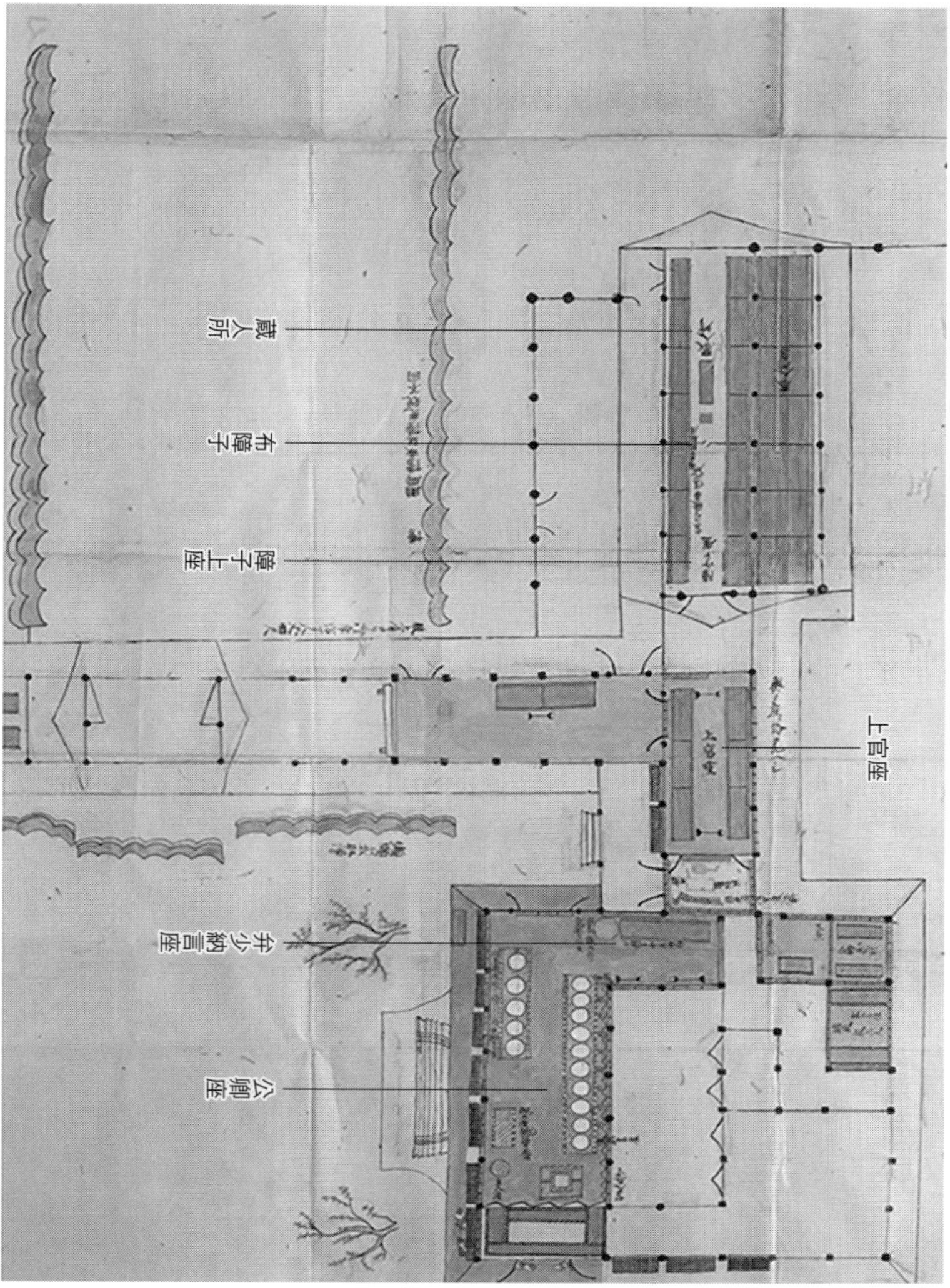

図2『永享四七廿五室町殿御亭〈大饗指図〉』（部分、注記翻刻、国立国会図書館所蔵、古34-583）

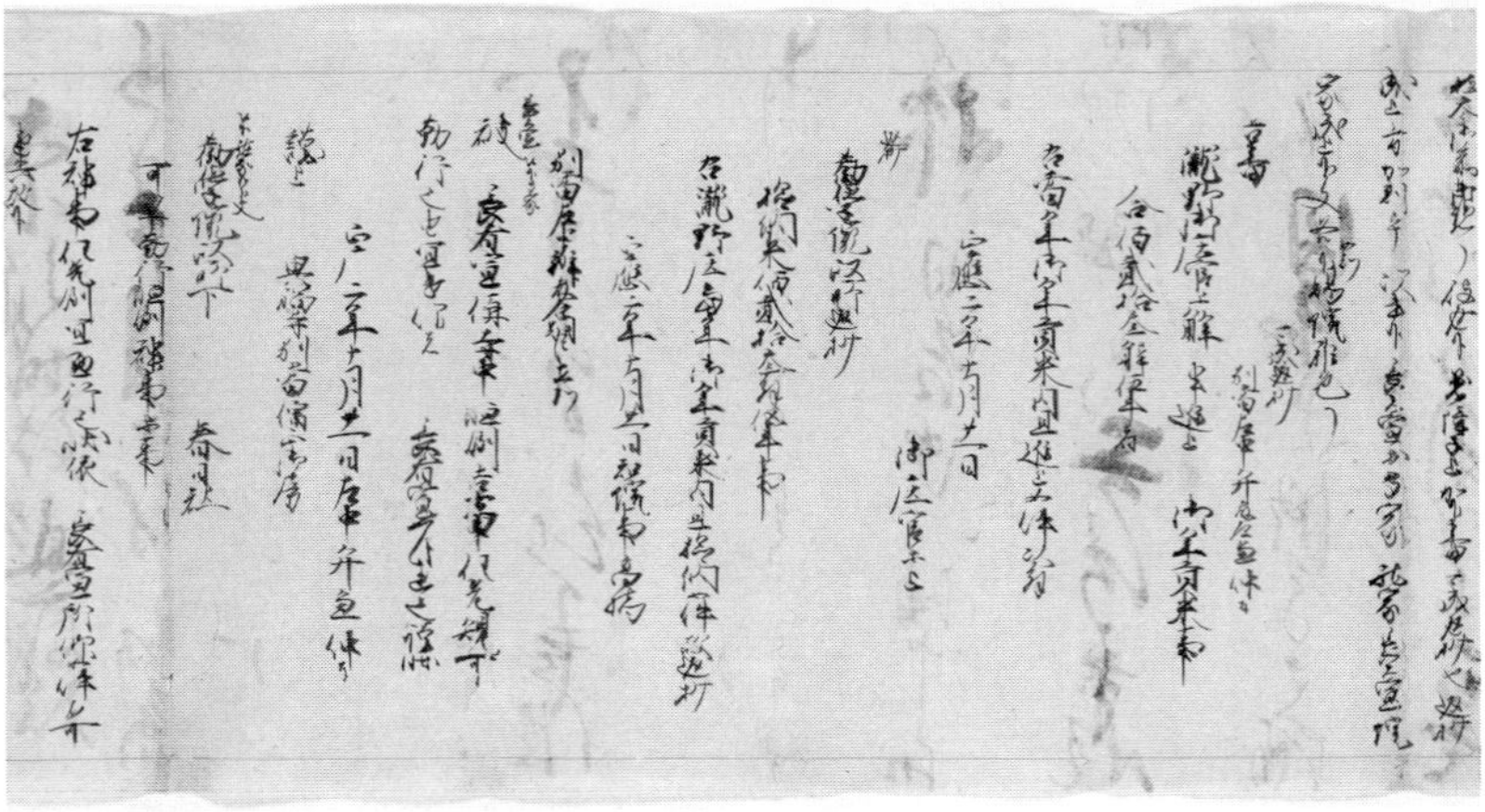

図３　『兼仲卿記』正応２年10月21日条（部分、歴博815）

旨（政所別当宣）」を作るように命じた。頼資は近衛家実の承認をとって、その場で隆経に交付させた。公卿たちは、「障子上」に居て、家司や侍たちを指揮したのだ。

公卿たちは摂関・大臣と直接協議できる

主人が重要な決定を行う場合、主人と公卿たちによる点検会議は必須だった。いっぽう、主人が殿上人の政所別当と同席して合議することはない。摂関・大臣・室町殿と対座・談合することは、公卿たちの特権だったのだ。

足利義満が「公家化」すると、朝廷・寺社の要望を義満に取り次ぐ公卿が現れる。『吉田家日次記』応永十年（一四〇三）十一月十五日条によると、園《その》并《ならびに》韓神社《からかみしゃ》で穢れが発生し、祭礼を行う前に臨時に清祓を行う必要が生じたという。神祇官の官人吉田兼敦が朝廷の担当奉行の蔵人清閑寺家俊に対して、「入道大納言」葉室宗顕を介して義満に訴えるのが良いと助言した。宗顕は現任公卿ではなく、伝奏でもなかったが、ちょうど平野社について義満と協議していた。宗顕が仲介して、義満が幕府

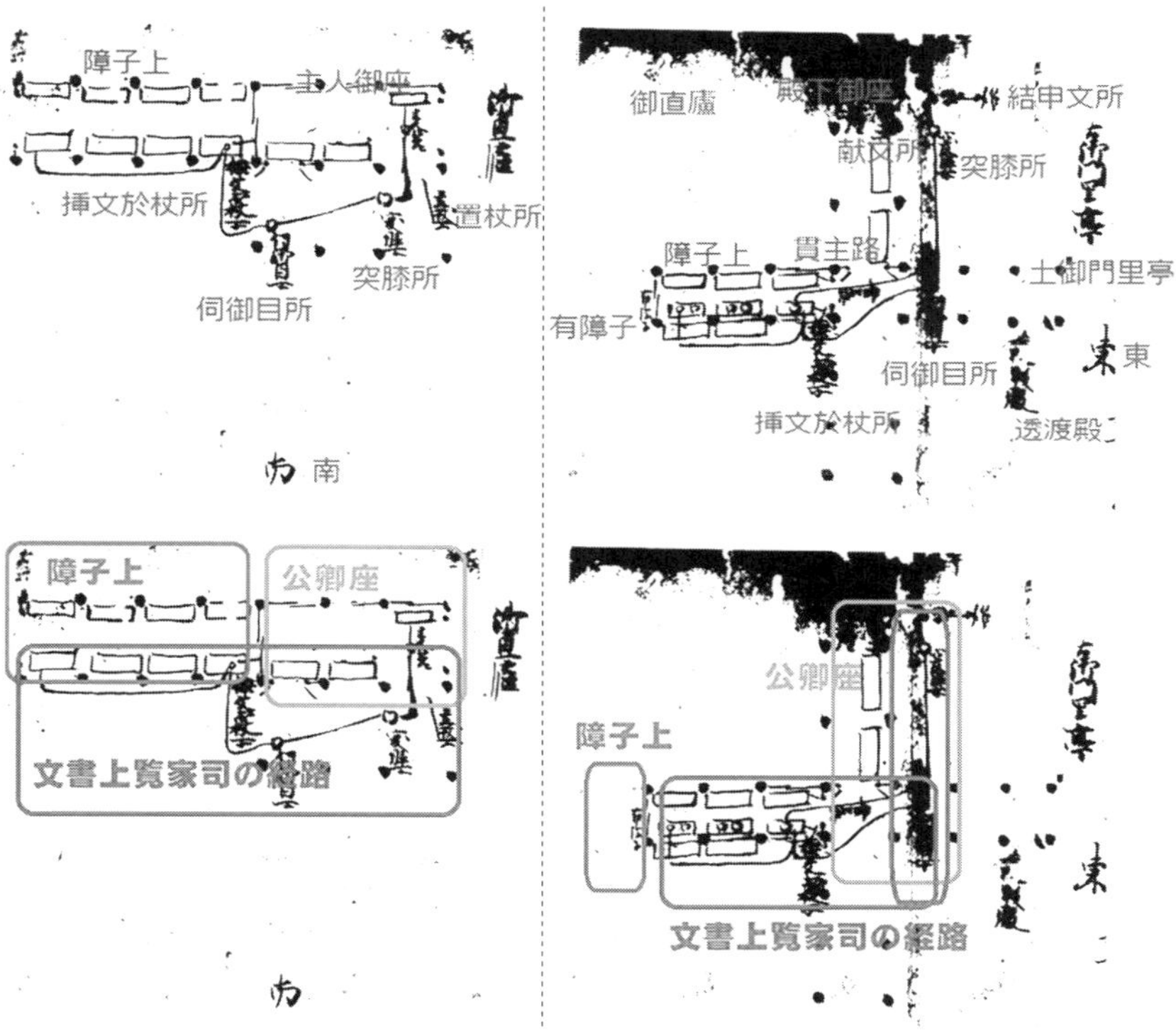

図4　右：内裏における蔵人の関白への書類上覧、左：近衛亭における家司の書類上覧、下図は上図の部屋割を示す（『経光卿記』安貞元年12月23日条、注記翻刻、歴博843）

御蔵に清祓の料足を支出させた。

　これまで、朝廷・寺社の要望を義満に取り次ぐ者は「伝奏《てんそう》」だと考えられてきた。しかし、義満が「公家化」して議政官の指揮官である大臣になると、公卿たちは全員が取り次ぎをできるようになったとみられる。

参考文献

家永遵嗣「室町幕府と『武家伝奏』・禁裏小番」朝幕研究会『近世の天皇朝廷研究』五号、二〇一三年

家永遵嗣・水野圭士・林哲民・タトヤン―ディミトリ・小口康仁・野里顕士郎・熊谷すずみ・安達悠奈共著「解説と翻刻国立公文書館所蔵『初任大饗記』 国立歴史民俗博物館所蔵『義満公任槐召仰議并大饗雑事記』―付国会

図書館所蔵『永享四七廿五室町殿御亭〈大饗指図〉』」学習院大学人文科学研究所『人文』一七号、二〇一九年
太田静六『寝殿造の研究』吉川弘文館、一九八七年
川本重雄『寝殿造りの空間と儀式』中央公論美術出版、二〇〇五年
川上貢『日本中世住宅の研究』中央公論美術出版、二〇〇二年

（家永遵嗣）

第3章

南北朝・室町時代の広橋家

——朝廷と幕府との仲立ち「武家伝奏」になる——

第一節　広橋家がなかだちとなって足利将軍家が天皇の後見役になる

はじめに

鎌倉時代の広橋家は摂関家とりわけ近衛・鷹司両家の従者として朝廷政治に参画していた。その立場は十四世紀になって顕著に変化して、足利将軍家の姻族となり、朝廷と幕府との仲立ち「武家伝奏」になる。兼綱が二条良基と結んで後光厳天皇の擁立に参画し、仲光・兼宣父子が後光厳天皇の子・孫にあたる後円融天皇・後小松天皇の擁立に参画したからだ。そこでは、兼綱の養女仲子が後円融天皇を産んだこと、仲子の義弟広橋仲光が細川頼之の女子と結婚して広橋兼宣が生まれたことが、重要な転回軸になっていた。

一　後醍醐天皇に圧迫された広橋光業

応安四年（一三七一）三月六日、広橋光業の子兼綱は所領・古文書の全部を「一子」仲光に譲る譲状《ゆずりじょう》（相続遺言状・歴博三七二）を作った。

しかしながら、この譲状には、かつて経光・兼仲父子の「家領」であった前述の豊後国津守荘がみえない。朝廷の

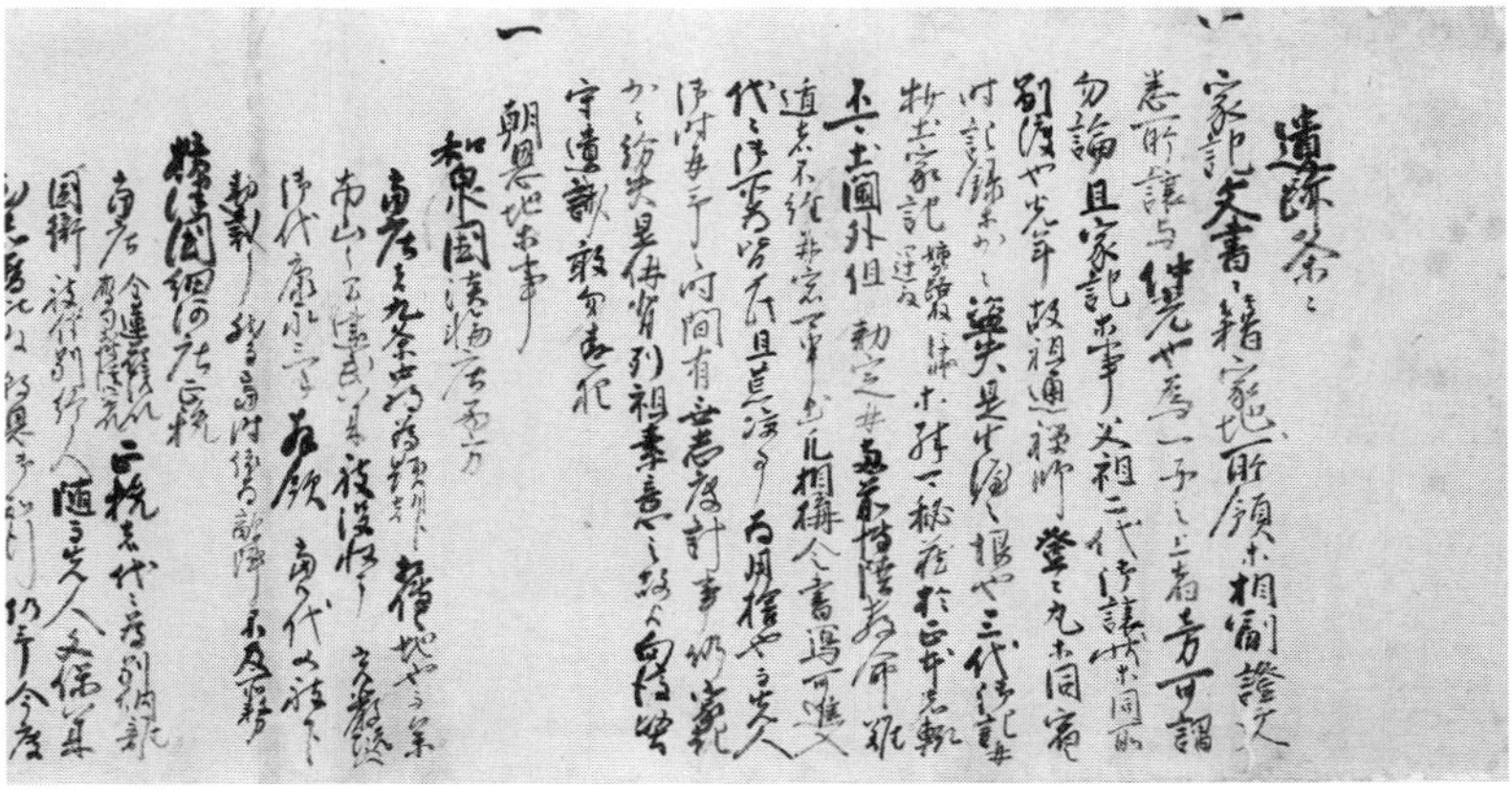

図１　「兼綱公譲状草　応安３年」（冒頭部分、歴博 372）

恩給地「朝恩」七カ所は、すべて北朝からの恩給地で、南北朝争乱の最中に給与されたものばかりだった。鎌倉期から続いていた所領は一つもない。近衛家から恩給された地もなく、鷹司家からの恩給地だけだった。光業・兼綱の時代に所領の多くを失って、北朝と鷹司家からの恩給によって露命を繋ぐ状態に陥っていたのである。

さて、この譲状には摂津国細河荘について、文保年間（一三一七～一九）から嘉暦年間（一三二六～二九）にかけて「朝恩」として「先人」光業が知行していた、とある。文保年間には後宇多上皇（後醍醐の父）が院政をしいていた。嘉暦年間には後醍醐天皇が親政をしいていた。この記述を手がかりにして考えてみたい。

文保二年、後宇多上皇は後醍醐天皇を即位させるにあたって、後醍醐の兄の後二条天皇の皇子邦良を皇太子とした。邦良を大覚寺統の正嫡と考えていたからだ。皇太子邦良に王子康仁が誕生したのは元応二年（一三二〇）で、自分の子に皇位を伝えたかった後醍醐天皇との間に対立が生じた。広橋光業は後宇多院政下の元応二年（一三二〇）三月に日野資朝と並んで蔵人頭に登用され、同年十二月に参議に登用された。本書コラム４（遠藤珠紀氏執筆）でも述べているように、朝廷首脳部は光業の実務能力を低いと見ていたという。このため光業は翌年元応三年三月に辞官して、同年十二月に後醍醐の親政が始まってからは出仕しなかった。このために朝恩所領を召し上げられたようだ。嘉暦元年三月に皇太子邦良が没してから後醍醐の討幕志向が強まったという。細河荘が他の者に授けられた理由にあたるのかもしれない。

他方で、光業が細河荘を失った嘉暦年間、後醍醐天皇の近衛家に対する介入も強まっていた。

金井静香によれば（金井一九九九）、近衛家基には鷹司兼平の女子が産んだ家平と、亀山上皇の皇女が産んだ経平という二人の男子があり、家平の子経忠と経平の子基嗣との間に相続争いが生じたという。元徳元年（一三二九）、家基未亡人の亀山皇女は伝領していた近衛家領を孫の基嗣に譲った。後醍醐はこれを奪って経忠に相続させた。元弘三年（一三三三）に鎌倉幕府が倒れた時、帰京した後醍醐は左大臣であった基嗣を罷免して五カ所を残してその所領のほとんどを没収し、経忠を右大臣にした。その後、建武政権が倒れると、経忠は北朝の関白の地位を抛《なげう》って吉野に赴いた。後醍醐天皇の基嗣に対する圧迫がみてとれる。

〈関係略系図〉

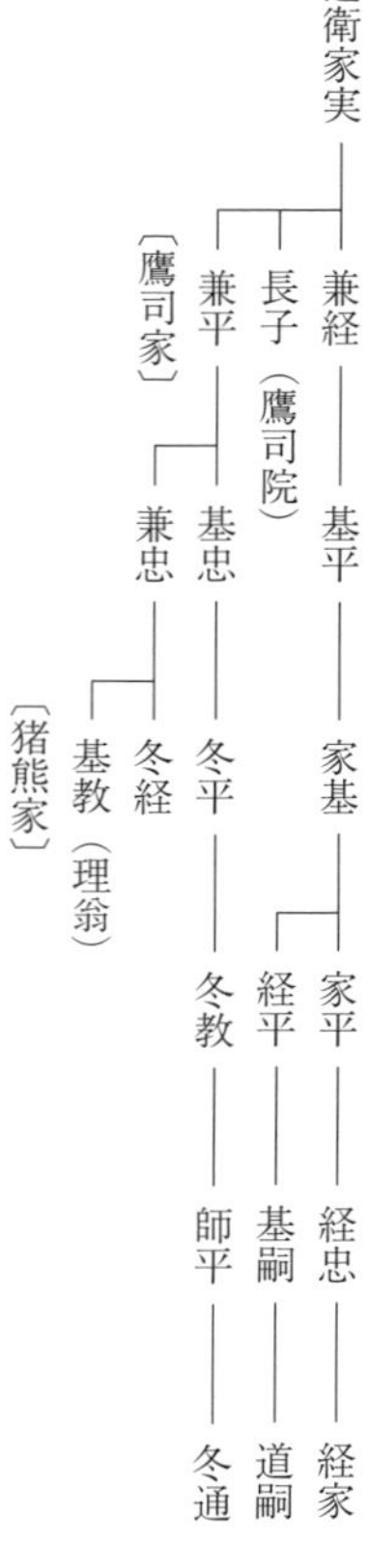

相続争いにおいて、広橋光業は近衛基嗣に従った。『小槻匡遠記』建武四年（一三三七）十二月二日条に、官務の小槻匡遠《おづきのただとお》が関白近衛基嗣の邸に赴き、光業の取り次ぎで基嗣と協議したとある（遠藤珠紀氏のご教示による）。また、この頃、後醍醐の皇子成良親王が基嗣亭に滞在していた。成良は北朝の光明天皇の皇太子であった。『師守記』

によると、吉野には赴かずに康永三年（一三四四）正月に基嗣邸で没した。基嗣は幕府の信頼を得ていたが、幕府と南朝との講和が問題になるたびに、南朝側は基嗣を斥けて経忠を家督にすることを要求した。

これが光業・兼綱が近衛家との主従関係を中断した原因のひとつなのかもしれない。貞治六年（一三六七）四月二十九日に幕府が南朝との講和交渉をいったん断念（『師守記』）した。その後、同年十二月二十一日に、兼綱の子仲光が近衛家に出仕する（『後深心院関白記』）からだ。

二　兼綱は鷹司師平・二条良基の庇護を得て北朝に仕えた

応安四年の広橋兼綱譲状には近衛家領がないが、鷹司家からの恩給地として但馬国小代《おしろ》荘など数カ所がある。小代荘は正応六年（一二九三）に鷹司兼平から基忠に譲られた鷹司家嫡流家の所領である。貞和三（一三四七）・同五年に鷹司師平の父冬平の従兄弟の基教（理翁《りおう》）が兼綱に譲った所領（歴博四一六）が特に重要だった。基教の血筋は猪熊家と呼ばれている。これより少し前に、「勘解由小路前宰相」光業に宛てた建武三年八月二十七日光厳上皇院宣（「下郷保平氏所蔵文書」『福崎町史第一巻』一八八頁）がある。山城国衣比須嶋荘・播磨国高岡荘などを「猪熊前宰相中将」基教（理翁）に安堵したもので、光業が基教の重臣であったことがわかる。兼綱の譲状によれば、高岡南荘・衣比須嶋荘は、基教が兼綱を気にかけて譲ってくれたものだという。兼綱は、これら所領は「家礼《けらい》」として代々仕えてきたことに対する御恩だから、鷹司家に対して礼を尽くすように、と仲光に諭した。

兼綱は建武五年（一三三八）に光明天皇の皇太子になった興仁（崇光天皇）に仕え、暦応四年に蔵人、貞和三年に弁官となった。併行して、康永年間（一三四二～四五）には関白・氏長者鷹司師平の執事を務めていた。師平は古文献を数多く有した有職故実の大家で、同じく有職故実に通じていた洞院公賢とも親しかった（『園太暦』）。兼綱は改

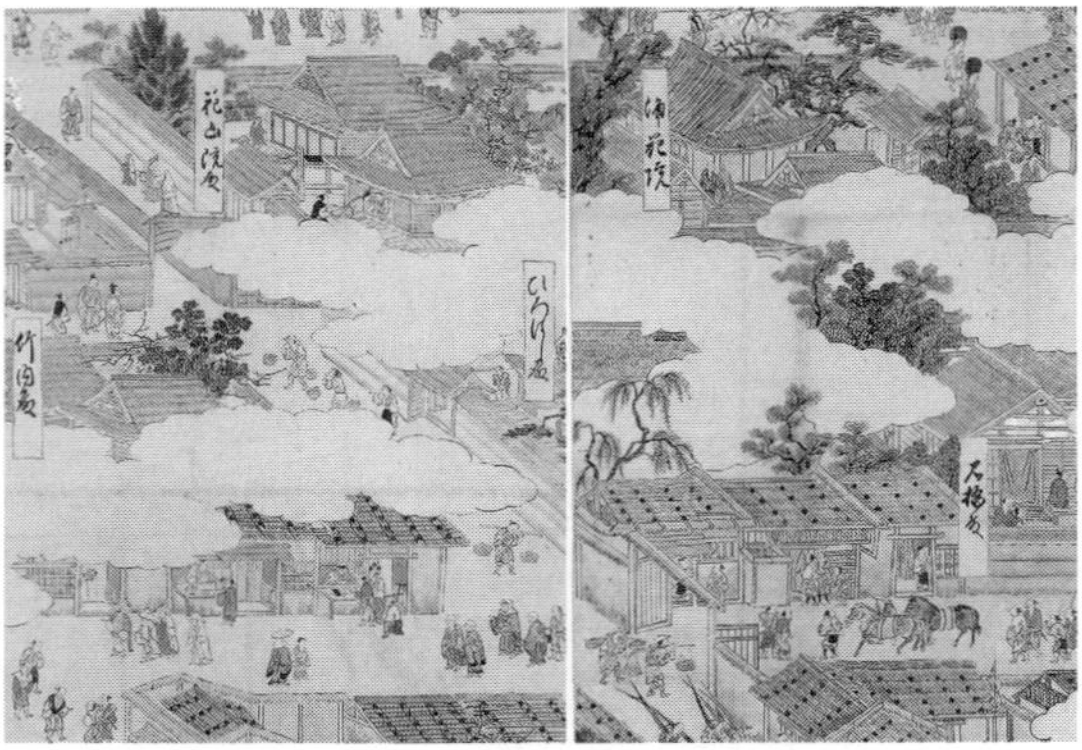

図２「ひろはし殿」（上：東京国立博物館所蔵模本［出典：ColBase〈https://colbase.nich.go.jp〉］、下：国立歴史民俗博物館所蔵甲本）

元年号案出のため鷹司家の『改元部類記』（歴博一五七〜一六四）を書写した。

広橋家の居宅は、鎌倉時代には勘解由小路通りと万里小路通りとの交差点付近にあり、賀茂川の東にも別宅「吉田殿」があった（高橋一九九八）。兼綱の頃にはこれらは失われていて、土御門通りと鷹司通りとに挟まれた邸に移転した。烏丸通を挟んで鷹司家の邸「鷹司殿」と向かい合っていた。『綱光公記』応仁元年五月二十九日条には、戦火で焼かれた広橋家の持仏堂の瑞雲院について、兼綱が猪熊基教から譲られた土地に兼宣が建てたとある（遠藤珠紀氏のご教示による）。応仁の乱で焼失するまで住んでいた。

『洛中洛外図屏風』のうち、上杉本と東京国立博物館所蔵の模本のひとつに「ひろはし殿」の注記がある。後者の東博模本には、広橋邸が土御門内裏・花山院邸と並んで正親町通りに北面して建っていたように描かれている。嘉吉三年（一四四三）の後南朝の内裏討ち入りの記録と勘案すると、広橋邸がこの位置にあった時期は応仁の乱より前らしい（田村航氏のご教示による）。国立歴史民俗博物館所蔵甲本（旧「町田家本」）には、東博模本の「ひろはし殿」と同じ位置の邸内の様子が克明に描かれている。兼綱の代に引っ越して応仁の乱まで居住していたものに相応しい。歴博甲本は一五二〇～三〇年代、東博模本は一五四〇年代の状況を描いたとされているが、応仁の乱以前の京都を追憶して描いているのかもしれない。

さて、光業は元応三年に参議を辞したあと権中納言になっていなかった。イエの「先途」が続くかどうかが危ぶまれる状態だった。しかし、光業は貞和二年（一三四六）八月に突如として参議に還任し、同年十二月に権中納言となった。どうやら、この年二月に二条良基が関白になったことが関係しているようだ。

同年四月に良基は関白となって、拝任を天皇に謝す「拝賀」を行った。このとき、光業の子兼綱が「殿上前駈」として良基の行列に加わった。兼綱は二条家の従者ではないようだが、貞和五年九月には「氏院別当《うじのいんべっとう》」いわゆる「南曹弁」となって氏長者二条良基を支えるようになってゆく。兼綱が良基に奉仕したおかげで兼綱の父光業が権中納言になり、家格を保つことができたようだ。このあと、兼綱は二条良基に歩調をあわせてゆく。

三　兼綱が後光厳天皇を支えるグループに加わる

貞和四年（一三四八）に崇光天皇が践祚し、兼綱は観応二年（一三五一）八月に蔵人頭になって崇光の大嘗会を取り計らうことになった。しかしながら、足利尊氏・義詮父子と尊氏の弟直義との抗争「観応の擾乱」が激化していて、同じ観応二年八月に尊氏・義詮父子が南朝に降参してしまった。同年十一月に北朝が廃されて皇位が南朝の後村上天皇に一本化される「正平一統」となる。崇光天皇は大嘗会を遂げていなかったが、太上天皇とされてしまった。

明くる正平七年（観応三・文和元・一三五二）閏二月、南朝は一方的に和睦を破棄し、鎌倉にいた尊氏と京都の義詮とを攻めた。この際に、南朝軍は持明院統の光厳・光明・崇光三上皇と廃太子の直仁親王を連れ去った。驚いた足利義詮は北朝の再興を図り、二条良基が光厳上皇の第三皇子弥仁《いやひと》を擁立して、観応三年（正平七）八月一七日に後光厳天皇が践祚した。

良基が関白となり、広橋兼綱・万里小路仲房が蔵人頭となり、弥仁（後光厳天皇）の乳姉妹である日野宣子《のぶこ》が女官の幹部「典侍《ないしのすけ》」となった。宣子は光厳・後光厳の乳人日野資名の女子である。宣子の異母姉の名子は光厳天皇即位の時に「典侍」となり、関東申次西園寺公宗の室となり、最後の女流日記とされる『竹むきが記』の著者となった。資名の兄弟三宝院賢俊は新田義貞追討を命じる光厳上皇の院宣を足利尊氏に渡して、北朝成立に貢献した。弥仁（後光厳）の乳姉妹として共に育った宣子は、後光厳天皇の血筋が皇位を保つために尽力することになる。

その後、延文二年（一三五七）二月に光厳上皇と崇光上皇が吉野から帰京して、後光厳天皇と兄の崇光上皇との間に、皇位継承争いと天皇家領の相続争いが発生した。二条良基・広橋兼綱・日野宣子らは、皇位・荘園が後光厳天皇の子孫に継承されるように尽力した。

日野宣子は足利義詮の室紀良子の同母妹仲子（崇賢門院）を見いだして後光厳の「典侍」とし、広橋兼綱は仲子の養父になってこれに協力した。広橋家には鎌倉時代に経子ら「典侍」を輩出した前例があった。良子・仲子の実父は石清水八幡宮の神職善法寺通清である。神職は「地下」身分なので、その女子が産んだ皇子に皇位継承資格はない。参議広橋兼綱の養女にすることで、仲子の産む皇子（後円融天皇）に皇位継承資格が備わる。延文三年一月八日の女叙位記録に「〈典侍〉藤原仲子」の名がある（『園太暦』）。兼綱との養女縁組による紀仲子の改氏姓と「典侍」任官が、この時点で完了していた（家永二〇一三・一六）。

〈関係略系図〉

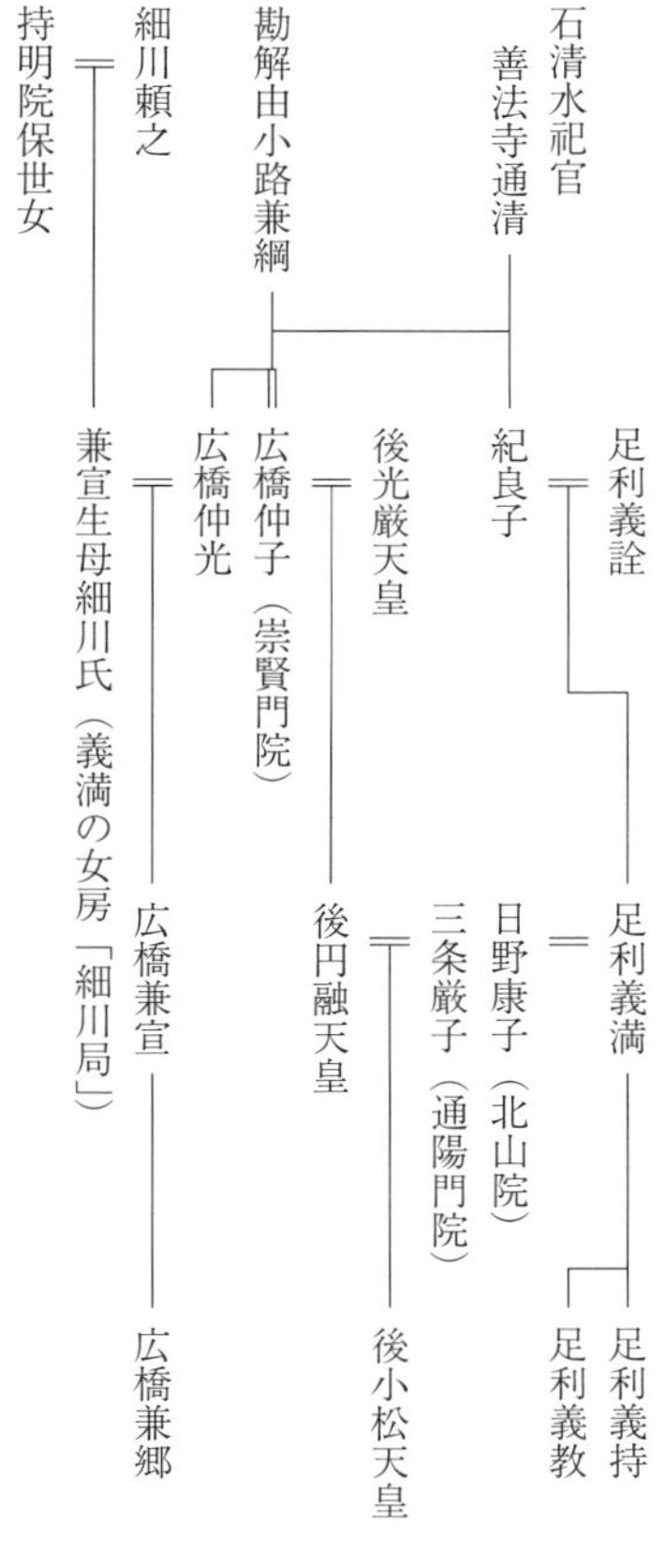

この年延文三年の八月に姉の良子が足利義詮の嗣子義満を産み、同年十二月に妹の仲子が後光厳天皇の皇子緒仁（後円融天皇）を産み、将軍になる義満と天皇になる緒仁（後円融天皇）とが従兄弟同士の関係になった。義満に後光厳天皇の血筋の皇位継承を庇護させるという良基・兼綱・宣子の戦略の起点が確保された。

四　後円融天皇の践祚と細川頼之・広橋仲光

広橋兼綱の子仲光は延文三年に叙爵し、延文五年に蔵人、貞治二年（一三六二）に右少弁となっていた。仲光が細川頼之の女子と結婚したのは貞治年間らしい。この頃、頼之は中国・四国地方を転戦していたので在京していなかった。頼之の室は公家の持明院保世の女子で、仲光は持明院家の邸に通ったとみられる。貞治五年にこの頼之の女子が

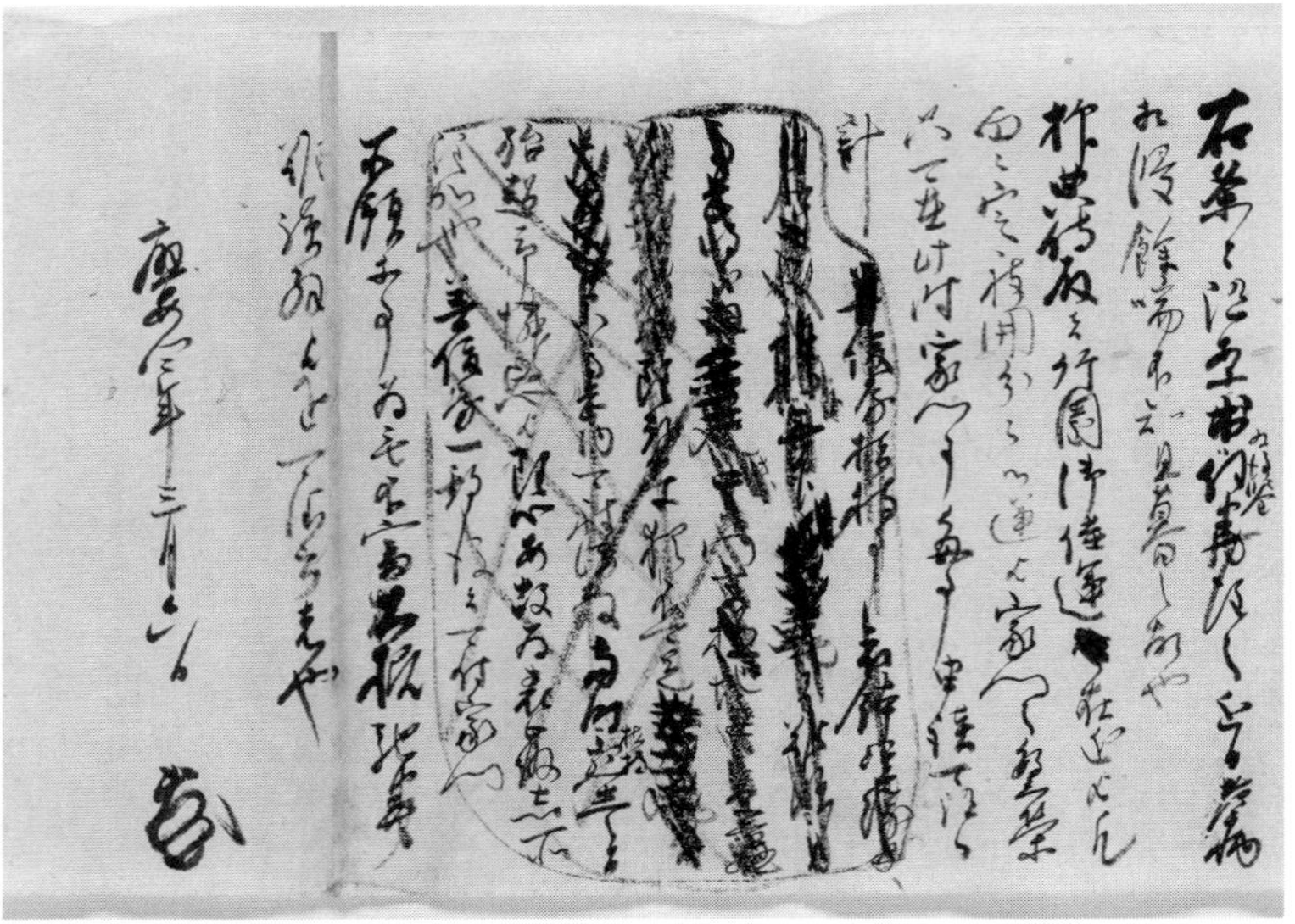

図3 「兼綱公譲状草　応安3年」（末尾部分、歴博372）

仲光の嗣子兼宣を産んだ。足利義詮は貞治六年に病を得て、四国から頼之を招き、十一月末に管領（執事）に任じて十二月七日に没した。仲光の舅の頼之が幼い義満に代わって幕政を司ることになった。兼宣の母（頼之の女子）は武家殿中に出仕して義満の養育に携わったらしい。近衛道嗣の『後深心院関白記』永和四年（一三七八）五月六日条に「武辺女中〈細川局、近日権女也〉」とある人がそれだという（水野二〇一七）。

持明院統の家長の光厳上皇は、貞治二年四月に「譲状」を作成して（「伏見宮御記録」『大日本史料第六編之二十五』四九頁、『後光厳天皇日記』応安三年十月一日条『大日本史料第六編之三十二』一三九頁）、後光厳天皇の血筋が皇位を継承するのならば、以前に自分が崇光上皇に授けていた長講堂領以下の皇室領荘園群を、後光厳の子孫に移して相続させて宜しい、と定めた（『椿葉記』）。このため、後光厳から後円融への譲位が相続争いの最初の焦点になった。義満は幼く、管領細川頼之が譲位の取り計らいにあたった。

後光厳天皇は応安三年（一三七〇）八月に緒仁（後円

融天皇）への譲位を発意した。細川頼之は義満の縁者である仲子・仲光姉弟や仲光室となった自分の女子（細川局）の縁によって、後光厳を扶けたのだろう。頼之は秘密文書であった貞治二年の光厳上皇「譲状」の存在をこれらの人々から聞き知り、後光厳天皇に求めて書写し、幕府内で回覧した（『後光厳天皇日記』『大日本史料第六編之三十二』二三五〜二四三頁）。崇光上皇の抗議や幕府内部の異論もあったが、頼之は「聖断」（後光厳天皇の意思）に従うとしてこれらを斥け、応安四年三月二十三日に譲位が実現した。

前述した応安四年三月六日の広橋兼綱の譲状には、「典侍殿」仲子は「竹園の御佳運」（後円融の践祚）が間近だ。わが一門の繁栄の出発点になるだろうとある（歴博三七二　末尾）。

五　後小松天皇の践祚と「足利義満の公家化」

持明院統の相続争いの第二回戦は後小松天皇の即位であった。日野宣子は後円融の践祚直後に名門（清華家）の三条公忠の女厳子《たかこ》（通陽門院）に勧めて後円融の配偶者とした。その後、厳子が幹仁《もとひと》（後小松天皇）を産んだのは永和三年（一三七七）六月で、宣子と仲子が出産の世話をした。

日野宣子は足利義満への対策にも力を注いだ。後円融天皇の女官であった姪の日野業子《なりこ》を宮中から引き抜いて、永和二年に足利義満の室とし、業子の兄弟の資康・資教を義満邸に出入りさせるようにした。「足利義満の公家化」と呼ばれる策略の下地作りであった。

さて、細川頼之は義満の右大将拝賀を源頼朝の先例に倣って行う計画を立てて、永和四年六月に室町殿（花の御所）を造営していた。これに対して、二条良基は足利義満を大臣にして後小松天皇の即位行事を指揮させる、という演出を考えていた。崇光上皇とその与党の動きを封じるためだ。永和四年十月に良基が義満に進言して、全ての儀式を摂関家の故実で行うように転換させた。ここから「足利義満の公家化」と呼ばれる一連の動きが始まる。

室町殿はいったんとりこわされて、大臣が政務を執る場に相応しく建て直された。康暦元年（一三七九）六月に摂関家の故実に従い「寝殿・侍・車宿・随身所」が建設された。この年閏四月に管領細川頼之が失脚する「康暦の政変」があったが、「義満の公家化」の動きが止まることはない。

永徳元年（一三八一）七月、義満が内大臣に任じられる。その直前に公家衆で構成される家政機関の政所・侍所が発足して、義満が大臣として政務をとるための人的組織的な条件も整った。後円融天皇は同年十一月に譲位を発意し、翌永徳二年正月に義満を左大臣とし、四月に譲位して後小松天皇を践祚させた。左大臣となった義満は、永徳三年五月に公卿・殿上人の全員を月三回、交替で内裏に宿直させる「小番衆」の制度を創設した。これは北朝の現役廷臣全員を後小松天皇に直結させる制度で、以後踏襲されて江戸時代の末まで続けられる。「足利義満の公家化」は、朝廷のありかた全体を改造しつつ進展していったのだ。

六　上皇代行として振る舞う足利義満

後小松天皇への譲位が実現したあと、義満・良基と後円融上皇との間に一時的な軋轢が生じたが、後円融上皇の生母広橋仲子によって収拾された。仲子には女院号「崇賢門院」が授けられ、甥の兼宣が女院司となった。兼宣はこれより前に足利義満の政所別当にもなっていた。

左大臣になった義満への上申は公卿合議の枠組みで行われた。公卿たちは弁官・蔵人等の中下級廷臣や寺社の訴えを聞き、義満に対面してこれを伝え論議するようになった。

明徳四年（一三九三）に後円融上皇が没したあと、万里小路嗣房や日野重光らが署名して義満の命令を寺社・官司に下達する奉書が出現した。この奉書は、統治権を握る上皇「治天の君」の命令を公卿の署名で通達する「伝奏奉書」に相当する。これを捉えて、上皇の支配権を奪う越権行為だ、義満は後小松天皇の皇位も奪うつもりだったのではないか、と疑われてきた。

応永二年（一三九五）に足利義満に出家を許した時、後小松天皇は義満に迫って、出家した後も内裏に参入して政務を行う、ということを約束させた。これは通常ならば決してありえない大変な変則だが、後小松天皇がそれを義満

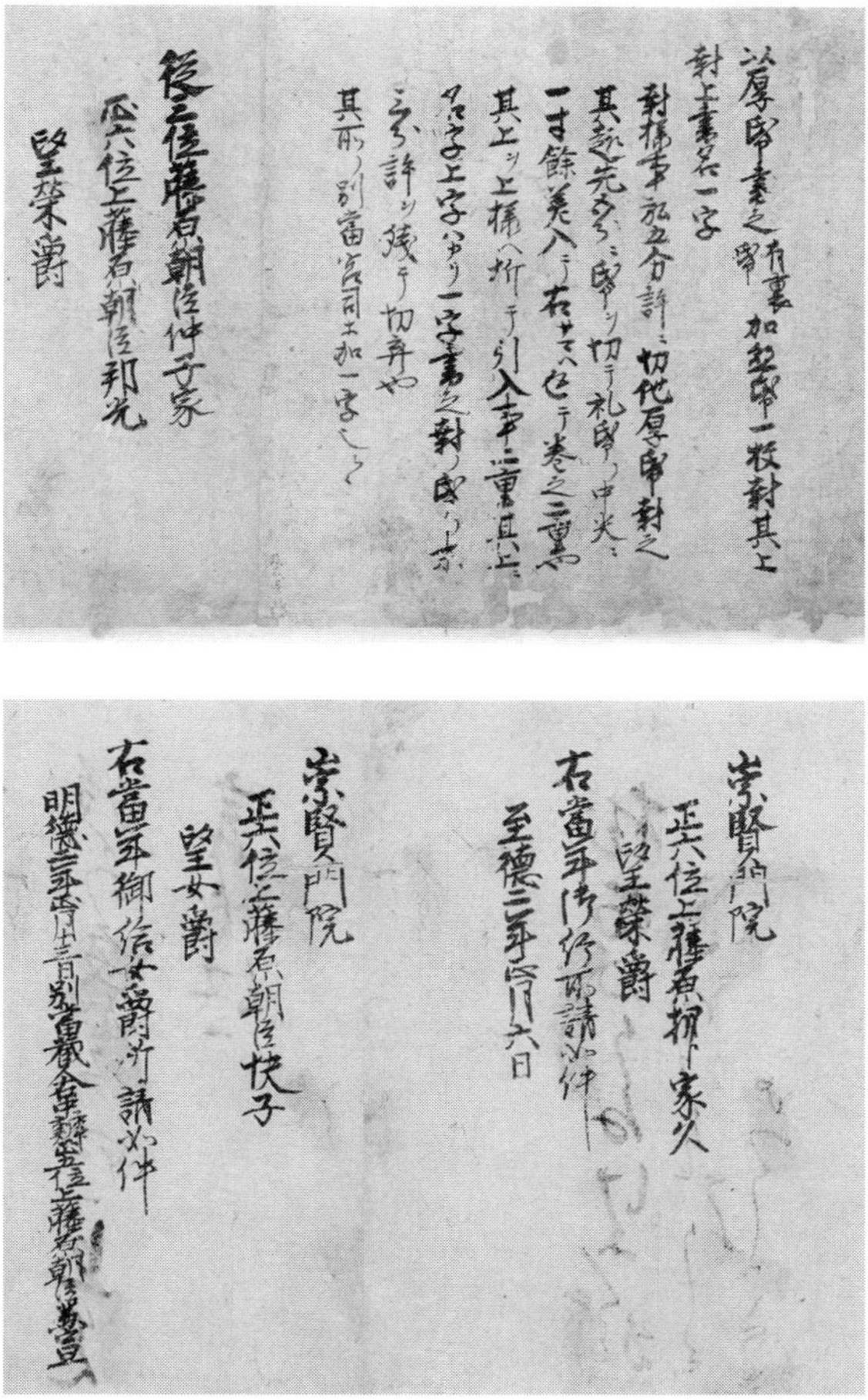

図４　「崇賢門院叙位除目申文案」（上：冒頭、下：途中部分、歴博 436）

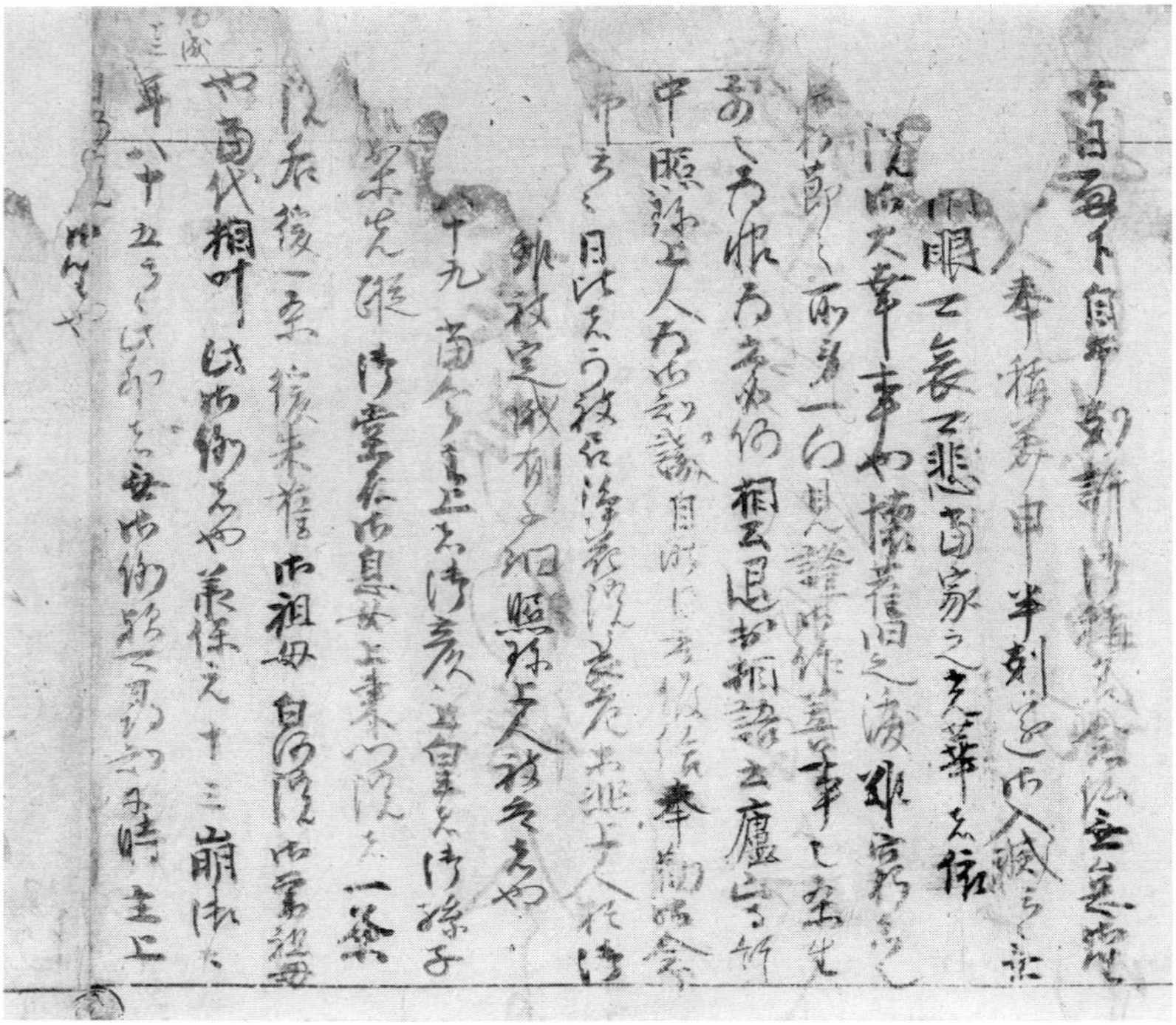

図５　『兼宣公記』応永34年５月20日条（部分、歴博629）

に求めたのだ。後小松に皇子実仁《みひと》（躬仁《みひと》・称光天皇）が生まれるのは応永八年で、後小松自身が譲位して院政をしくことはまだ不可能だった。崇光上皇が院政をしくと、崇光の皇子栄仁が皇太子に立てられてしまうことが予想された。崇光上皇に院政を行わせないために、義満が上皇の務めを代行する必要があったのだ。

応永五年に崇光上皇が没したあと、持明院統の家産である長講堂領以下の荘園群は崇光上皇の皇子栄仁親王から取り上げられて、後小松天皇の手に委ねられた。光厳上皇「譲状」の規定が義満の腕力でもって実現されて、持明院統の相続争いにひとまず決着がついた。

足利義満は、金閣に代表される「北山殿」を崇光上皇の死没の少し前から造営しており、崇光の死没後に移った。もともと北山には義満の叔母の広橋仲子（崇賢門院）が住んでいた。仲子の御所「梅町殿」は間もなく義満の「北山殿」の構内に組み込まれて、仲子は義満の妻妾・子女と家族づきあいをした（渡邉一九二六）。義満は、伏見宮家を圧迫していることに対する批判を、後小松の祖母である仲子と一体化することで躱《かわ》そうとしたのかもしれない。

広橋仲子は応永三十四年五月二十日に没した。広橋兼宣は日記に「當家之光華」は仲子が後円融天皇を産んだ「御大幸」によるものだと記した（歴博六二九）。応安四年の兼綱の予測は現実になったのだ。

七　後花園天皇の即位で持明院統の分裂が終熄

足利義満は応永十五年に没して義持が継いだ。後小松天皇は応永十九年に称光天皇に譲位して院政をしいた。日野重光・広橋兼宣が幕府（義持）と朝廷（後小松）との調整役になった。これがのちの「武家伝奏」の原型にあたる。ただし、重光・兼宣は、後小松上皇の命令を伝える「伝奏奉書」と、義持の命令を伝える「伝奏奉書」と、両方を発行しており、この点で異常だった。「伝奏」の命令発出機能が持明院統の家長後小松上皇と幕府首班とに両属する状態は、足利義教の時代まで続く。また、重光・兼宣が義持の家政の取り仕切り役でもあったという点も異常だ。武家の家政機関が朝廷・寺社を指揮下に置いているような形である。後小松天皇の朝廷は義満の強い庇護によって確立した。義持にも同じ役割が期待されたということの顕れなのであろう。

応永三十五年（正長元・一四二八）正月に義持が没したあと、幕府の要請で、後小松上皇が広橋兼郷（宣光・親光）・万里小路時房・勧修寺経成（経興）の三人を「公武間申次《こうぶのかんのもうしつぎ》」に選任した。朝廷側で選任した朝幕間の連絡役なので、「武家伝奏」の本格的な始まりとみてよい。

義教の継嗣から間もない正長元年七月、後小松上皇の皇子である称光天皇が没して、崇光上皇の孫にあたる伏見宮貞成親王の王子である彦仁王《ひこひとおう》（後花園天皇）が後小松の猶子《ゆうし》となって践祚した。称光天皇の死で後光厳天皇の血筋が絶えたので、実態としては崇光流が天皇家の嫡流になった。持明院統の皇位継承争いの最終決着である。しかし、後小松上皇は永享五年（一四三三）十月に没する際に、後花園天皇の実父の貞成親王が上皇になることを禁ずる遺詔《いしょう》を残した。崇光上皇の血筋が復活した形になることを禁じたのだ。

〈関係系図〉※番号は即位順を示す

光厳天皇
├ 崇光天皇[1] ― 栄仁親王 ― 貞成親王 ┬ 貞常親王（→伏見宮家）
│　　　　　　　　　　　　　　　　　 └ 後花園天皇[6] ― 後土御門天皇[7]（→現皇統）
├ 直仁皇太子（崇光天皇東宮）
└ 後光厳天皇[2] ― 後円融天皇[3] ― 後小松天皇[4] ― 称光天皇[5]（死没で断絶）

義教と貞成とは個人的には親しい間柄だったが、貞成は院政を行えなくなった。このために、義教が上皇代行を務めた。後花園天皇が猶子の関係で後光厳流の皇統を継承し、その弟の貞常王が崇光流（伏見宮家）の血筋を継承する、という建前となって、現代まで続くのである。

「公武間申次」三人のうち、勧修寺経成・万里小路時房はこれ以前に失脚しており、広橋兼郷（日野兼郷）が単独で「公武間申次」の任にあたった。しかし、兼郷も永享八年十月に義教の機嫌を損ねて失脚し、中山定親に替わった。義教は定親を、公家・武家両方の祈祷命令を発行する責任者「御祈伝奏」に定め、義教と天皇との取り次ぎ役である「〈禁中〉伝奏」に選任した。義教が人事権を行使しているが、後花園天皇の同意を得て行っており、義教は上皇代行とみるのが良い。「〈禁中〉伝奏」は「義教の意を挺して禁中（天皇）と連絡する」伝奏であり、「公武間申次」の実現形態のひとつである。義教の没後に幼い将軍が続いて武家の主導性が後退すると「禁中伝奏」という呼称はなくなり、朝廷主体で幕府との連絡にあたる「武家伝奏」という役職名に変容するのだ。

参考文献

飯倉晴武『地獄を二度も見た天皇　光厳院』吉川弘文館、二〇〇二年
家永遵嗣「足利義満・義持と崇賢門院」『歴史学研究』八五二号、二〇〇九年
家永遵嗣「室町幕府と『武家伝奏』・禁裏小番」朝幕研究会『近世の天皇朝廷研究』五号、二〇一三年
家永遵嗣「光厳上皇の皇位継承戦略と室町幕府」桃崎有一郎・山田邦和編『室町政権の首府構想と京都』文理閣、二〇一六年
今谷明『室町の王権』中公新書、一九九〇年
石原比伊呂『室町時代の将軍家と天皇』勉誠出版、二〇一五年
石原比伊呂『北朝の天皇』中公新書、二〇二〇年
伊藤喜良『南北朝動乱と王権』東京堂出版、一九九七年
伊藤喜良『後醍醐天皇と建武政権』吉川弘文館、二〇二一年
伊藤俊一『室町期荘園制の研究』塙書房、二〇一〇年
臼井信義『人物叢書 足利義満』吉川弘文館、一九六〇年
小川剛生『二条良基研究』笠間書院、二〇〇五年
小川剛生『足利義満』中公新書、二〇一二年
小川剛生『人物叢書 二条良基』吉川弘文館、二〇二〇年
金井静香『中世公家領の研究』思文閣出版、一九九九年
佐藤進一『南北朝の動乱』中央公論社、一九六五年
田中義成『南北朝時代史』明治書院、一九二二年（講談社学術文庫にて再刊、一九七九年）
田村航「禁闕の変における日野有光」『日本歴史』七五一号、二〇一〇年
久水俊和『室町期の朝廷公事と公武関係』岩田書院、二〇一一年
久水俊和『中世天皇家の作法と律令制の残像』八木書店、二〇二〇年
兵藤裕己『後醍醐天皇』岩波新書、二〇一八年
深津睦夫『光厳天皇』ミネルヴァ書房、二〇一四年

松永和浩『室町期公武関係と南北朝内乱』吉川弘文館、二〇一三年
水野圭士「細川頼之政権と持明院統の分裂」『学習院大学人文科学論集』二六号、二〇一七年
水野智之『室町時代公武関係の研究』吉川弘文館、二〇〇五年
村田正志『證註椿葉記』寶文閣、一九七四年（『村田正志著作集第四巻　證註椿葉記』思文閣出版に再録、一九八四年）
村田正志「解説」『宸翰英華別篇北朝図版篇』宸翰英華別篇編集会、一九九二年
桃崎有一郎『室町の覇者足利義満』ちくま新書、二〇二〇年
森茂暁『皇子たちの南北朝』中公新書、一九八八年
森茂暁『後醍醐天皇』中公新書、二〇〇〇年
森茂暁『南朝全史』講談社選書、二〇〇五年
森茂暁『増補改訂南北朝期公武関係史の研究』思文閣出版、二〇〇八年
横井清『看聞御記―「王者」と「衆庶」のはざまにて―』そしえて、一九七九年（『室町時代の一皇族の生涯―『看聞日記』の世界―』と改題して講談社学術文庫、二〇〇二年）
渡邊世祐「足利義満皇胤説」同『国史論叢』文雅堂書店、一九五六年（初出一九二六年）

（家永遵嗣）

第二節　南北朝・室町時代の広橋家当主の日記

①『仲光卿記』と北朝公家社会

はじめに——仲光について——

広橋家第六代の当主仲光は蔵人・弁官として朝廷の実務に携わる一方、足利義満に忠実に仕えた廷臣であった。出家後も、万里小路嗣房に続き、南都伝奏を最晩年まで務めた。義満の下で、嗣房とともにこうした地位を新たに獲得したのは、義満に見出される以前の、北朝での活動が大いに関係している。ここではそのことを考えたい。

仲光は、父祖や子孫、また北朝を支えた日野流・万里小路家の廷臣ともほぼ同じ経歴を辿ったが、五位蔵人（職事）の期間が長く、後光厳・後円融の二代、十五年にもわたる（表1）。

五位蔵人は、名家の子弟が検非違使佐・勘解由次官・八省の輔などに任じられた上で兼ねるのを慣例とした。名誉の職であるが、名家でも納言に昇る時代となれば、昇進の一階梯とされ、仲光のように長期在職した者は珍しい。ただ、鎌倉後期には、大覚寺統の治世で、器量を優先した抜擢が見られる。[1] これは驚きをもって受け止められたが、そ

表1　廷臣昇進年譜

	広橋仲光 一三四二―一四〇六	広橋兼綱 一三一五―八一	万里小路仲房 一三二三―八八	日野時光 一三二八―六七	柳原忠光 一三三四―七九	万里小路嗣房 一三三六？―九八
叙爵	延文3・12・26(17)	嘉暦元・3・14(12)	元徳元・2・10(7)	建武4・12・16(10)	康永2・7・20(10)	貞和3・正・5(10)
従五位上	延文4・正・5(18)	元徳2・正・13(16)	元弘3・11・8(11)	暦応2・11・1(12)	貞和元・4・16(12)	観応元・4・20(13)
八省輔	延文4・正・24(18)	嘉暦元・4・23(12)	元徳2・5・26(8)	—	—	文和3・3・28(17)
正五位下	貞治2・正・5(22)	建武4・正・8(23)	建武3・正・5(14)	?	貞和3・正・11(14)	文和4・8・13(18)
兵衛佐	—	—	建武2・11・12(13)	?	貞和4・10・27(15)	延文元・正・28(19)
春宮進	—	暦応元・12・1(24)	建武元・8・10(12)	貞和4・10・27(21)	康永3・7・29(11)	—
五位蔵人	**延文5・4・15(19)** **応安4・3・23(30)**	**暦応4・3・19(27)**	**暦応3・12・6(18)**	**貞和5・2・12(22)**	**観応3・8・17(19)**	**延文2・4・15(20)**
衛門佐	—	—	暦応3・12・27(18)	貞和4・—・—	文和2・7・25(20)	—
右少弁	貞治2・4・20(22)	貞和3・7・10(33)	康永元・12・21(20)	観応元・8・16(23)	文和3・6・29(21)	康安元・3・27(24)
正五位上	貞治5・正・5(25)	?	康永3・正・5(22)	?	文和3・11・15(21)	貞治元・5・7(25)
記録所	貞治5・2・7(25)	—	—	—	—	貞治元・9・30(25)
左少弁	貞治5・4・19(25)	貞和3・12・27(33)	貞和元・11・14(23)	文和2・4・23(26)	文和4・12・28(22)	—
右中弁	応安7・9・28(33)	貞和4・8・10(34)	貞和3・12・27(25)	文和2・—・—	延文3・8・12(25)	貞治2・4・20(26)
南曹	—	貞和5・9・29(35)	—	—	—	貞治2・9・—(26)
左中弁	永和元・10・2(34)	貞和6・6・19(36)	貞和4・3・20(26)	文和4・12・8(28)	延文4・4・21(26)	貞治5・4・19(29)
従四位下	永和元・正・12(34)	貞和4・8・10(34)	貞和3・12・27(25)	文和2・4・23(26)	延文元・12・25(23)	貞治5・4・19(29)
蔵人頭	永和2・2・12(35)	観応2・8・13(37)	貞和5・9・13(27) 観応3・8・17(30)	延文元・正・28(29)	延文3・8・12(25)	貞治6・3・13(30)
右大弁	永和4・3・24(37)	観応元・8・12(36)	貞和4・8・10(26)	延文3・8・12(31)	—	貞治6・4・13(30)
左大弁	—	文和4・8・13(41)	観応元・8・16(28)	延文4・3・25(32)	康安元・3・27(28)	応安3・8・14(33)
参議	永和4・3・24(37)	文和4・8・13(41)	文和2・7・23(31)	延文3・8・12(31)	康安元・3・27(28)	応安3・8・14(33)
別当	—	—	—	延文4・4・21(32)	貞治5・8・10(33)	応安7・12・13(37)
権中納言	永和4・12・13(37)	延文3・8・12(44)	文和4・8・13(33)	延文5・11・17(33)	貞治2・4・20(30)	応安7・9・28(37)
権大納言	嘉慶2・12・30(47)	永和元・8・5(61)	貞治4・6・28(43)	貞治6・9・19(40)	永和元・11・18(42)	永徳3・3・28(46)

従一位	応永3・10・20(54)	康暦元・正・19(65)	永和2・正・6(54)	｜	康暦元・正・19(46)	応永2・⑦・2(57)
准大臣	｜	永徳元・9・4(67)	永徳2・4・19(60)	｜	｜	｜
内大臣	｜	｜	｜	｜	｜	応永3・7・24(59)

れだけこの職が重視されたと見てよい。北朝も一応その流れは汲んでいたようである。

一　綸旨案・口宣案

五位蔵人は内裏に当直し、除目・節会以下の朝儀で奉行となるほか、綸旨の奉者となり、口宣を書き留め、添状とともに上卿に送ることも重要な職務であった。

仲光は綸旨・口宣とその添状・宣旨案といった文書の手控え（後の引付に相当）を作成し、整理していた形跡がある。残存するものと収録期間・点数を掲げる。

①勅裁口宣　仲光卿記（柳原家記録七七）…貞治二年（一三六三、二十六通）・同四年（四通）・応安元年（一三六八、五十九通）・応安七年（十九通）。

②仲光卿口宣案（歴博五三五）…康安二年（一三六二）八月～貞治二年四月（三十一通）。

③貞治二年仲光卿奉行綸旨并御教書案（歴博四七六）…貞治二年二月～四月（二十九通）。

①は転写、②③は残闕ながら自筆原本である。本郷恵子は、①から応安元・七年の文書を一覧して分析し、「これらの文書案は、仲光が綸旨を作成する際の、いわば下書き帳だったのではないだろうか。（中略）内容だけでなく、紙背文書の構成や作成・伝来の事情等、数々の問題や可能性を含む、多様な情報を提供してくれる史料である」と評価している（本郷一九九九）。

図1　『仲光卿記』冒頭（歴博 727）

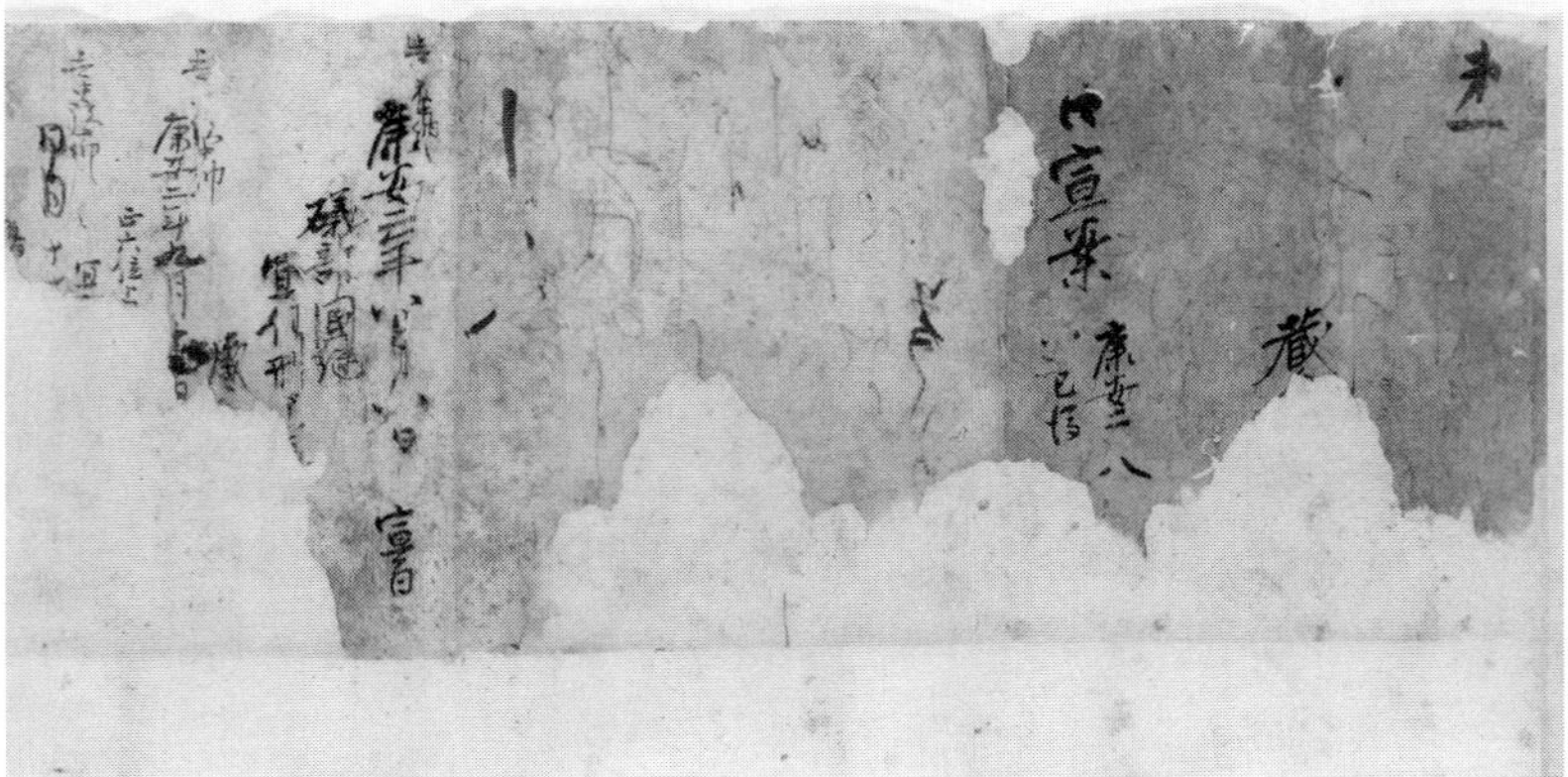

図2　『仲光卿口宣案』表紙（歴博 535）

実際に①〜③は、いずれも五位蔵人のときのものである。残念ながらここでも内容分析はできないが、後光厳親政が対処していた課題、具体的な決裁を知ることができ、公家日記の闕《けつ》を埋めるものである。貞治二年が最も多く、①②③互いの重複を除いて七十六通が知られる。かなりの点数である。②はもと冊子本で、料紙は破損がひどいが、原表紙に右肩に打ちつけ書きで「口宣案 康安二八／八已後」と記す（図2）。また右肩には「第一」と記し、そして中央には「蔵［　］」とあるのは「蔵人治部権少輔藤原仲光」と自署していたものであろう。おそらく、文書の種類ごとに編年順で冊子にまとめようとしたらしい。仲光が本格的に活動を始めたのが貞治元・二年と見てよいであろう。

二　日記

仲光の日記は長期書き続けられたであろうが、わずかな分量しか留めていない。ただし、主要な記事を一覧すると、やはりすべて五位蔵人であった期間である。内容も職務に関係する朝儀・政務の記録であり、しばしば天皇の所作を記すものである。

①貞治二年正月五日条（陽明文庫蔵本ほか）。叙位。
②貞治二年正月十六・二十六・二十八日条（歴博七二七）。踏歌節会・将軍参内・臨時除目。
③応安元年三月十日条（前田育徳会蔵『応安康暦両度御懺法記』所収）。内裏御懺法講《ごせんぽうこう》。
④応安四年閏三月二十一日条。柳原第行幸親王宣下記（歴博五八二）[2]。

自筆本が伝わり、比較的分量・内容が豊富な②を取り上げたい（図1）。

そもそも貞治二年は、前年は三月まで天皇が南軍を避けて近江に避難していたので、久しぶりに内裏で正月の朝儀が執行された年となる。五位蔵人は右中弁平行知、左少弁万里小路嗣房、治部権少輔仲光の三人であった。

嗣房は後に北朝の重臣となり、義満に重用され、家では初めて大臣に昇る。仲光には先輩格であるが、かなりの対抗心があり、「左少弁、当職（五位蔵人）六ヶ年の間、除目毎度不参、今度初めて参入すと云々」（二十六日条）という批判が見られる。この期間は朝儀がたびたび停止されたため、参仕の機会がなかったのはやむを得ない面もある。ただし、嗣房はじつは康永二年生（仲光より一歳下）とする史料が複数あり、[3] そうであれば異常な栄達であり、必ずしも嫉視ともいえなくなる。

叙位・除目で、五位蔵人はあらかじめ申文を撰定し、関白に内覧する。この申文は儀礼の体裁を整えるため、架空の任人を設定して提出するものであるが、二十六日の除目では、天皇のそれ（内給）を仲光が書いて提出した。勅命であった。「職事御申文を書くの条、然るべからざるか、出納の如きこれを書く例なり、しかれども別勅の間、両通予馳筆しをはんぬ」。本来は出納や六位蔵人の仕事であった。職事の下で、さまざまな雑務を果たすべきなのに、平気でサボタージュする――じつは当時、常に見られるのである。

六位蔵人の職務は特殊で重要であるから、限られた家に世襲されたが、この頃には重代でない者が補されることがあった（地下の者には名誉の職である）。しかし職務に不案内の上、職事の命に従わない者さえあり、殿上でトラブルが頻発した。曾祖父兼仲も同じ憤懣《ふんまん》を抱えており、五位蔵人が一同して六位の登庸を厳正にするよう申し入れたりしたことを日記に記している。[4]

職事三人のうち仲光だけが弁ではないので、当然、就任を切望し、「典侍殿」（廣橋仲子）を通じて愁訴するが、二十八日の除目でも叶えられなかった。他に候補者を超越して任ずるわけにはいかない、という理由であった。あろうことか後光厳の記憶違いで、本官である治部権少輔も免じられて武家の某を任じたため、「無官」となってしまう。さすがに後光厳は憐れんでか、「三品」（日野宣子）を通じて詫びている。なお、まもなく四月二十日には無事に右少弁となっているが、仲光の仕事ぶりは後光厳に評価されたようで、これより五位蔵人として、天皇の文字通り耳目となる生活が続くのである。

おわりに

仲光自身は、いかに高く評価されたとはいっても、職事に長くとどめられたことを喜んだとは思えない。しかし、後光厳のもとでは人材が余りにも欠如していた。辛うじて残された蔵人所さえ、六位蔵人が有名無実となり、かえって職事が雑用をこなす珍現象が見られた。仲光の不満は不満としても、恐らくは背に腹は変えられない、というのが実情であろう。もとより家の伝統ではあるが、とりわけ仲光の場合、多様な文書の発給に豊富な知見を有する上、儀礼と政務の奉行も一人で何役もこなしていた訳である。公卿となった後、北朝は急速な昇進で仲光の功労に酬いたが、義満のもとでさらなる活動を展開する下地も十分に培われていた。

注

（1）嘉元四年（一三〇六）九月、後宇多院は、すでに従四位下左少将であった中院光忠を左降させて補し、元亨三年（一三二三）九月、後醍醐天皇の寵臣として有名な日野俊基も大内記としてこの職を兼ねた。
（2）長く父兼綱の記とされてきたが、仲光自筆の日記である。
（3）『経嗣公記』応永三年七月二十四日条（歴博六八一）、『吉田家日次記』応永五年八月六日条。
（4）『兼仲卿記』弘安六年正月十七日条（歴博七七四）。

参考文献

大薮海「康暦の強訴終結後の混乱と南都伝奏の成立」『お茶の水史学』六二号、二〇一九年

林遼「室町幕府の興福寺統制と南都伝奏」『日本史研究』七一六号、二〇二一年
本郷恵子「勘解由小路仲光の御教書案」『綸旨・院宣の網羅的収集による帰納的研究』一九九六～九八年度科学研究費基盤研究（B）成果報告書（研究代表者：近藤成一）、一九九九年

（小川剛生）

②『兼宣公記』の形態の変遷と兼宣の人生

はじめに

広橋兼宣は仲光の子。母は阿波守護細川氏の出身と考えられる。貞治五年（一三六六）に生まれ、弁官、蔵人を経て、応永元年（一三九四）に二十九歳で蔵人頭、同七年に三十五歳で参議となり公卿に加わった。その後、権中納言、大納言へと昇進し、同三十二年正月に官を辞している。また応永八年から三十四年まで武家伝奏を勤めた。

その日記『兼宣公記』は日々の記事を書き継いだ日次記と、朝廷・幕府の重要行事ごとの記録である多くの別記で構成される。さらに日次記の形態は清書本／原本、具注暦使用の有無などの点で多様であり、一見したところ雑然としているような印象を受ける。しかし、日次記と別記を区別したうえで、日次記の形態を観察すると、年代順に四つの時期に分けることができ、それぞれ形態が変化していたと整理することができる。しかもそれぞれの時期は、兼宣の人生の節目とも重ね合わせてとらえることができる（表1）。以下では、四つの時期と、それぞれの時期ごとの形態の特徴を見ていきたい。

表1　兼宣自筆の日次記一覧（国立歴史民俗博物館所蔵）

年	月日		
至徳4	1	浄書本	
嘉慶2	1,2,3,5,6,8,11,12		この期間、兼宣、浄書本あり
嘉慶3	1,2,7,9,11,12		
明徳1	12	非具注暦	
明徳2	6～8	浄書本	
応永1	1,2,3,7,11,12	浄書本	応永元年12月、兼宣、蔵人頭
応永3	9,11（断片集）	非具注暦	
応永4	6（断片集）		
応永5	1，4（断片集）		
応永9	1,2,11	非具注暦	
応永10	2～6	非具注暦	
応永12	7	非具注暦	仲光　応永13年没　65歳
応永19	9/27	具注暦	
応永22	10	綱光写本	
応永24	1	具注暦	
応永29	2～6,12	具注暦	この期間、兼宣、具注暦使用
応永29	2,3,4,5,12（残闕）	具注暦貼継	
応永30	2,3	具注暦	
応永30	4,5	具注暦	
応永30	7,8	具注暦	応永30年3月　宣光、蔵人頭
応永31	2	非具注暦	
応永31	3	非具注暦	
応永31	4	非具注暦	
応永31	8～10	非具注暦	
応永31	11～12	非具注暦	
応永32	5～閏6	非具注暦	応永32年正月権大納言辞す　4月出家
応永32	7/3～8/14	非具注暦	
応永32	8/15～11/20	非具注暦	
応永32	11/21～12/24	非具注暦	
応永33	3～5	非具注暦	
応永33	10～12	非具注暦	
応永34	4～8	非具注暦	
応永35	2～3	非具注暦	
応永35	閏3～7	非具注暦	

一　日記の形態の変化

〈第一期〉

第一の時期は、至徳四年（一三八七）から応永元年（一三九四）に至る期間である。この時期の日記は文字の訂正がほとんどない。また至徳四年正月から嘉慶三年（一三八九）十二月までの日記は一巻に装丁されているが、年の変わり目と紙の継目が一致しないというのが際立った特徴である。筆跡は明らかに兼宣自身のものであるが、この二つの特徴は、この時期の日記が後の清書本であることを予想させる、それをはっきり確認できるのは紙背文書である。嘉慶二年正月一日条には史料1のような紙背文書がある。

史料1　『兼宣公記』嘉慶二年正月一日条　紙背文書（歴博六〇三）

放生会御参行　経興朝臣
扈従公卿　少納言
□畠大納言　中山大納言　長政朝臣
□野中納言　左大弁宰相　左近衛府
兼宣　雅兼朝臣
殿上前駈　右近衛府
□清朝臣　教豊朝臣　長資朝臣
長資朝臣　宗継朝臣　左衛門府
有定朝臣　隆夏朝臣　房長

□長朝臣　　時基朝臣　　右衛門府
秀光　　宣光　　□□□
源持経　　左兵衛府
（以下、見返し）　　時基朝臣
御前　　右兵衛府
弁　　永藤朝臣

史料2『薩戒記』応永二十六年八月十五日条

放生會御參行
扈從公卿　　隆夏朝臣（油小路）　　雅兼朝臣（白川）
廣橋大納言（満親）　　北畠大納言（木造俊康）　　元長朝臣（東坊城）　　時基朝臣（西洞院）
中山大納言　　日野中納言（有光）　　秀光（日野）　　房長（甘露寺）
久我中納言（清通）　　徳大寺中納言（實盛）　　宣光　　源持長（慈光寺）經攰
万里小路中納言（時房）　　別當（裏松義資）　　御前
殿上前駆　　少納言
永藤朝臣（高倉）　　雅清朝臣（飛鳥井）　　長政朝臣（西坊城）
敎豊朝臣（山科）　　長資朝臣（田向）　　弁
宗繼朝臣（松木）　　有定朝臣（六條）　　經興朝臣（勧修寺）此此字不載之、衣奉行也

史料1は毎年八月十五日に行われる石清水放生会に参行した公家たちの散状（名簿）であるが、これを史料2の『薩戒記』応永二十六年（一四一九）八月十五日条に引用された同年の石清水放生会の散状と比較すると、参加者の

顔ぶれがよく似ていることがわかる。『兼宣公記』嘉慶二年記紙背の散状も応永二十六年頃のものと考えられよう。ただし『薩戒記』の散状と完全に一致するわけではない。各参加者の官途を検討すると、『兼宣公記』紙背の方は応永二十五年のものと考えられる（「中山大納言」（満親）は応永二十五年三月に権大納言に昇進、「左大弁宰相」万里小路時房は応永二十六年三月に中納言に昇任）。応永二十五年の放生会散状が紙背にあるということは、『兼宣公記』嘉慶二年記を含む一巻は、明らかに応永二十五年九月以後に清書されたものと考えねばならない。

なお、この時期にあっても、明徳元年（一三九〇）十二月記のみは訂正箇所が多い。紙背には、年次は確定できないが、十二月の日付をもつ書状が散見されるので、おそらく表の日記は当日に書かれたものであろう。のちに清書された部分の原本に当たる日記は、清書後、廃棄されたと思われるが、明徳元年十二月記のみは、たまたま廃棄されなかったか、あるいは清書されなかったものであろう。

〈第二期〉

第二期は、応永三年（一三九六）から同十二年に至る期間である。うち三年から五年までは、現在、一巻に仕立てられているが、年の変わり目と紙継目は一致し、料紙の幅も異なっているので、本来は別の巻子だったものが、後世に一巻とされたものと考えられる。また挿入、抹消などによる訂正箇所が散見され、清書本のようには見えない。紙背には書状などがあるが、注目されるのは応永九年正月記（歴博六〇七）の紙背にある仮名暦である。仮名暦のなかに「四月／一日　かのとさる」という暦記が見えるが、この前後の年で四月一日が庚申にあたるのは応永八年である。したがって応永九年記は不要になった前年の仮名暦の紙背を用いて書かれたものと考えられる。まさに当日に書かれたままの日記と判断される。

〈第三期〉

第三期は、応永十九年（一四一二）から三十年に至る期間である。この時期の日記は具注暦が用いられている。日

表2　兼宣自筆の別記一覧（国立歴史民俗博物館所蔵）

年	表　題
応永7	北山殿御修法申沙汰記
応永8	北山殿経供養参仕記
応永8	禪閤母儀三十三回忌修法記
応永11	北山殿御修法并外典祭奉行記
応永12	北山殿御八講参仕記
応永13	北山殿御修法申沙汰記
応永18	義持公大臣拝賀并実仁親王御元服記
応永22	義持公日吉社参記
応永22	八月十九日荒見祓惣用記
応永23	義持公南都下向申沙汰記
応永24	御修法雑事文書
応永24	義持公南都御参扈従記
応永24	義量公参内并院参始参仕記
応永25	禁裏御修法申沙汰記
応永26	仙洞和歌御会記
応永26	祈年穀奉幣用脚申沙汰記雑事文書
応永27	賀茂祭典侍并出車申沙汰記
応永27	仙洞御修法申沙汰記
応永27	兼郷卿月次神今食奉行記
応永28	兼郷卿放生会参向并装束色目召具記
応永29	二月釈奠雑事文書
応永29	法勝寺大乗会申沙汰記
応永29	後小松院八幡御幸記
応永30	崇賢門院領羽田庄沙汰記
応永30	義持公参宮記
応永31	満季公任大臣雑事文書
応永31	変異御祈申沙汰記
応永31	仙洞御修法申沙汰記

と日の間の空行が二行の具注暦に書かれているが、二行のみでは書ききれないことが多く、しばしば具注暦を裁断し、別紙を貼り継いで詳細な記事が書かれている。後小松院の女房奉書をはじめ、他者から届いた書状なども、必要に応じて貼り継がれている。本来の具注暦よりも貼り継がれた料紙の方がはるかに多く、一見すると具注暦使用には見えない箇所もある。また応永二十九年については、貼り継がれた料紙が、のちの時代に日次記本体から剝がれ落ち、元に戻せなくなったものがあったようで、それらは現在「兼宣公記残闕　拾一切　年代不明」の題簽を付して一巻に仕立てられている（歴博六三四）。各料紙が本来、どの日付にかかるべきものであったかの考証は、拙稿（榎原二〇一〇）を参照されたい。なお、表2のごとく、この時期には個別の儀礼や仏事に関する多くの別記が作成されて

いる。

〈第四期〉

第四期は応永三十一年から三十五年に至る期間で、兼宣の最晩年に当たる期間である。この時期には兼宣は具注暦の使用をやめ、第二期と同様の形態に戻っている。紙背には書状などがあるようだが、現状では分厚い裏打ちを施されているため、判読はきわめて困難である。第三期同様、他者から届いた書状なども貼り継がれており、当日書かれた日記であることは疑いない。

二　日記の形態変化と兼宣の人生の節目

このように『兼宣公記』の形態は四つの時期に分けて整理することができるが、それぞれの時期は兼宣の人生の中でどのような時期だろうか。

まず第一期であるが、この時期は兼宣が応永元年十二月に蔵人頭になる以前である。応永二十五年か、その少しあとの頃、兼宣自身によって清書されたものと考えられるが、応永二十五年は第三期にあたり、兼宣は朝廷の重鎮として、また広橋家の当主として、人生の最も充実した活動を展開していた時期である。そうした時期の兼宣が、若年期の未熟な日記を自ら清書したものであろう。

第二期は、兼宣が蔵人頭、参議、権中納言であった時期の日記である。この時期には朝廷の政務に関する日次記の記事のほか、北山殿の仏事に関わる別記も多数残されているから、兼宣は繁多な公務をこなしていたと思われるが、伝奏として足利義満に重用され、室町期以後における広橋家の隆盛の基礎を築いた父仲光がまだ在世中であった。具注暦は広橋家の家督たる仲光が使用していたのであろう。

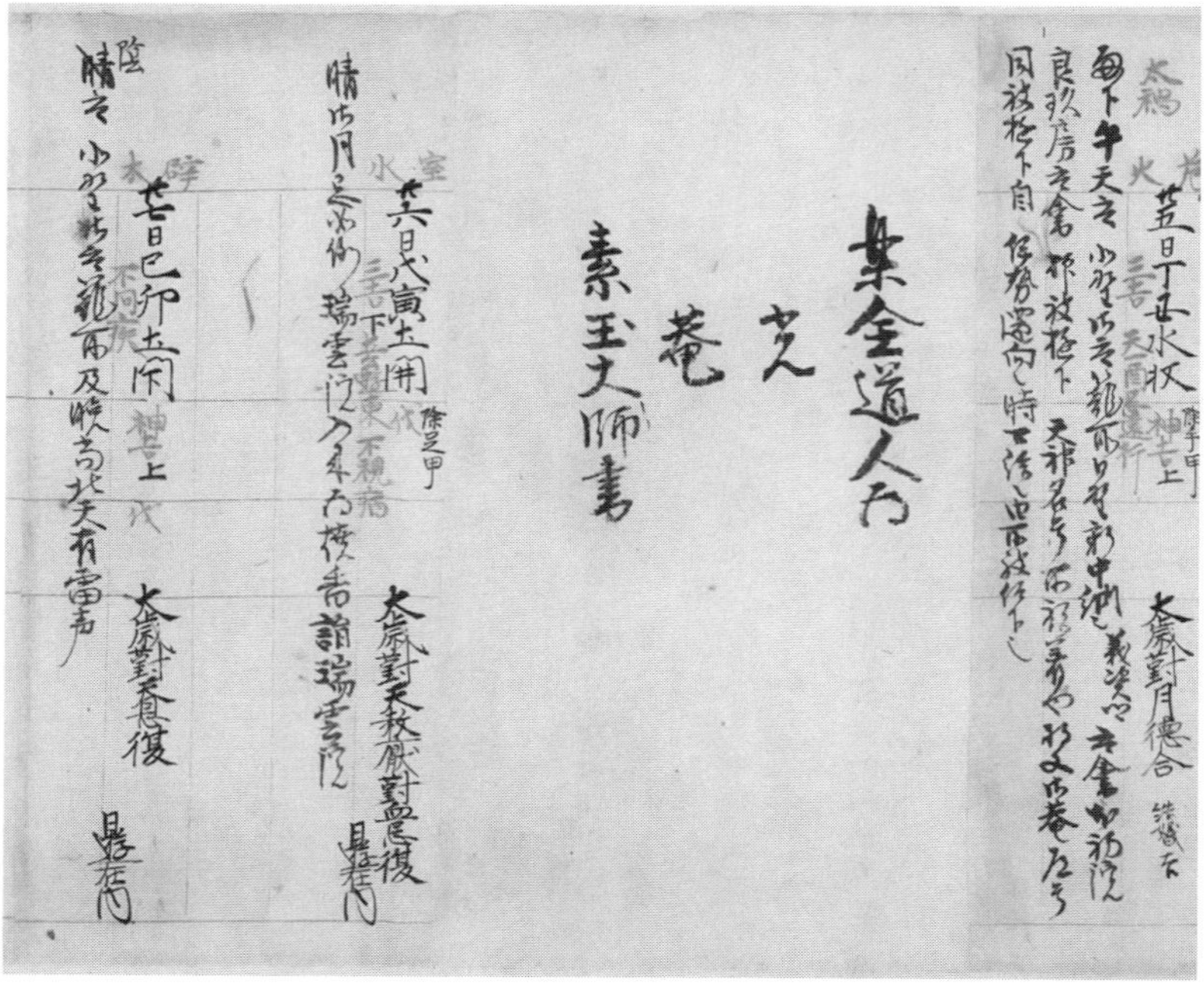

図1　具注暦に、足利義持が兼宣の妹素玉に光庵という道号を与えた自筆の書を貼り継いでいる。「楽全」は義持の号。義持の兼宣と素玉への信頼の深さが示されている（『兼宣公記』応永30年2月25日条、部分、歴博616）

その仲光が逝去したのが応永十三年である。応永十四年から十八年までは日次記が残っておらず、兼宣の具注暦使用が確認できるのは応永十九年からであるが、おそらく仲光が逝去し、兼宣自身が広橋家の家督となったことによって具注暦の使用を開始したものであろう（第三期）。なお、仲光の没後四年目の応永十七年、兼宣は権大納言に昇進している。

兼宣が具注暦を用いたのは応永三十年までで、翌年から第四期となるが、具注暦使用開始の背景に仲光から兼宣への家督の交替があったとすれば、使用停止の背景にも兼宣から嫡子宣光への家督の交替があったのではないかと予想される。応永三十年に、広橋家ではどのようなことがあったのだろうか。

この年、兼宣は五十八歳、宣光は二十三歳である。宣光は兼宣の次男である。長男は定光であるが、応永十三年に二十歳で早世している。そのあと兼宣は自身の弟竹屋兼俊の子資光を養子としていたが、こちらも応永二十七年に二十九歳で早世している。他の男子はいずれも出家していたので、次男の宣光が兼宣の唯一の家督相続候補であった。その宣光にとって、応永三十年は人生の節目となる年だった。この年三月、足利義持は将軍職を辞して嫡男義量に譲った。同月十八日、将軍宣下があり、宣光はその弁を勤めた。じつは、応永元年十二月に義持が将軍宣下を受けた際には、兼宣が弁を勤めていた。兼宣はこの巡りあわせを喜び、日記（『兼宣公記』歴博六一六）に「自然佳例に相逢うの条、公私の祝着、尤も以て幸甚々々、自愛せしむるところなり」（偶然にも良き先例と一致したのは、公私ともにめでたいことである。幸運なことで、大切にしたい）と記している。二十九歳のときに勤めた大役を、わが子が勤めることに兼宣は人生が一回りしたことを感じたことであろう。その三日後、兼宣は権大納言から大納言（正員）に昇任し、宣光は蔵人頭に補任される。名家の家格の広橋家にとって、蔵人頭は必須の経歴である。兼宣がこの経歴を人生の節目と意識していたことは、兼宣自身が蔵人頭就任以前の日記を壮年期に清書（ある部分は整理か）していることからもうかがえよう。

こうした宣光の順調な成長を受けてか、四月三十日には、兼宣は出家の意志を義持に伝えている。このときは許されず、叶わなかったのであるが、兼宣が家督の交替を意識し始めていたことはまちがいないだろう。さらに八月十六日には、室町殿に侍女として仕えている兼宣の妹光庵素玉が義持の使者として広橋家を訪れ、「頭弁に女房をくださるべきこと」（『兼宣公記』歴博六一八）を伝えている。これは義持が宣光の配偶者を斡旋したことを意味しているのだろう。相手の女性が誰であるかは明記されないが、春龍丸（応永三十二年生）や綱光（永享三年生）を生んだ女性であれば、神祇伯資忠王の息女豊子女王ということになる。広橋家には世代交代の波が確実に押し寄せていたといえよう。翌三十一年正月、兼宣は具注暦の使用をやめる。おそらく具注暦は宣光に譲ったのであろう。

その後も兼宣は内裏、仙洞、幕府への出仕をやめてはおらず、むしろ公武の連絡役としての働きはますます大きくなっているようにも見えるが、体調を崩すことも多くなったようである。同三十二年正月には大納言を辞し、同年四月に六十歳で出家した。法名常寂。その直前に准大臣に任ぜられている。「兼宣公」の敬称はこの大臣叙任によるものである。残されている日記の最後は同三十五年七月十九日である。そしてその翌年九月十三日に六十四歳で生涯を閉じている。内大臣を追贈されたのは寛正二年（一四六一）のことである。

以上のように、兼宣の日記の形態の変化は、兼宣の人生の節目と連動したものであり、広橋家の中における兼宣の自己認識を反映していると考えられる。具注暦が公家社会でどう使用されていたのかを知るうえでも、興味深い事例であるといえよう。

三　兼宣と後小松上皇

最後に『兼宣公記』から、兼宣と後小松上皇の関係を示す象徴的な記事を紹介しておこう。兼宣は武家伝奏として事あるごとに室町殿（幕府）と内裏・仙洞御所の間を行き来し、上皇、天皇、義持の間の連絡役を務めていた。そのため、『兼宣公記』には、義持の日々の行動や後小松上皇一家の内情など、兼宣でなければ知りえない記事が少なくない。鯨飲派の義持に伺候《しこう》を命じられて、連日のごとき酒宴に付き合わされ、「余酔」の中で翌日の出仕をしなければならない様子もしばしば記されている。

兼宣が伝奏を勤めていた時期、朝廷では後小松上皇が院政を行っていた。後小松上皇は連歌を好み、『源氏物語』にも造詣の深い文人であったが、深い悩みをもっていた。上皇には称光天皇と小川宮の二人の男子がいたが、二人とも素行上の問題をかかえていたのである。『兼宣公記』応永三十年二月十七日条（歴博六一六）には、このうち小川宮の乱行に関する記事が見える。

それによれば、この日未明、内裏の門の警衛を担当する管領畠山満家より広橋家に使者があり、「先程仙洞より内裏の門の番衆に連絡があり、「童体」もしくは「女房姿」の者が刀を構えて内裏に来ることがあるかもしれないが、中に入れないようにとのことだ」と伝えられた。兼宣は驚いて内裏に参じ、典侍を勤めている娘の綱子を呼び出して事情を聞いたところ、「小川宮が酔って内裏に押しかけるかもしれないので、内裏の門を固めておくよう、仙洞から連絡があった」とのことだった。そこで兼宣は仙洞に参じ、上皇側近の四辻季保《よつつじすえやす》に尋ねたところ、小川宮を預かっている勧修寺家から密かに連絡があったので、驚いた上皇が門の固めを指示したことがわかったのである。事実としては事なきを得たようであるが、翌日、上皇から兼宣のもとに前夜のことを説明した女房奉書が届いた。史料3はその女房奉書の全文である。

史料3　後小松上皇自筆女房奉書（『兼宣公記』応永三十年二月十七日条）

さりて候き夜部のき、こと（殊）なる事候ハさりつれとも、すてにむま（馬）・くるま（車）のさたにをよひ候とて候、あさましさに□（こ）の御所の事ハ、御したく（支度）なともかなひ候ハて、□（千）万あの御所まてもいかやうの事もやとて、人をまいらせられ候ほとに、もん（門）へもおほせられて候けに候、やかて心えあひ候つらんと、心うさのみ申つくしかたく候、大かたこのたひもく（題目）にかきり候ハす、御ハし（恥）のたち候事にをき候て、この御所へハしり御入候て、いかやうにも□られ候ハん、ハし〳〵いまにハしめ候ぬ□事けに候、御とうしゆく（同宿）のほとも」この御ふゐ（怖畏）むつかしさにこそ、かたをしにかこい（圍）所をもさためられ候に、猶かゝる事、申ハかりなく候、大かた正たい（體）なさ、あさましさの御わひ事、ひんき（便宜）にハむろまち殿（足利義持）より□けうくん（教訓）申されて給り候へと、いよ〳〵□されたく候て、けふも日くらしけう〳〵（競々）と□（あ）むしくらされたる御心のまにて候、よへのしき（式）、まつ御わたくしまて申され候ハんとし候つるに、下まて御まいり候て、ことのやうやふ（藪）申て候よし申候つるほとに、をなし事と御心をやられて申され候ハさりつる、かやうに御申うれしく候、いつく（四辻季保）をなにと申され候ぬともおほえ候ぬ御しき、をしハかりまいらせられ候へ

く候よし、申せとて候、かしく、

ここには、昨夜のことは内々に処理しようと思っていたのだが、下の方にまで伝わり、大騒ぎになってしまった、今回に限らず「御ハし《恥》のたち候事」＝恥ずかしいことだと、上皇の内心が語られている。さらに、小川宮の平素の不行跡に困り果てた上皇は、かつて小川宮を「囲い所」に拘束しようとしていたこと、義持から諫言を加えるよう、兼宣からも頼んでもらいたいなど、上皇の悩みが赤裸々に語られている。この消息は、女房が上皇の意を受けて書いた形式をとっているが、後小松上皇の女房奉書はいずれも自筆で書かれている。したがって、ここに書かれたことは上皇から兼宣に直接伝えられたものである。上皇の兼宣への信頼の程が知られよう。長期にわたって上皇と義持の間の連絡役を務め、上皇からも義持からも篤い信頼を得ていた兼宣は、上皇の心の内を伝えられるほどの関係にあったのである。

（榎原雅治）

参考文献

榎原雅治「「兼宣公記」応永二十九年記の錯簡について」『東京大学史料編纂所研究紀要』二〇号、二〇一〇年

③『綱光公記』と室町期の公武社会

はじめに

広橋綱光《つなみつ》は、広橋家の当主らしく熱心に日記を書いた。暦《カレンダー》に簡単に書き込む暦記《りゃっき》と、白紙に詳細に書く日次記《ひなみき》の双方を並行して書いており、特定の行事だけ別途詳細に書く別記《べっき》も多い。大部分が自筆の原本で残るそれらを総称して『綱光公記《つなみつこうき》』と呼んでいる（本稿では所蔵者の国立歴史民俗博物館での名称に従い、日次記を『綱光公記』、暦記を『綱光公暦記』と呼ぶ）。

その『綱光公記』は、広橋家歴代の日記ばかりでなく、中世の廷臣日記全体の中で、ひときわ異彩を放つ。有り体にいえば、間違いだらけなのである。理由は、彼の生育環境にある。

一　間違いだらけの日記に見る孤独な少年の苦闘

家業が固まった中世朝廷では、行政文書を作成・読解・管理する専門能力で朝廷に居場所を確保する家々、いわゆる文筆官僚の家々が固定化し、広橋家もその一つだった。今のような学校教育が存在しなかった当時、文筆官僚の家では、幼少期から父が最大の教師となって、徹底的に文章力や行政実務の知識を叩き込み、鍛え上げた。

ところが、綱光はその教育を受けられなかった。父兼郷《かねさと》は祖父兼宣《かねのぶ》から室町殿《むろまちどの》（朝廷も支配する室町幕府将軍家の長）側近の地位を継ぎ、一時期は本家の日野家の家督さえ与えられる羽振りのよさだった。しかし、綱光が六歳だった永享八年（一四三六）に室町殿義教の怒りを買って失脚させられた。義教が横死した嘉吉元年（一四四一）に復権したものの、文安二年（一四四五）に今度は後花園《ごはなぞの》天皇を激怒させる事件（詳細は不明）を起こし、再びすべての地位を奪われて近江に籠居させられた末、翌文安三年に没してしまう（酒井一九九七）。綱光が何とか廷臣として歩み出すべく、日記を書き始めた直後だった。綱光は、「父がようやく朝廷出仕を許されそうだ」という歓喜とともに日記を書き始めたが（『綱光公暦記』同年元日条、歴博八三五）、すぐ三カ月後にその父の訃報を書かねばならない悲運に見舞われた（四月十二日条～五月三十日条）。十六歳だった綱光は、文筆官僚の家を継いで立身するのに必要不可欠な教育環境を奪われ、ほとんど孤立した。

『綱光公記』の、特に冒頭部分を読んでみると、日記体漢文の文法を逸脱し、単語の語順がおかしい。文字も誤りが多く、訂正だらけだ。発音や字形が似ている宛字はましな方で、存在しない〝嘘字〟を書いてしまうこともある。

発音が同じで字形も似ている取り違え、たとえば「園翰神（正しくは園韓神。以下同じ）」「清間寺（清閑寺）」「帰落（帰洛）」「稽固（稽古）」「賓家（貧家）」などは、単純なミスだろう。「清冷殿（清涼殿）」などは、発音・字形だけでなく意味（すずしい）も同じ字の取り違えである。

しかし、中には字形が全く違うのに発音が同じ字を宛字に用いた事例も多い。一六歳の綱光が初めて「陪膳《ばいぜん》」と書こうとしたとき、「排橏」と書いた。手で食膳を運ぶ役なので手偏の「排」の字を、また食膳が木製のトレイで運ばれるので木偏の「橏」の字を書いてしまったのだろうか。字の一部を思い出せたが全体を思い出せなかった場合、その一部だけで済ませてしまった「就鞠（蹴鞠）」「加輿丁（駕輿丁）」などの事例もある。面白いのは「尺加象（釈迦像）」で、三文字とも旁《つくり》しか思い出せず、部首を書かないまま放置されている。仏陀（釈迦）の死を意味する「涅槃《ねはん》」は、かなり頑張って書こうとしたが、「温般」「温槃」「涅盤」のように、何度書いてもどこかを間違える。

綱光なりに考えて、適切そうな漢字変換を試みた事例もある。「権門清家（権門勢家）」はその中に清華家（摂関家に次ぐ家格）が含まれることを、また「地行相転（知行相伝）」は知行《ちぎょう》（所領）が通常は土地であることを念頭に置いて、頑張って漢字変換したものだろう。

中には、うまい宛字もある。仏事の「問答」を「聞道」と誤った事例は、〈仏道の質問に対する答えを聞く〉というニュアンスが活きている。「当来（到来）」も、〈今まさに到着した〉ニュアンスが濃い。将軍や将軍御所を「柳営《りゅうえい》」というが、綱光はこれを一貫して、何度でも「柳栄」と誤る。〈将軍に栄えあれ〉という願いがこめられているようにも見えるが、彼は「経営」をいつも「経栄」と誤るので、そもそも「営（營）」という字を「栄（榮）」の形で覚えてしまったらしい。「侍者（使者）」「柳栄（柳営）」「経栄（経営）」「近衆（近習）」「役奏（役送）」「極務（局務）」「台槃所（台盤所）」「彼官（被官）」「蓬起（蜂起）」などの誤字は何度も現れ、音通する誤字のまま覚えてしまっている。

字形が似ているが発音が違う字と取り違える事例も、目立つ。「上巴（上巳）」「移徒（移徙）」「盃（盆）」「牛刻（午刻か丑刻）」「正雨（止雨）」「要客（要害）」「延生（誕生）」など、枚挙に遑《いとま》がない。

もっともらしい漢字変換・作字さえ困難な場合は、「煠、（陪膳）」と（間違った）一文字だけ書いて諦めたり、「ヲフクロ（生母）」「今日まで」「サム（冷む）」「わたす（度す）」と仮名で済ませたりして、弟の阿婦丸《あふまろ》の名前さえ「阿ふ丸」と平仮名を混ぜている。「評定始」と書けずに「今日、定初云々」と書いた事例のように、全くお手上げの場合は字数分だけ空白を置いて諦めた。あるいは開き直って、日本語の発音・語順のままに「上様江《かみさま》（へ）」「さそ（さぞ）」「ゆへ（故）」「被中き《もうされ》」「被直下き《なおしくだされ》」などと仮名で書いてしまう。

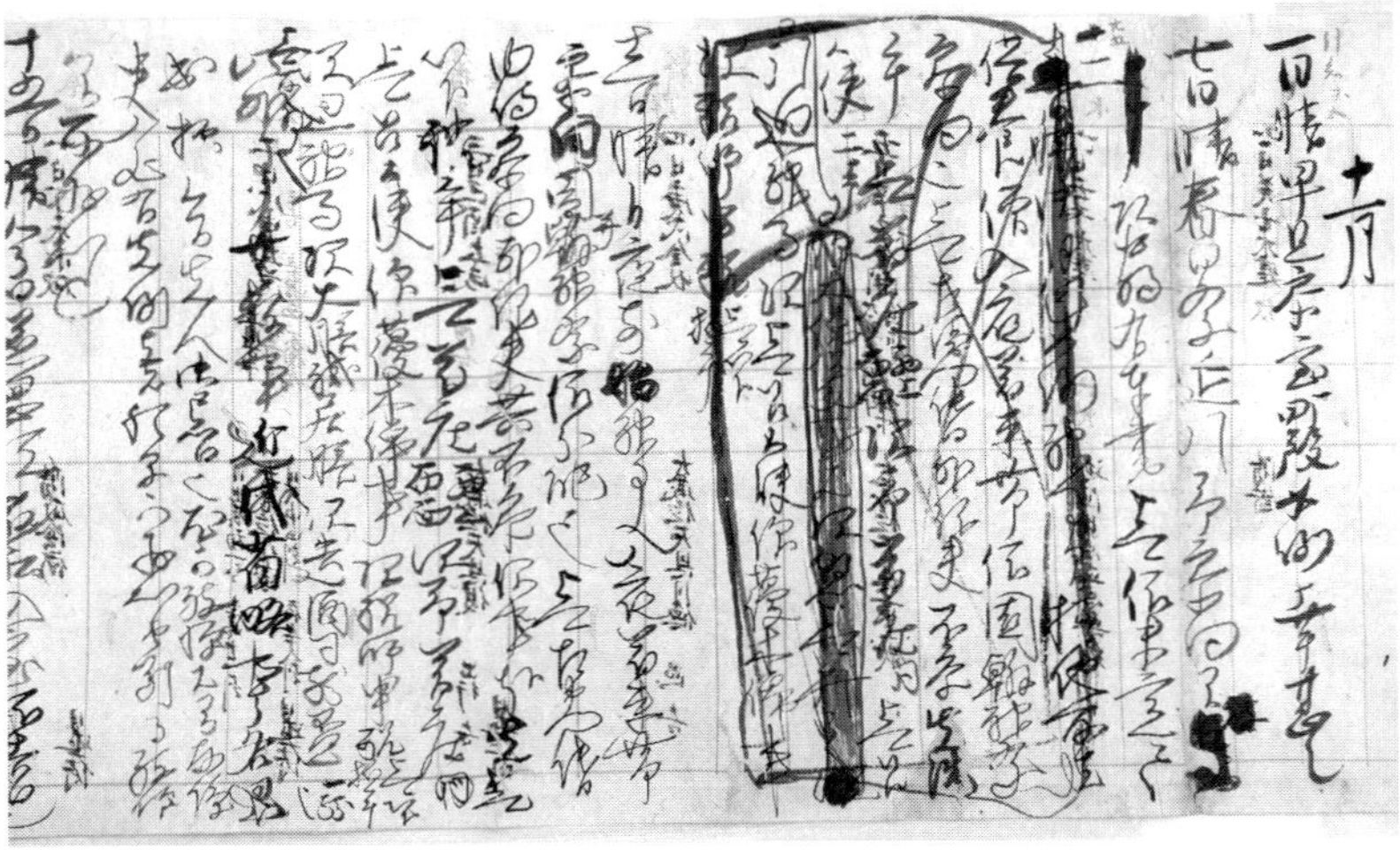

図1　大規模な推敲・訂正の痕跡（『綱光公記』宝徳2年11月12日条、部分、歴博665）

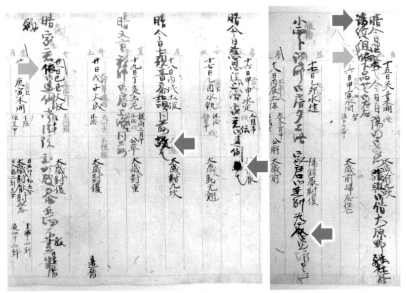

図2　「為→故」「仍→依」の集中的修正（グレー）（『綱光公暦記』文安3年2月15日条、17日条、3月16日条、18日条、21日条、歴博835）

これらの仮名書きや変換ミスは、彼が日本語で考え、あるいは日本語として耳で聞いた語順のままに書こうとした痕跡であり、室町時代の日本語の史料として役立つ可能性が高い。特に私が注目するのは「御台」を「御対」と誤った事例だ。将軍正室を意味する「御台（所）」はミダイ（ドコロ）と発音されたと考えられてきたが、台湾・台頭のように「台」を濁って読まない読み方で、「御台《みたい》（所《どころ》）」と発音された可能性が高いことを示している。

こうした文字・文章の誤りが頻出するため、ある程度まで日記体を読み慣れている者にとっても『綱光公記』を読むのは苦労の連続で、綱光が何を書きたかったのかを推測しながら読まなければならない。綱光はこの存在しない謎の漢字を、何の字のつもりで書いたのだろうか。「車」と書くべき字（「乗車」「下車」などと書く文脈）が「垂」のように書かれているが、誤って「垂」と書いたとして翻刻すべきか、それとも当人は「車」をそのような字形だと信じて書いたので「車」と翻刻すべきか、といった調子である。

こうした誤りだらけの日記には、適切な指導者もお手本もない中で、初学者の少年が漢文で日記を書くことの苦しさと難しさが滲《にじ》み出ている。そのことは、図1に示した大規模な推敲・訂正（加筆・抹消・修正）の痕跡が物語ってあまりある。ただ、よく観察すると、図2のように同じ色の墨で、同じ間違いを訂正した事例が少なくない。後日になって誤りが気づかれ、一括して訂正した証拠である。

二　朝幕総がかりで綱光を育成

それらの誤りに気づけたのは、綱光一人の力ではない。証拠は、まさに彼の誤字の中にある。

彼は「誠奥陸（陸奥）之定字可然之由返答了」という文章の中で、「字」と書くべきところを「定」と誤ってから抹消し、「字」と訂正した（『綱光公記』宝徳二年五月一日条、歴博六六四）。綱光は「字」という字を書けるので、この誤りは不審だ。また、「密々」を「宮々」と誤るなど、簡単で意味も明白な字を字形の類似に釣られて誤っており、これも不審である。さらに、「余立叙外列」という文章で、一度「叙外」と誤記してから「叙列」に訂正している（『綱光公記』文安六年正月七日条、歴博六五八）。「外」と「列」の草書の字形がかなり似ているからだろう。重要なのは、これらの正しい字と誤字は、意味も発音も全く異なることだ。つまりこれらの事例は、意味も発音も考えずに闇雲に丸写しして、字形の類似だけに釣られて誤写したことを意味している。

ほかにも、「腋御膳、予申沙汰両度、尤以不便、事終腋御腋（膳）供終之後入御」（『綱光公記』文安六年正月十六日条、歴博六五八）や「殿上人一反、参大中納言・参木（議）・散三位二反、関白・大臣・主室町殿三反也」（『綱光公暦記』享徳三年六月十七日条、歴博八三七）などのように、直近・直後にある字が誤字として現れる事例がある。これらは、原文とそれを書き写す紙を左右に並べて交互に見るときに、自分が原文のどの個所を見ているかを見失って生じた、目移りによる誤写だった可能性が高い。

決定的なのは「次弁予覧勘文於上卿」（『綱光公記』宝徳二年九月十四日条、歴博六六五）という事例で、第三者の視点から綱光を指して「弁（弁官）」と書かれた部分を一人称の「予（わたし）」に訂正している。他人が書いた文章を書き写した証拠であり、綱光には日記の手本を書き与える支援者がいたのだ。綱光の日記には、「仍（正しくは依）」「為（正しくは故）」など、数日分の近い範囲で何度も犯された同じ誤りを、一度に集中的に訂正した痕跡がある。これらも、他人が目を通し、添削した痕跡だった可能性が高い。

探してみると、『綱光公記』の中に支援者たちの痕跡を得られる。最大の支援者は、名家《めいか》の仲間である。名家とは、広橋家が属する日野流藤原氏や、勧修寺《かんしゅじ》流藤原氏など、平安時代から文筆官僚を世襲することで朝廷に居場所を確保した家々をいう。中でも、この時期の朝幕情勢の根本史料となる日記『建内記《けんないき》』を残した万里小路時房《までのこうじときふさ》（勧修寺流藤原氏）は、綱光に対して綸旨《りんじ》（天皇側近が書く天皇の命令書）の書き方や文章を何度も指導していた。それだけでなく、時房は綱光の昇進や行事での作法まで指導して、全面的なバックアップを与えていた。さらに、同じ日野流の日野勝光《かつみつ》や町資広《まちすけひろ》、勧修寺流の葉室教忠《はむろのりただ》などが、綱光の指導者として日記に現れる。綱光はこの名家コミュニティに支えられて、文章力と実務能力を育成されたのである。

もっとも、日野流藤原氏はほかの名家と違い、紀伝道《きでんどう》（美麗な漢詩文を述作するための中国古典学）で奉仕することを家の基礎としていたため、詩（漢詩）を詠む能力が必須だった。作詩に用いる漢文作文能力は行政文書のそれと根本的に異なり、儒学や中国の古い史書を学ばねばならない。それを教えるのは、ほかの名家では荷が重かった。

しかし、その穴は別の人々が埋めた。まず綱光は、身分の低い地下《じげ》官人ながら明経道《みょうぎょうどう》（儒教経典の学問）に秀でた清原業忠《きよはらのなりただ》・中原康富《なかはらのやすとみ》らと、儒学（『論語』など）の勉強会で交流を持った。さらに、そうした勉強会の主催者の一人に、『源氏物語』の注釈書を著すなど抜群の教養人・故実家として朝幕の尊崇を集めた摂関家の一条兼良《かねら》がいた。兼良は律令などの勉強会で綱光を指導し、公文書の書き方や行事の手続きを教え、詩の書き方まで教えていた。摂関家ではほかにも、広橋家の主家にあたる近衛房嗣《こんえふさつぐ》が綱光の和歌を添削している。さらに視野を広げると、綱光に『論語』を指導した禅僧の存在が確認できるし、綱光の舅の摂《っ》津満親《みつちか》は、鎌倉・室町幕府を通じて幕府行政の元締めを世襲した、幕府事務のプロ中のプロだった。

このように、家という最有力の教育環境を失った綱光を、当時の公武社会が総がかりで指導・支援していた。その動機は明らかだろう。家業が固定された当時の朝廷は、広橋家の存在を前提に回っていたのであり、広橋家が文筆官僚から脱落・滅亡することは、単に広橋家の問題ではなく、朝廷運営をつまずかせる大問題だったのである。しかも、広橋家は廷臣ながら室町殿に仕え、伝奏《てんそう》（公武申次《こうぶもうしつぎ》）として天皇・室町殿間の連絡役を担った重要な家だ。朝廷・幕府の双方が広橋家を不可欠としたのであり、「綱光を支援して広橋家の立て直しに協力せよ」という後花園《ごはなぞの》天皇や室町殿義政の命令があった可能性を考えた方がよい。

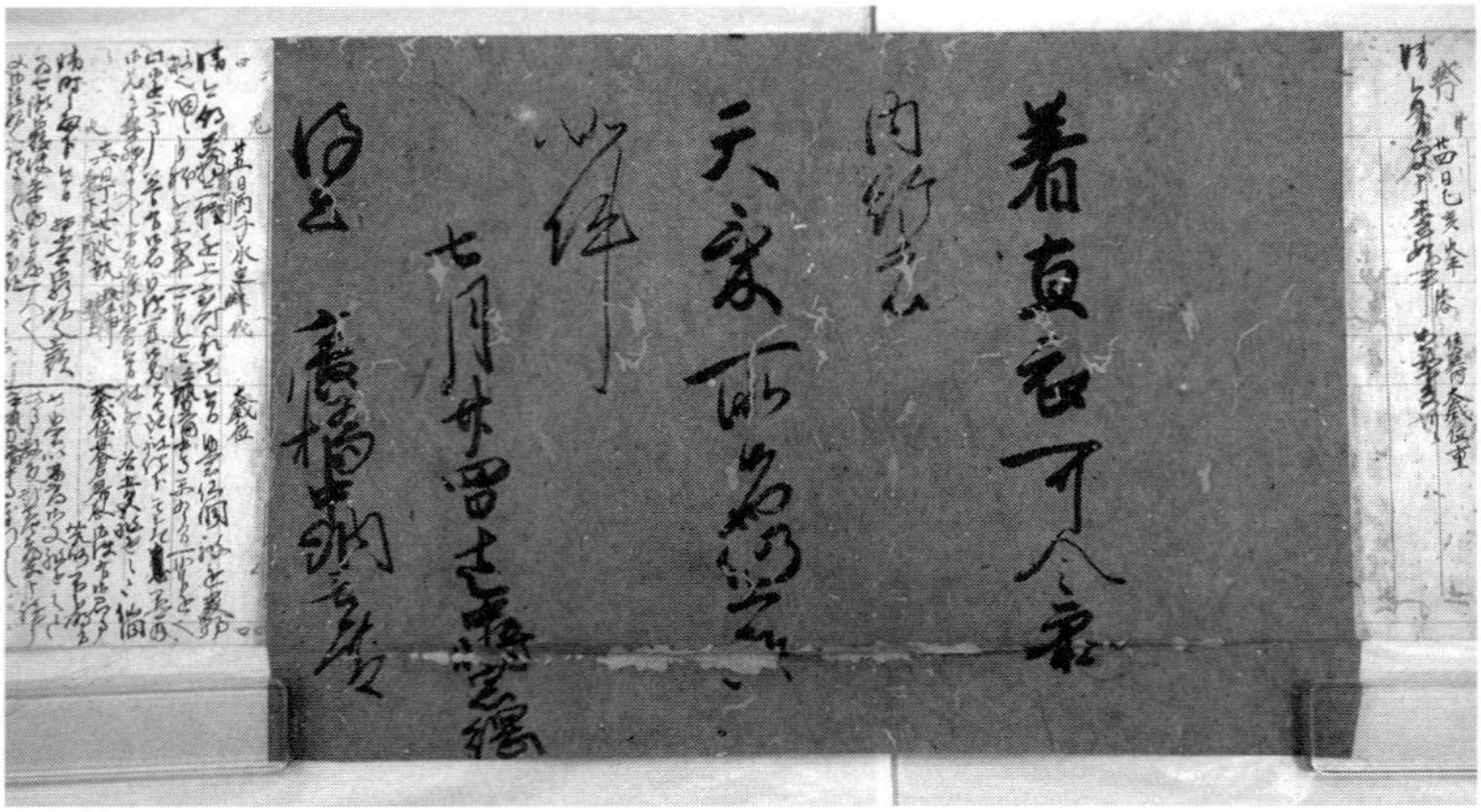

図3　張り継がれた後花園天皇綸旨（『綱光公暦記』寛正5年7月24日条、歴博839）

綱光は父兼郷のように政治に深入りしたり失脚したりすることもなく、穏便で忠実な働きぶりによって、天皇・室町殿の期待・信頼が篤い官僚となった。『綱光公記』宝徳三年七月三日条（歴博六六六）には、「七夕《たなばた》行事のため、牽牛《けんぎゅう》星を題材として詩を作れ」と後花園天皇が命じた御教書《みぎょうしょ》（綸旨より一過性が強い天皇の命令書）が張り継がれており、七夕当日の七月七日条にこれと対応する記事と綱光の詩が見える。兼良ら知識人の支援のもと、天皇は綱光に紀伝道の能力を期待し、綱光も懸命に応えて、紀伝道を修める名家の維持に努めたのである。

綱光は、図3のような天皇文書の原本を日記に張り継ぐことにより、天皇からの信頼の証と、広橋家の者もしばしば書かされる天皇文書の文例を子孫に残す努力をした。図3は、後花園が綱光に「直衣《のうし》（貴人の普段着）で参内《さんだい》してよい」と許可した綸旨である。蔵人が発給する天皇文書なので、料紙が宿紙《しゅくし》（古紙の漉《す》き返し紙）であり、通常の紙（白紙《はくし》という）と違ってねずみ色である。この紙の違いも、字形・墨色も、書写すれば失われやすい情報だが、原本を張り継ぐことで情報を残らず子孫に伝え、絶好の教科書としたのである。

三　天皇側近兼室町殿側近が伝えた応仁の乱の独自情報

綱光は天皇・室町殿の双方の側近として二人の間を往復する日々を送り、余人が知り得ない彼らの言動を記録した。その一つに、応仁の乱勃発の具体相がある（図4）。

それによれば、乱が勃発するや否や、その要因を作ったはずの室町殿義政は局外中立を決め込んだ。しかし、東軍の総大将細川勝元《かつもと》は認めず、義政の御所を包囲して身柄確保を企み、「御旗《みはた》（官軍の証たる錦の御旗）」を支給するよう義政に迫り、朝廷と義政を東軍に取り込もうとした。すると義政は反発し、将軍職を投げ出す意思を示した。これを聞き届け、後花園上皇に急報したのが綱光だった。後花園は驚き、自筆の「奉書《ほうしょ》（女房奉書だろう。本来は側近の

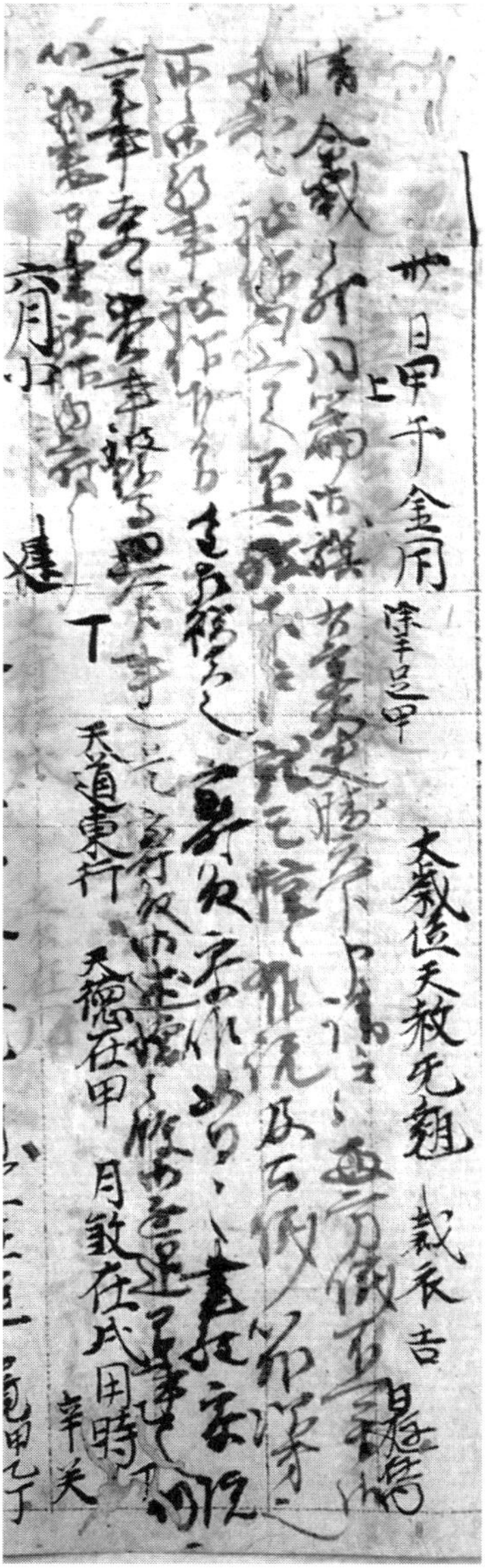

図4　『綱光公暦記』応仁元年5月30日条（歴博840）

女官に書かせる天皇の命令書）」を書き遣わして慰留した。乱の勃発直後に責任逃れと自棄《やけ》に陥った義政が将軍職を捨てようとした驚くべき行動も、それを天皇が慰留して事態収拾に努めた事実も、『綱光公記』だけが伝える貴重な独自情報である。

綱光は乱中に没したが、息子兼顕《かねあき》の日記『兼顕卿暦記《かねあききょうりゃっき》』に、乱に関わる重要な情報がある。文明九年（一四七七）十一月、大内政弘《まさひろ》の帰国を引き金として西軍諸大名は京都の陣を解散し、十一年に及ぶ応仁の乱が終わった。天皇の御所（土御門内裏《つちみかどだいり》）は奇跡的に無傷だったが、じつは裏があった。乱終結の翌日、義政の正室日野富子《とみこ》が兼顕に対して、「内裏は焼けないよう最初から政弘に約束させていた」と語ったのだ（十二日条〈歴博八二八〉）。一見すると無秩序な応仁の乱で、一見すると東軍とともにある将軍家が、西軍と申し合わせて戦況をコントロールし、その将軍家を義政でなく富子が代表していた。東軍・西軍の間の調整や戦後の内裏復興など政局収拾に奔走した富子は、後土御門天皇との合意形成やその執行を担う伝奏として、兼顕を重宝した。無責任で求心力を失う室町殿に代わって御台の富子や上皇が事態収拾に乗り出す、という当該期特有の公武関係・幕府体制に、戦国時代の萌《きざ》しが見える。

これらの乱の重要な構図も、広橋綱光・兼顕親子が天皇・室町殿の側近として熱心に仕え続け、日記を書き続ければこそ伝わった。その日記を綱光が書けたこと自体もまた、天皇・室町殿の庇護の賜物であり、朝廷・幕府の全社会的な支援の産物だった。『綱光公記』は、かつて少年期に独学で間違いだらけの日記を書いていた綱光が、そうして助けられながら正しい日記体漢文を身につけていった成長記録であり、コミュニティとしての室町期公家社会の実相を伝える記録であって、その点で希有の日記なのである。

参考文献

酒井紀美『中世のうわさ　情報伝達のしくみ（新装版）』吉川弘文館、二〇〇〇年（初出一九九七年）

桃崎有一郎『室町の覇者 足利義満』ちくま新書、二〇二〇年
桜井英治『室町人の精神　日本の歴史12』講談社学術文庫、二〇〇九年（初出二〇〇一年）

（桃崎有一郎）

④『兼顕卿記』にみる公家日記の変化

はじめに

鎌倉・室町時代を通じて広橋家の者が残した日記の特徴として、一人の人物が同じ時期に暦記《れきき》と日次記《ひなみき》とを併用したことが知られる。暦記とは、具注暦《ぐちゅうれき》の暦面（間明《まあ》きと呼ばれる空白行を設けることも多い）を利用し、その余白や切継いだ挿入紙に記事を書くもので、日次記とは、不要な文書の裏面や白紙を貼り継ぎ、日ごとに記事を書くものである。しかしながら、二形態の日記の併用は、応仁の乱直後の当主広橋兼顕《かねあき》（一四四九～七九）で終わりを告げ、次代の守光《もりみつ》からは日次記のみを用いるようになった。

この変化は、兼顕が三十一歳で後嗣のないまま病死し、他家から入った守光が跡を継いだことと関係する。守光は、広橋家と同じ藤原氏北家日野流を汲む中級貴族の町《まち》家に生まれ、僧侶になる予定であったが、兼顕の急死をうけて九歳で広橋家の当主に迎えられた。実父町広光《ひろみつ》の教導をうけて廷臣としての活動に励むが、広橋家の歴代が継承してきた日記の書き方は受け継がなかった。ただし、ここでの変化は公家日記全体の流れに沿うものでもある。

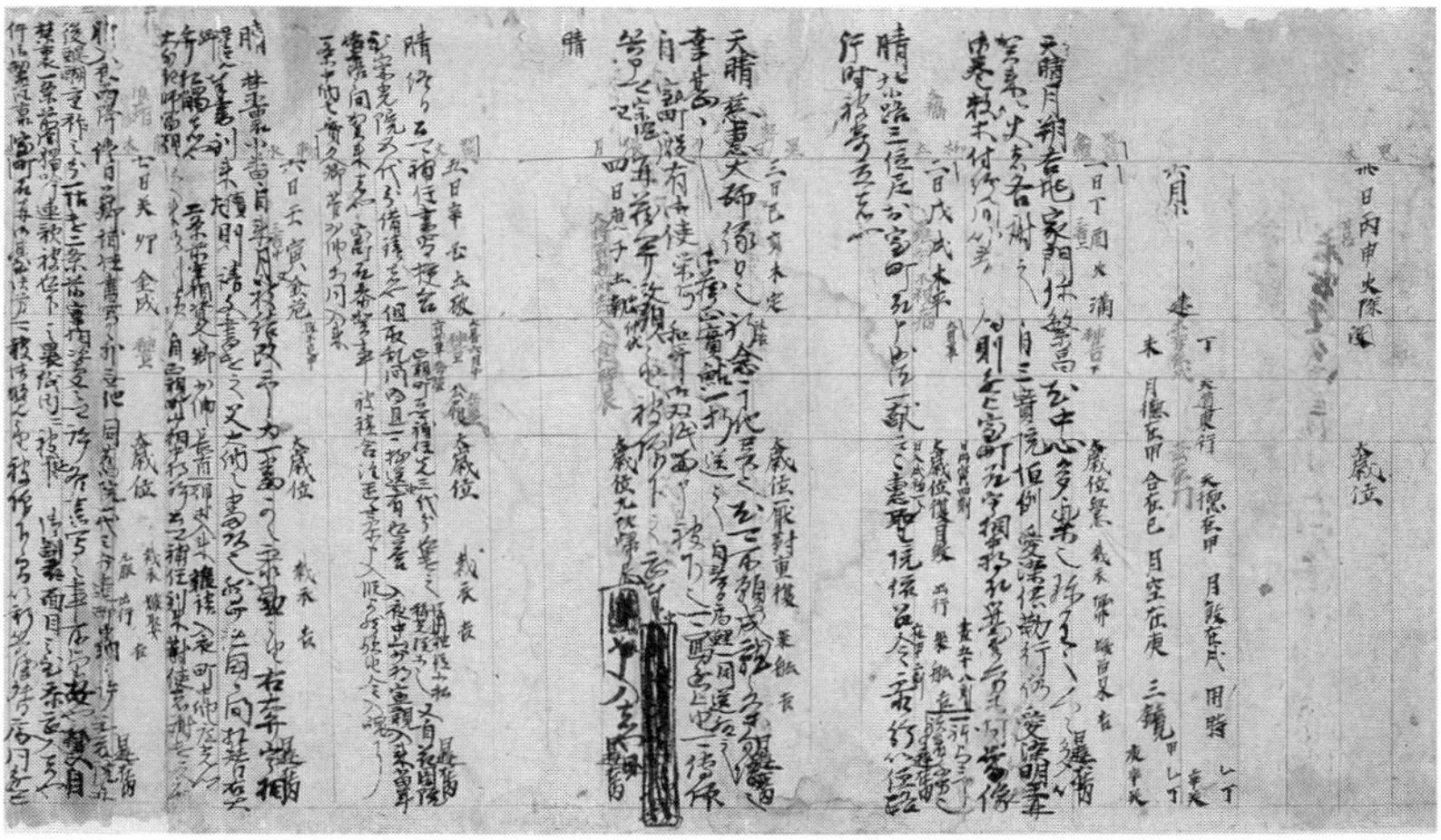

図１　『兼顕卿暦記』文明９年記巻首（前欠、歴博828）

一　中世における暦記の終焉

公家日記は、具注暦に書き付ける暦記を基本的な形態としたが、中世を通じて徐々に日次記が増加し、暦記は稀になった。室町時代の公家において暦記を用いたことが確認されるのは、広橋家の歴代（兼宣・綱光・兼顕）以外では、吉田兼敦《かねあつ》（『吉田家日次記』）・中山定親（『薩戒記《さっかいき》』）・三条西実隆《さんじょうにしさねたか》（『実隆公記』）の三人にすぎない（東寺・醍醐寺・興福寺などの僧侶による使用例はある）。応仁の乱が終わって間もない文明十三年（一四八一）に三条西実隆が用いたのを最後に暦記の使用は途絶える。百年以上を経た慶長三年（一五九八）に近衛信尹《このえのぶただ》（『三藐院記《さんみゃくいんき》』）によって復活するが、主流の地位を取り戻すことはなかった。

中世最後の暦記『実隆公記』文明十三年記一巻（前田育徳会尊《そん》経閣《けいかく》文庫所蔵）は特異な存在である。三条西家では南北朝時代以降に継続的に日記を残した者がなく、実隆は二十七歳に達しながら、日記の形態に試行錯誤を重ねていた。結果、約六十年間書き続けられた『実隆公記』のなかで暦記はこの一巻に限られ、他はすべて日次記である。用いた具注暦にも異例な点が存在する。まさしく一度だけ暦記を試したものだといえる。

応仁の乱以降に書かれた暦記は、『実隆公記』文明十三年記を除けば、『兼顕卿記』の文明九・十両年の暦記しか存在しない（図1）。広橋家は中世において最後まで暦記を書き続けた家とみなしてよく、兼顕が残した暦記はその掉尾を飾るものとして位置づけられるのである。

二　日次記と貼り継がれた文書

暦記という形態は、各日の記文をなるべく具注暦の間明き（『兼顕卿記』の場合は二行）の範囲内で収めようという意識が働き、文字は小さく、記事は簡潔に傾く嫌いがある。それに対し、日次記の場合、日ごとの記事の長短は自在で、暦記に比べて文字は大きく、記事も詳しくなる。両形態のこのような特色は、兼顕の日記にもあてはまる。さらに兼顕は日次記に受け取った文書を貼り継ぐことも多かった。

公武の連絡にあたる武家伝奏《ぶけてんそう》の任にあり、朝廷の枢機に関与した兼顕の日記は、この時期の朝廷と幕府との関係、あるいは朝廷の政務処理を知るうえで重要である。例として、文明十年（一四八五）七月二十四日の日次記、および そこに貼り継がれた文書を見てみよう（図2）。

［釈文］
廿四日（文明十年七月）、甲申、晴、午天夕立、雷鳴、○地蔵菩薩縁日也、祈念者也、午天参小河殿（足利義政）、当国五分一事、御左右催促之処、此儀誠
守護（畠山政長）連々望申了、但御許容之有否、可為如何様哉、可計申由、御談合伊勢守（伊勢貞宗）之処、其後不申入是非間、一定之儀
無御存知間、可相尋伊勢守、就返答重而可申入由御返事也、然者（アキママ）　事歟、弥曲事也、凡寺社本所領五分一被
懸召之者、公家至此時太略滅忘之基也、政道已断絶、尤可歎々々、為之如何、莫言々々、自花頂（教助）有使者、附弟（政尊）

一条禅閤(兼良)御息、室町殿(足利義政)御猶子事申沙汰可為祝着由也、自実相院殿(増運)有御使、同御附弟陽明右府(近衛政家)御息、(ノチノ一乗院良誉)御猶子可申沙汰由也、共以令
存知由返答。及晩自小河殿帰宅、
自　禁裏忠富(白川)卿奉書到来、善勝寺長者幷小番事等也、件奉書続左、
　善勝寺長者之事、可為房任(西川)卿之由、令御心得渡給候、目出度候、
一小番□(之)事、西園寺(実遠)息(公藤)其後不被申是非候之条、如何候哉、尚以可被仰遣之由候、
一在綱(唐橋)卿前々存知事候、既勅免之上者、可被召加小番之由、同其沙汰候也、旁期面拝候、恐々謹言、
　　七月廿四日　　　　忠富
　「(切封ウハ書)広橋殿　　忠富」

[読み下し]

廿四日、甲申《こうしん》。晴れ。午天《ごてん》夕立、雷鳴。地蔵菩薩の縁日なり。祈念するものなり。午天小河殿《おがわどの》に参る。当国五分の一のこと、御左右《ごそう》を催促するのところ、この儀まことに守護連々《れんれん》に望み申しおわんぬ。ただし御許容の有るや否や、いかようたるべきや。計らい申すべきのよし、伊勢守《いせのかみ》に御談合のところ、そののち是非を申し入れざるのあいだ、一定《いちじょう》の儀御存知なきのあいだ、伊勢守に相尋ね、返答につきて重ねて申し入るべきのよしの御返事なり。しからば(脱アリ)のことか。いよいよ曲事《くせごと》なり。およそ寺社本所領《ほんじょりょう》に五分の一を懸《か》け召《め》されば、公家この時にいたり大略滅亡のもといなり。政道すでに断絶す。もっとも歎くべし歎くべし。これをなすにいかん。言うなかれ言うなかれ。花頂《かちょう》よりの使者あり。附弟《ふてい》一条禅閤《ぜんこう》の御息。室町殿の御猶子《ごゆうし》のこと申沙汰《もうしざた》祝着《しゅうちゃく》たるべきのよしなり。実相院殿《じっそういんどの》より御使あり。同じく御附弟陽明右府の御息。御猶子を申沙汰すべきのよしなり。ともにもって存知せしむるのよし返答す。晩に及び小河殿より帰宅す。禁裏《きんり》より忠富卿《ただとみきょう》の奉書《ほうしょ》到来す。善勝寺長者《ぜんしょうじちょうじゃ》ならびに小《こ》番《ばん》のことなどなり。件《くだん》の奉書左に続《つ》ぐ。

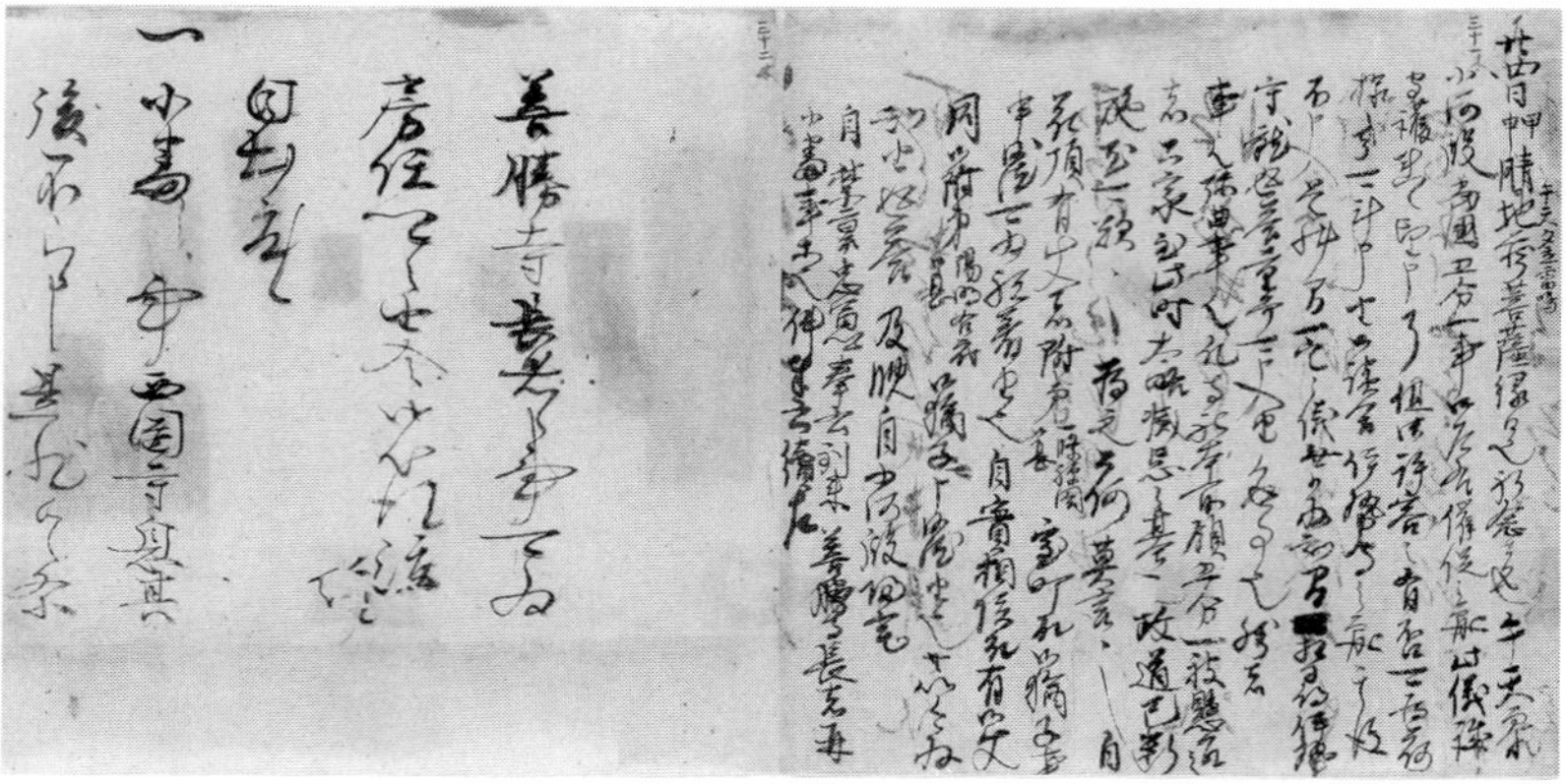

年7月24日条（歴博592）

善勝寺長者のこと、房任卿《ふさとうきょう》たるべきのよし、御心得渡《おこころえわた》らしめ給《たま》い候う。めでたく候う。
一、小番のこと、西園寺の息その後是非を申されず候うの条、いかが候うや。なおもって仰せ遣わさるべきのよしに候う。
一、在綱卿前々存知《ありつなきょうまえまえぞんち》のことに候う。すでに勅免《ちょくめん》の上は、小番に召し加えらるべきの由、同じくその沙汰《さた》候うなり。かたがた面拝《めんぱい》を期《ご》し候う。恐々謹言。

七月廿四日　　　　忠富

「広橋殿（切封ウハ書）　　忠富」

文明十年四月、管領畠山政長《はたけやままさなが》は十四年ぶりに山城守護職に復帰した。応仁の乱後も河内の畠山義就《よしひろ》との抗争を継続した政長は、国内の公家領・寺社領から年貢の五分の一を徴収する許可を求め、室町殿足利義政はいったん内諾を与えた。しかし、膝下の山城国内の所領からの収益減少は公家・寺社にとって死活問題であり、撤回ないし免除を求める動きが生ずる。兼顕は武家伝奏として義政および御台《みだい》日野富子に働きかけており、この日も義政・富子夫妻が居住する小河殿に赴き、義政に指示を求めた。義政の返事は、政所《まんどころ》執事伊勢貞宗《さだむね》に意見を徴したが回答がないので、貞宗の意見を確認し、そのうえで再度指示を求めよ、というものであった。兼顕はこの所課が実施されると朝廷の衰微につながると

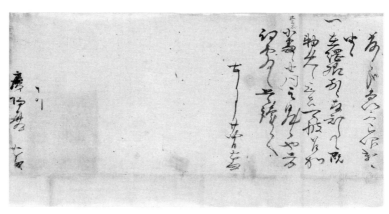

図２　『兼顕卿記』文明10

いう強い危機感を示している。

また、花頂門跡教助《きょうじょ》・実相院増運《ぞううん》という天台宗寺門派《じもんは》の門跡僧二人から、後継者に迎える摂関家の子息を義政の猶子として認めてもらうよう、取り次ぎを依頼されている。以上のいずれにおいても、兼顕の役割は朝廷側の人物と幕府とをつなぐことにあった。

ついで小河殿から帰宅すると、禁裏から白川忠富の奉書が届いていた。忠富は後土御門天皇の随一の側近で、伝奏や蔵人《くろうど》のような制度的な位置づけを持たないまま、廷臣に後土御門の指示を伝える奉書を発給していた。この日の奉書は三箇条を載せ、一条目は、藤原氏北家のうち四《し》条流《じょうりゅう》の最上首がつとめる善勝寺長者について、前参議西川房任を充てる人事を後土御門が承認したことを伝えている。応仁二年（一四六八）同長者となった前権中納言四条隆量《たかかず》は、経済的な窮迫から文明四年に逐電し（『宗賢《むねかた》卿《きょう》記《き》』同年七月二十五日条）、奈良ついで美濃に居住し、応仁の乱後も上洛しなかった。そのため、末流の房任が四条家の後継者になることを望んだのに応じたのである。二日後、兼顕は善勝寺長者たることを認める伝奏奉書を作成して房任に交付している（日付は二十四日付）。すなわち、忠富の奉書は天皇の指示を伝奏に伝えて正式な文書を発給させる朝廷内部の手続き文書であり、女房奉書《にょうぼうほうしょ》と同様の役割を果たすものであった。

続く二箇条はいずれも廷臣が禁裏で宿直を勤めることをいう小番に関する内容である。二条目は、前内大臣西園寺実遠《さねとお》の子公藤《きんふじ》に対し、小番を勤めるよう、後土御門の意向を伝えたにもかかわらず、回答がないことを質し、再度伝達するように命じている。三条目では、前年に勅勘《ちょっかん》を解いた唐橋《からはし》在綱について、小番に加入させるように指示する。応仁の乱の終結から間もないこの時期、少なからぬ公家衆の足が禁裏から遠のいており、小番の勤仕というかたちで公家衆の精勤をはかることは、禁裏の諸活動を再興する足がかりとして緊要の課題になっていた。ここにおいて兼顕は、天皇およびその周辺と一般の廷臣とをつなぐ役割を果たしたことがわかる。

『兼顕卿記』は、応仁の乱によって激動を余儀なくされた室町幕府および朝廷がいかなる対応によってそれを乗り越えようとしたのかを伝えており、そこに貼り継がれた文書によって一層の臨場感を持つものになっているのである。

（末柄　豊）

参考文献

厚谷和雄編「暦史料編年目録稿」『具注暦を中心とする暦史料の集成とその史料学的研究』科学研究費補助金研究成果報告書、二〇〇八年。
末柄豊「尊経閣文庫所蔵『実隆公記』解説」『尊経閣善本影印集成七一　公秀公記・実隆公記・建治三年記』八木書店、二〇二〇年。
平山敏治郎『日本中世家族の研究』法政大学出版局、一九八〇年。

コラム4

光業・兼綱父子の苦境と近衛家の分裂

本コラムでは、鎌倉時代末期から南北朝期の広橋家の様子を見ていく。

兼仲《かねなか》の跡を継いだのは次男光業《みつなり》（一二八六カ～一三六一）である。光業は父兼仲・祖父経光《つねみつ》に比べて、まとまった日記が現在まで伝わっておらず、やや影の薄い当主かもしれない（日記を書いていたことはわかるが、ごく一部が知られるのみである）。一方、祖父経光の『経光卿記』、父兼仲の『兼仲卿記』などには、光業の奥書《おくがき》が多数残されている。これは何を意味するのだろうか。

光業には兄光資《みつすけ》（一二八二～一三〇三）がいた。光資は、五歳にして勧学院学問料《かんがくいんがくもんりょう》を賜り、七歳で元服《げんぷく》、秀《しゅう》才《さい》・文章得業生《もんじょうとくぎょうしょう》になり、昇殿《しょうでん》して蔵人《くろうど》に、翌年には献《けん》策《さく》を遂げ、叙爵《じょしゃく》、十歳以前に右衛門権佐《うえもんごんのすけ》に任官、ときわめて順調な経歴であった。『兼仲卿記』にもしばしば登場し、父兼仲の期待が大きかったことが窺われる。

しかし光資は、乾元二年（一三〇三）、二十二歳の若さで亡くなる。これにより光業がにわかに家を継承することになった。経歴を見ると、兄より遅く八歳ほどで勧学院学問料を賜り、十二歳くらいで叙爵された。兄の死去時には十八歳くらいで、正五位下治部権少輔《じぶごんのしょうゆう》であった。これは、同じく次男で、兄の死去により家を継承した父兼仲と同じくらいの昇進スピードである。

さらに徳治三年（一三〇八）正月には、父兼仲も亡くなった。父に直接教えを乞うことができなくなった光業は、祖父経光・父兼仲の日記から公事《くじ》について学び、勤めを果たそうとしたようである。この時期の家の記録は、仕事を行うためのマニュアルの役目を果たしていた（第二章第二節参照）。光業の奥書で、年号の記された最も早いものは、『経光卿記』嘉禄二年（一二二六）冬記（歴博六八四）の「徳治三年閏八月一日　目録を取った」というものである。父の死去の数カ月後であり、家督継承に伴って家記を相続し、学び始めたのであろう。またこの嘉禄二年冬記は、祖父経光が従五位下治部権少輔のときの日記である。自らと同じ立場のときの日記を、仕事の指針としたと推測される。光業は以後も、繰り返し父祖の日記を読み、目録・首書を取っていることが奥書からわかる。殊に『経光卿記』嘉禄二年記、安貞元年記（図１）など五度にわたって奥書が記されているものもある。

光業は以後順調に昇進した。ただし当時、名家の名誉とされた三事兼帯（弁官・衛門佐・五位蔵人の三つを兼官すること）を遂げることはできなかった（宮崎二〇〇〇）。経光と伯父兼頼は三事兼帯となったが、次男だった父兼仲・光業、そして子息兼綱は果たせなかった。二代続けて嫡男が早世したことにより、家格の維持に危機が生じていたことが窺われる（高橋一九九八）。

また熱心に学んだとはいえ、光業の儒学の素養は不足していたらしい。この家では、歴代改元に際して年号勘者を勤めたが（第五章第四節参照）、光業はついに勤めることがなかった。のちに柳原忠光は「入道光業卿は稽古を嗜まなかったので勘者を勤めなかった」と述べており（『園太暦』文和五年正月二十三日条）、学習不足とみなされていたようである。

元応二年（一三二〇）十二月九日、光業は参議となり、翌年三月には辞任した。この辞任は、天皇五代の侍《じ》読《とう》を勤め、花園上皇の信頼篤い菅原《すがわらの》在兼《ありかね》が危篤となり、生前に参議に昇進させるためにポストを譲った形であった（『花園天皇宸記』元亨元年三月十二日条）。鎌倉時代の広橋家は、公卿には昇るが在任期間は短く、上卿《しょうけい》（儀式の責任者）を勤めることもあまりない。光業の奥書の傾向としても、経光・兼仲が公卿となって以降の日記には奥書が少なく、暦記・別記も基本的に奥書がみられない、という特徴がある。弁官・蔵人としての活動を主にしている家の特質と考えられる。

その後、従二位に昇叙され、貞和二年（一三四六）八月、六十一歳ほどで参議に復任し、ついに父・祖父と同

兼秀 ▼ 兼宣 ▼ 光業 ▼

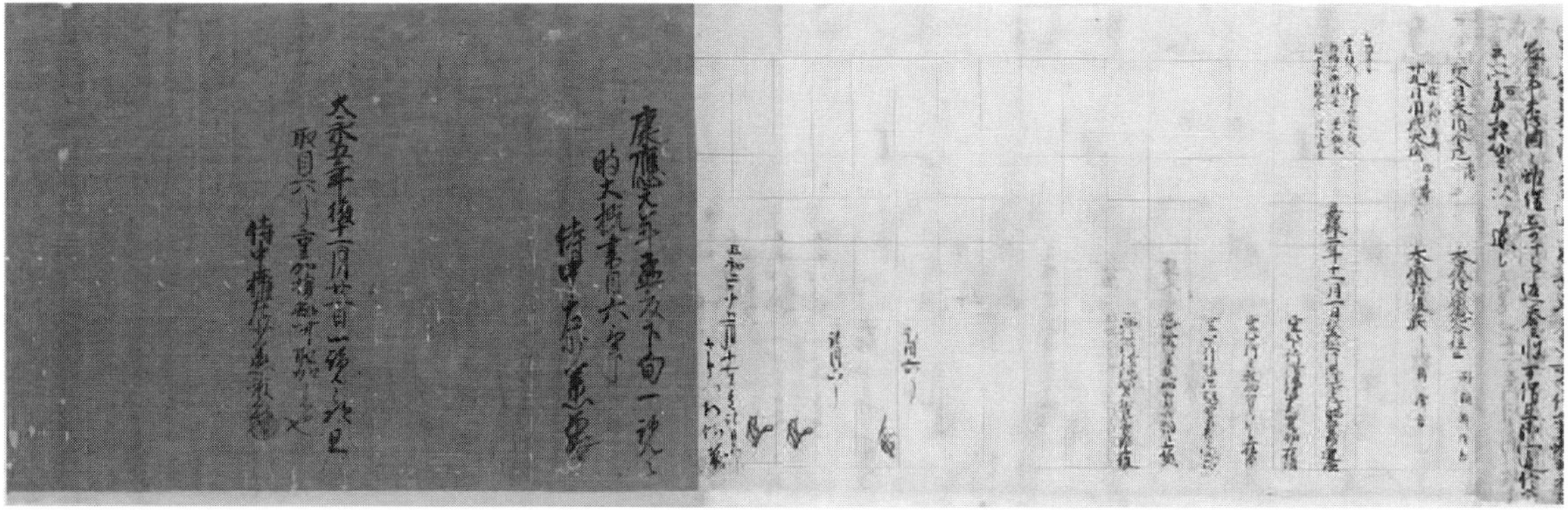

兼綱 ▼ 光業 ▼ 光業 ▼ 光業 ▼ 兼宣 ▼ （裏）

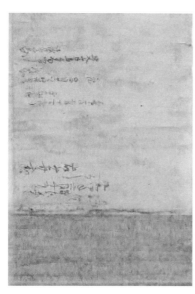

図1 『経光卿記』『兼仲卿記』の末尾・裏には子孫による多数の奥書が並ぶ。この『経光卿暦記』安貞元年冬記には、経光の孫光業、ひ孫兼綱、さらに5代後の兼宣、10代後の兼秀の奥書も見え、長く大事にされていたことがわかる。

中世の公家は家格が固定化し、父祖と同じ官職・仕事を経歴した。そのため父祖の日記は、重要な業務マニュアルとなった。子孫たちは繰り返し日記を読んで政務について学び、勤めを果たしたのである。（『経光卿暦記』自安貞元年10月10日至12月29日、末尾部分、歴博843）

じ権中納言となった。奥書を見ると、康永四年（一三四五）・貞和二年三月に父兼仲の参議・中納言時代の日記を抄出し、目録を取っている。康永四年頃から、現任復帰の可能性が生じ、予習に励んだのだろうか。当時の家格の維持には、父祖と同じ官位まで至ることが重要である。権中納言昇任を果たし、光業はさぞほっとしたことであろう。任官を果たすことが重要であり、翌年には辞任した。

　子息の兼綱（一三一五～八一）は十二歳で叙爵、治部権少輔となるが、経光・兼頼・光資ら歴代の嫡男に比べて昇進は遅い。やはり家格維持の危機にあったと考えられる。以後、崇光天皇《すこうてんのう》・直仁親王《なおひとしんのう》（崇光皇太弟）の東宮坊官、東宮学士、蔵人・弁官を勤め、立身していった。東宮学士・年号勘者を勤めており、儒者としての能力も評価されていたようである。公事については、洞院公賢《とういんきんかた》の教えも受けている（小川一九九七）。なお兼綱の譲状草（歴博三七二）を見ると、広橋家領のうち、天皇から与えられた「朝恩地《ちょうおんのち》」とされる所領は、康永・貞和年中に得たものが多い。光業の任権中納言と合わせ、広橋家にとって一つの画期となる時期であろう。

　この時期は、広橋家の仕える摂関家近衛《このえ》流（のちの近衛家・鷹司《たかつかさ》家）も不安定な状況にあった（系図参照。森一九八六、樋口二〇二一）。近衛家実《いえざね》の子の代で兼経《かねつね》流（のちの近衛家）と兼平《かねひら》流（のちの鷹司家）の二つに分かれる。兼仲・光業らは両流に奉仕していた。

　近衛基平《もとひら》の子家基《いえもと》は兼平の娘を室とし、家平《いえひら》（一二八二～一三二四）を儲ける。ところが家基はさらに亀山院《かめやまいん》の皇女を室に迎え、経平《つねひら》（一二八七～一三一八）が誕生した。家平・経平はいずれも、摂関家の嫡子に許される正五位下から官位をスタートさせた。以後の昇進スピードも同様であり、嫡子が二人いる状況である。

　家平は正和二年（一三一三）、関白《かんぱく》・氏長者《うじのちょうじゃ》となる。経平は左大臣まで昇るが、早くに亡くなり、摂関の地位に就くことはなかった。次の世代も、家平の子経《つね》忠《ただ》、経平の子基嗣《もとつぐ》はともに摂関家嫡流としての昇進過程をたどった。樋口氏は基嗣が地位を保ったのは、鎌倉幕府の後ろ盾を得ていたためではないかと指摘する。

　建武四年（一三三七）、関白経忠は南朝に走り、北朝の関白には基嗣が就任した。以後、経忠の一流は基本的には南朝に属し、北朝では基嗣の子孫が摂関を継承した。

では、光業・兼綱は主家の分裂にどのように関わったのか、この点ははっきりしない。光業は、少なくとも建武四年、貞和二年（一三四六）には、基嗣・道嗣《みちつぐ》に仕えていたことが確認できる（『園太暦』など）。おば（経光娘）が藤井《ふじい》嗣実《つぐざね》の室であり、嗣実の娘（母は不明）が基嗣妾、道嗣の母であるという縁もあるかもしれない。兼綱は、元徳二年（一三三〇）に経忠の執事に補されている（『尊卑分脈』）。経忠の出奔以前は、両流に参仕していたのであろう。

その後、貞治六年（一三六七）光業の孫仲光は、道嗣に対し「自分の家は数代にわたり近衛家に奉公しており、それが中絶するのは、無念です」と申したため、奉公を許したという（『後深心院関白記』十二月二十一日条）。この間に疎遠になっていた時期があったのであろうか。道嗣母の死去の二カ月ほど後である。中級の公家にとって、摂関家への参仕は昇進

〈広橋家と近衛家の系図〉

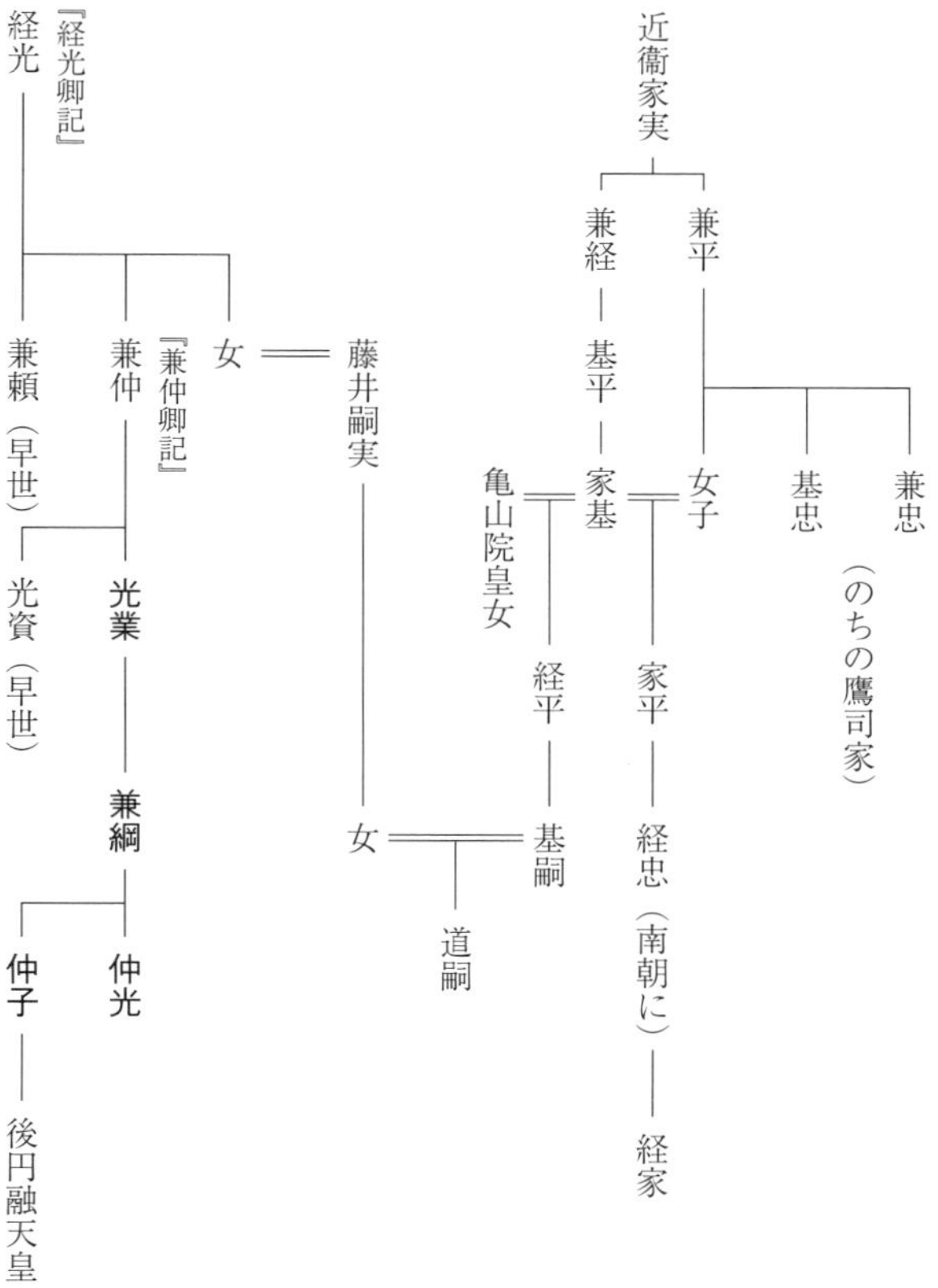

や荘園の給付など、重要な意味を持っていた。

以上、光業・兼綱の時期の広橋家をご紹介した。二代続く嫡男の死により、家の維持に危機が訪れたが、家記等の蓄積を支えに、それを乗り切ったのである。

延文三年（一三五八）十二月、兼綱の養女仲子（実父は善法寺通清、足利義満母の姉妹）は後光厳天皇の第二皇子を産んだ。のちの後円融天皇《ごえんゆうてんのう》（一三五八〜九三）である。この年正月八日の女叙位《にょじょい》で典侍「藤原」仲子が従五位上に叙されている（『園太暦』）。従五位上は典侍の位階としては比較的下位である。仲子が天皇の寵愛を受け、家格・地位（任典侍）を調えるために兼綱の養女となったのは、さほど遡らない時期ではないかと推測される。光業は皇子が四歳の時に亡くなった。皇子は応安三年（一三七〇）に皇儲《こうちょ》と定められ、翌年三月二十一日に親王宣下、同二十三日即位する。以後中級の実務官僚だった広橋家の立ち位置は、大きく変わることになる。

参考文献

遠藤珠紀・水野智之編『北朝天皇研究の最前線』山川出版社、二〇二三年
小川剛生「『増鏡』と公家日記」『中世文学』四二号、一九九七年
高橋秀樹「『勘仲記』と「家」」五味文彦編『日記に中世を読む』吉川弘文館、一九九八年
樋口健太郎『摂関家の中世』吉川弘文館、二〇二一年
宮崎康充「三事兼帯と名家の輩」『日本歴史』六二六号、二〇〇〇年
森茂暁「南北朝期の近衛家門について」『陽明叢書記録文書篇月報』一一号、思文閣出版、一九八六年
森茂暁『皇子たちの南北朝』中公新書、一九八八年

（遠藤珠紀）

コラム5

上皇・室町殿の側近「伝奏」から「武家伝奏」へ

広橋家の当主たちは、鎌倉時代には摂関・藤原氏氏長者を支えて朝廷政治に参画したが、一四世紀に足利将軍家の姻族になってからは、将軍の側近として活躍するようになる。その際に、朝廷と幕府との連絡にあたる「伝奏」「武家伝奏」という役職に就き、江戸時代にも「武家伝奏」を務める代表的なイエとしてあった。

幕府と朝廷との連絡・交渉のあり方と、「伝奏」「武家伝奏」という役職について、時期による構造・性質の変化を述べる。

後嵯峨上皇の院政と「伝奏」「関東申次」

鎌倉時代初期には、後白河上皇の側近であった高階泰経・吉田経房が後白河と源頼朝との取り次ぎにあたった。頼朝は武士たちの活動で所領支配を脅かされたという公家・寺社の訴えに個別に対応することは避けて、後白河上皇の決裁には原則的に従うという方針で院権力を尊重する形で、交渉に臨んだ。後鳥羽上皇と親しかった源実朝の没後、九条頼経が摂家将軍になった。頼経の父九条道家が朝廷と幕府（頼経）との意思疎通を担った。「関東申次《かんとうもうしつぎ》」と呼ぶ。道家は摂関として承久の乱後の朝廷政治を主導し、四条天皇の外祖父となった。

仁治三年（一二四二）正月に四条天皇が没したあと、順徳上皇の皇子忠成王の即位を望む叔父の道家と、まだ存命していて佐渡にいた順徳上皇が帰京することを恐れた北条泰時とが対立した。泰時らの意向で亡き土御門上皇の皇子邦仁王が位につき、後嵯峨天皇となった。この年六月に泰時が没すると、鎌倉では摂家将軍頼経の周辺に、泰時の子経時に敵対する動きが起こった。

北条経時の弟である時頼は、寛元四年（一二四六）三月に病気の兄に替わり、敵対する名越北条光時を五月に配流し、七月に頼経を京都に送還した。京都では同年正月に後嵯峨天皇が後深草天皇に譲位していた。時頼は九条道家の政治関与を制限する策を講じた。後嵯峨上皇の院政を支える合議体「院の評定」が置かれ、吉田為経・葉室定嗣を「伝奏」に任じて、上皇への上申と上皇の裁決の下達とを司らせた。また、明くる宝治元年（一二四七）六月、頼経と親しかった三浦泰村が滅ぼされ、十月に九条道家に替えて西園寺実氏を「関東申次」に任じた。以後、西園寺氏が「関東申次」を務め、所領紛争に関する朝廷裁判の判決を六波羅探題に達して実施させたのである。

その後、伝奏から分化して、特定の行事を司る「行事伝奏」や、特定寺社からの訴訟を担当する「寺社伝奏」が顕れる。伝奏・行事伝奏・寺社伝奏が上皇と太政官・寺社とを結びつけ、「関東申次」が朝廷と朝廷外の存在である幕府（六波羅探題）とを結びつけた。「関東申次」は室町幕府開創後は「武家執奏」と称され、やがて西園寺実俊が任について一三八〇年代初めまで続いた。

足利義満の「公家化」による変化

永徳年間（一三八一～八三）に足利義満が大臣になると、義満と公家衆との交渉は、大臣と公卿とが合議する公卿議定の慣行で行われるようになる。この結果、朝廷と朝廷の外にある存在としての幕府との交渉を仲介する位置づけであった「武家執奏」は存立の余地がなくなり、永徳年間（一三八一～八四）に消滅した。

万里小路嗣房ら義満側近の公家衆が署判した義満の命を伝える私的な奉書も永徳年間に出現した。これを前提として、明徳四年（一三九三）に後円融上皇が没したあと、朝廷や寺社に宛てた「足利義満の仰せを下達する伝奏奉書」が出現する。

応永元年（一三九四）十二月二十九日万里小路嗣房奉書は、紀伊国一宮の神職「紀伊国造」の相続を認めて、朝廷の「宣下」が届くまでは、暫時この奉書によって執務せよと命じている（「菊亭家記録」「譲補記」、『大日本史料　第七編之一』七七四～七七九頁）。ここから、義満が朝廷の人事業務を制御していたことがわかる。義満が出家した直後の『経嗣公記』応永二年（一三九五）六月二十六日条（歴博六八〇）には、義満が「万里小路大納言（嗣房）奉書」によって三条公敦を宰相中将とすることを発令したとある。

人事異動を発令した『経嗣公記』の嗣房奉書は、義満が太政官を制御する手段として運用されている。「義満の仰せを下達する伝奏奉書」だといえる。これが発行される直前の応永二年六月二十日に義満が出家するのだが、これを慰留した後小松天皇は、義満に出家後も政務をとることを誓約させている。このことから、「義満の仰せを下達する伝奏奉書」は後円融上皇没後の政局の不安定さに対処するために後小松天皇の要請で出現した現象だったと理解される。後小松にはまだ皇子がいないため、自身が院政をしくことはできなかった。この状況で崇光上皇が院政をしくと、その皇子である栄仁親王を皇太子に立てると見込まれる。後小松天皇は義満に上皇代行を務めさせて、崇光上皇が院政をしくことを阻もうとしたのだろう、と推断することができる。「義満の仰せを下達する伝奏奉書」には「院宣」文言が含まれないので、上皇の身位を示すものではない。「上皇代行」の指令書と解して問題ない。

のち、正長元年（一四二八）に称光天皇が没して後光厳天皇の血筋が絶えた。崇光上皇の孫である貞成親王の子彦仁を後小松の猶子として、後花園天皇が即位した。後小松上皇は永享五年に没する際に、後花園の父である貞成が院政をしくこと、貞成に太上天皇号を奉ることを禁じる遺詔を残した。このため、足利義教が幼い後花園を後見する上皇代行となり、「足利義教の仰せを奉じる伝奏奉書」を出すことになった。義教と貞成とは親しいので、これも、後小松が崇光流の治世を嫌ったために出現した現象とみられる。後円融上皇の没後に「義満の仰せを下達する伝奏奉書」が出現したのは、崇光上皇の院政を阻むためだったと考えられる。

後小松上皇と足利義持・義教

義満と義教との間の時期である足利義持時代の応永十九年（一四一二）、後小松天皇は称光天皇に譲位し、義持を院執事として院政を始めた。後小松・義持が各々「伝奏奉書」を発給する時期に入った。

「壬生家文書」応永二十一年十月十九日広橋兼宣奉書は、若狭国国富荘を壬生周枝に返付せよという義持の命を若狭守護代に伝えている。この兼宣の奉書を送達した義持の奏者清原良賢は、兼宣奉書を「伝奏奉書」と呼んだ（『図書寮叢刊　壬生家文書二』三五〜三六頁）。守護の支配機構に対する義持の命令を「伝奏奉書」によって下達したということだ。通常は義持の命を管領奉書・守護直状で守護代に下達したので、これは異常な様相である。壬生周枝が希望して「伝奏奉書」を出してもらったのだろう。

『建内記』嘉吉元年（一四四一）七月記紙背文書には、仁和寺門跡領に対する大嘗会大奉幣米の課税免除を令する応永二十二年三月十五日付の広橋兼宣奉書がある。「院御気色」により命じている。ふつうの院宣は四位院司が署名する。これは、公卿が奉じた後小松上皇の院宣である。これが典型的な「伝奏奉書」である。

広橋兼宣は後小松上皇の父後円融の従兄弟、また、足利義持の父義満の従兄弟であった。密接な親族関係が、後小松・義持それぞれの「伝奏奉書」を兼宣が奉じる朝・幕融合状態を裏付けていた。義持と後小松とに両属する兼宣は、朝・幕の連絡・調整役でもあった。

足利義持が没して、幕府重臣たちが青蓮院義円（足利義教）を還俗させて家督を相続させたとき、幕府重臣らの要望で後小松上皇が「公武間申次」三人を定めた。それまで幕府外の人（青蓮院の門跡）であった義教のために、朝幕間の連絡・調整役を置いてサポートさせた。兼宣の子広橋親光（のち兼郷）は後小松・義教双方の又従兄弟である。万里小路時房（嗣房の子）は後小松の腹心の部下だった。勧修寺経成は崇光上皇に与した経顕の曾孫で、崇光の孫の貞成親王と親しかった。諸方面とのバランスに配慮した人選だった。幕府重臣と上皇は、義持時代に兼宣や重光らが担っていた朝幕の連絡・調整役が今後も不可欠だ、と認識していたのだ。

のち「公武間申次」三人は義教によって逐次更迭され、中山定親が「公武間申次」となった。広橋（日野）兼郷から中山定親に更迭されたことを記す『看聞日記《かんもんにっき》』

永享八年（一四三六）十月十七日条には、定親が兼郷に替わって「〈禁中〉伝奏」になったとある。「〈禁中〉伝奏」とは「上皇代行の義教が後花園天皇との連絡のために禁中に派遣する伝奏」という意味で、「公武間申次」の主導権が武家側にある状況に基づく特殊形態である。義教の死後、幼い将軍義勝・義政には主導性がなかったため、後花園天皇が親政をしいて「天皇が武家との連絡のために派遣する伝奏」、すなわち「武家伝奏」という特殊形態に移行した。

「武家伝奏」と行事伝奏

後花園天皇は足利義教がまだ健在である永享十二年に万里小路時房を賀茂祭伝奏（賀茂祭を監督する行事伝奏）に任じた。行事伝奏は行事参仕者に報酬「御訪《おとぶらひ》」を給する必要があった。「〈禁中〉伝奏」中山定親が義教に報告して幕府側の経費支出責任者を決め、時房に通知した。「〈禁中〉伝奏」は行事伝奏と幕府側の財務担当者とを繋いだのである。

『康富記《やすとみき》』宝徳元年（一四四九）閏十月二十五日条は、瀬戸薫によって「武家伝奏」語彙の初見史料だと指摘されている。臨時の節会「朔旦冬至旬儀《さくたんとうじしゅんぎ》」の行事伝奏である日野町資広（広光の父）と「武家伝奏中山中納言殿」（親通）との間で、費用支給命令書「切符」の発給要領について紛議があった。幕府側担当者の伊勢貞親は、幕府は中山の要請通りにしているだけなので、行事伝奏と「武家伝奏」との間で調整してくれ、と述べた。

「武家伝奏」中山親通は、「〈禁中〉伝奏」中山定親の子で、文安五年（一四四八）三月に父定親の病気により交替した。親通の「武家伝奏」役割は、定親の「〈禁中〉伝奏」と名称はひどく違うけれど、実態は同じものだった。「公武間申次」が「〈禁中〉伝奏」に転態し、次いで「武家伝奏」に転態したとみられる。

行事伝奏である万里小路時房も日野町資広も、幕府からの儀式費用提供について、「公武間申次」の中山定親・親通に求めて幕府側と交渉してもらった。「武家伝奏」は、「朝儀費用の原資の提供や様々の所領紛争など、朝廷側の必要で武家と折衝する伝奏」だった。

親通の「武家伝奏」役割は広橋綱光に引き継がれ、広橋守光・兼秀父子が継承した。

幕府から戦国大名へ——儀式費用の財源のゆくえ

応仁の乱後、幕府から朝廷に対する儀式費用の提供は著しく減少したと推定されていた。しかしながら、早くこの問題を再検討した奥野高広は、ゼロになっていたわけではないと指摘した。大内義隆をはじめとする戦国大名から朝廷に対する費用献上も相当な額になっていたという。広橋兼秀はその女子を大内義隆に嫁して、親密な関係にあった。このことは、朝廷儀式費用の確保が「武家伝奏」の役目であったことと深い関係のあった事象なのだろう。

参考文献

家永遵嗣「足利義満と伝奏との関係の再検討」『古文書研究』四一・四二合併号、一九九五年

家永遵嗣「室町幕府と『武家伝奏』・禁裏小番」朝幕研究会『近世の天皇朝廷研究』五号、二〇一三年

伊藤喜良「応永初期における王朝勢力の動向」同『日本中世の王権と権威』思文閣出版、一九九三年（初出一九七三年）

伊藤喜良「伝奏と天皇―嘉吉の乱後における室町幕府と王朝権力について―」同『日本中世の王権と権威』思文閣出版、一九九三年（初出一九八〇年）

瀬戸薫「室町期武家伝奏の補任について」『日本歴史』五四三号、一九九三年

富田正弘「室町時代における祈祷と公武統一政権」『中世日本の歴史像』創元社、一九七八年

富田正弘「中世公家政治文書の再検討③奉書―伝奏奉書」『歴史公論』四巻一二号、一九八八年

富田正弘「嘉吉の変後以後の院宣・綸旨―公武融合政治下の政務と伝奏」小川信編『中世古文書の世界』吉川弘文館、一九九一年

富田正弘「室町殿と天皇」『日本史研究』三一九号、一九八九年

森茂暁『鎌倉時代の朝幕関係』思文閣出版、一九九一年

森茂暁『増補改訂南北朝期公武関係史の研究』思文閣出版、二〇〇八年

龍粛「後嵯峨院の素意と関東申次」本郷和人編『鎌倉時代』文藝春秋、二〇一四年（初刊一九五七年）

（家永遵嗣）

コラム6

近江国柿御園の紛争資料

国立歴史民俗博物館（以下、歴博）所蔵『廣橋家旧蔵記録文書典籍類』に「貞応二年二月主殿寮下文　外二十通」（歴博九二八）と題された巻子がある。「広橋家所伝文書雑纂」という外題が貼付されているとおり、広橋家伝来の史料を整理した際、必ずしも関連しない約二十点の文書や記録の断簡を成巻したもので、鎌倉時代から江戸時代までの史料を含んでいる。その中に「柿御園山上郷用水沙汰記録永徳二壬戌始之」から始まる一紙があり（図2）、続く二紙も直接は繋がらないが、関連するものと考えられる（仮に①②③とする）。いずれも一見して記録の断簡だと判断できる。

　内容は近衛家領近江国神崎郡の柿御園《かきのみその》内山上郷《やまがみごう》（現滋賀県東近江市）と同国蒲生郡市原村（同市）の堺および用水相論について記したもので、主に①・③によって、相論の存在自体は早くから知られ、地名辞典や関係する滋賀県内の自治体史において取り上げられていて（角川・平凡社の各地名事典、『八日市市史二　中世』〈一九八三年〉、『永源寺町史　通史編』〈二〇〇六年〉）、叙述もこれらがもっとも詳しい。両者の位置については図1をご覧いただきたい。

　柿御園は東から西に「山上郷」「中郷」「下郷」の三郷に分かれ、本史料の主役である山上郷は、南北朝期政治史において存在感を発揮した、時の近江守護六角氏頼が、康安元年（一三六一）、禅僧寂室元光を開基として創建した永源寺のある地として知られている。また近江から八風峠を経て伊勢へ抜ける、いわゆる八風街道の通る地域としても著名である。この山上郷・中郷に南接するのが市原庄（村）である。

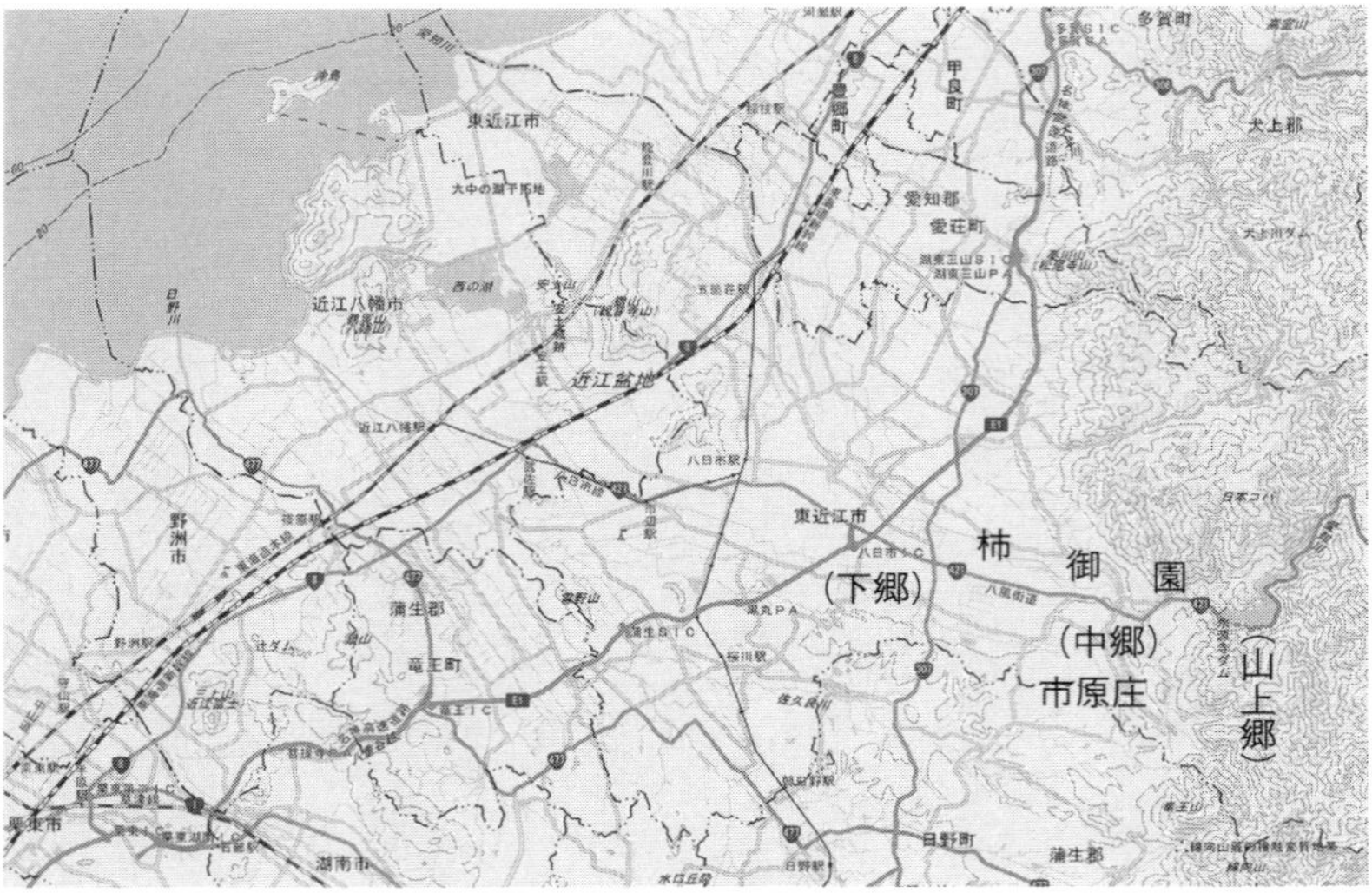

図 1　近江国神崎郡付近（国土地理院ウェブサイトより）

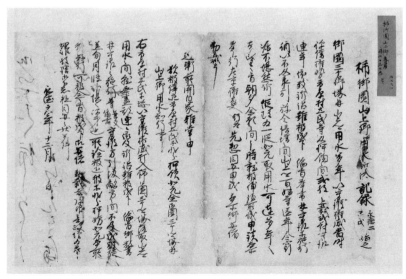

図 2　永徳 2 年柿御園山上郷用水沙汰記録（歴博 926-8）

本史料がこの山上郷側の視点で著されているという前提を押さえた上で、改めて①にもとづいて概要を述べると、市原側が「守護」と「禅僧」の権勢により、堺を越え、用水を押領し、数年もめているが解決しない。今般この記録の筆者が、近衛家より預所職に任命されたので、まず「本所安堵」の勅裁をもらうことにした（今までも「綸旨・御教書并守護之施行等」は得ているが効果なし）。そのための永徳元年（一三八一）十二月付けの申状が写されている。

②は、良全なる者から西明房という僧に充てられた、永徳元年十一月八日付書状の末尾の部分と、用水に分木を設置した前後の事情が記されている。

③は①から二十一年後の応永十年（一四〇三）六月十四日に佐々木民部少輔に充てられた幕府御教書の写しで、市原庄土民は従っていないが、以前の施行通りに用水を半分ずつ沙汰するようにとの内容である。

なお簡単に本相論の構図を示せば、左のようになる。

柿御園（近衛家）

×

市原庄（守護＋禅僧）

湖東という地域において、荘園領主と守護・禅僧とがからみあいながら、二十年以上にわたって幕府法廷における相論や現地における抗争が繰り広げられたことがうかがわれるものの、わずか三通の断簡であり、他に関連史料もなかったため、これ以上の詳細は知りようがなかった。しかし、この度、『広橋家記録』（個人蔵）に、この三紙と一具のものと思われる史料群を発見した。これは特に題名も付されていない、二十九紙におよぶ袋綴冊子で、前後が全く繋がらないバラバラの状態で綴じられていた（現在は開いた状態で保管されている）。これらの内容を吟味し、歴博分を含めて配列し直したところ、一紙の脱落もない全三十二帖の記録を復元することができたのである（しかもほぼすべての帖に紙背文書が存在する）。結果として、歴博所蔵分の三紙には第一丁と第三十二丁とが含まれており、両者をあわせることなしに十分な理解を得ることは難しかったといえる（前掲①が第一帖、②が第二十五帖、③が第三十二帖に当たる）。

復元なった記録についてあらためて内容を検討したところ、相論や抗争の具体的な経緯のみならず、荘園領主を主体とするはずの訴訟における在地の能動性や、幕府裁判の進行に関する実態、その裁定の実効性など、多様な問題につながるものであることがわかった。湖東という京都から遠からぬ地域において、最上級の荘園領主である近衛家と、その預所をつとめる山門僧、一方に守護六角氏とその庇護下にある五山僧という、当該期における新旧の代表的な勢力が登場し、幕府裁判で対峙する。さらにそれに止まらず、双方の在地の関与のあり方が明確に知られるという希有な史料であることが明らかになったのである。

（村井祐樹）

参考文献

村井祐樹「南北朝期室町幕府における将軍足利義満の水論裁定―湖東の一用水相論から―附・柿御園山上郷用水沙汰記録―」同『中世史料との邂逅』思文閣出版、二〇二四年（初出二〇二二年）

第４章

戦国時代の広橋家

第一節　朝廷を守り、将軍家・戦国大名とのなかだちになる

はじめに――当主とその姉妹が連繋して朝廷と幕府・戦国大名とを結びつける――

室町時代、足利将軍家の家政を司った日野裏松家・広橋家の両家は、院の近臣であった日野嫡流家を凌ぐ発展を遂げた。広橋家は当主の姉妹が内裏の女官の幹部「典侍《ないしのすけ》」を務めていた。このため、十五世紀半ばに天皇の意思を武家に通達する役職「武家伝奏」が現れると、「典侍」を務める姉妹と「武家伝奏」を務める兄弟とが連繋して、天皇の意思を挺して武家と折衝するようになる。広橋家は「武家伝奏」を務める代表的なイエになった。

十五世紀後半から十六世紀にかけて、広橋家を含む日野諸流では、血筋が絶えそうになる危機が頻発した。広橋家は柳原流の日野町広光の子守光を迎えて絶家の危機を克服した。

十六世紀には、地方大名の財政貢献によって禁裏の修理費用や年中行事費用が賄われるようになった。大きく貢献した大内義隆は広橋兼秀の婿であった。広橋家は地方大名と朝廷とを結びつける役割も務めたのである。その後、広橋兼勝が江戸時代最初の武家伝奏となる。

一　将軍家に仕えた「名家」の人々

足利将軍家の家政の中心には「年預《ねんよ》」の政所別当がおり、公卿である父兄が義満と協議しつつ「年預」を務める子弟を指導した。これは、鎌倉時代の摂関家で行われていた方式と同じであった。後小松天皇の践祚の際には、朝廷の官人たちが左大臣足利義満邸に召集されて、行事開始を命じる「里第召仰《りていのめしおおせ》」の儀があった。これは有職故実にのっとった大臣の政務だった。義満の「年預」万里小路頼房が指揮を執り、頼房の兄の権大納言万里小路嗣房が後見した。「足利義満の公家化」とは、義満が朝廷を指揮する業務連繋を構築する、という変化を意味していた。

後円融上皇の没後、嗣房は「室町殿の仰せを奉じる伝奏奉書」の奉者ともなった。応永五年（一三九八）に嗣房が没すると、中山親雅・満親父子が替わり、応永六～十三年頃には、広橋仲光が子息の兼宣を後見して義満の家政をみた。兼宣は応永七年十二月に参議になった後も政所別当にとどまった。『吉田家日次記』応永八年三月二十四日条には兼宣が「北山殿年預」として万事を奉行しているとある。このあと、公卿が政所別当を務める違例が続いた。

応永十三年に仲光が没すると、義満の正室日野裏松康子《ひのうらまつやすこ》の弟の重光が兼宣と交替した。重光は正二位・権大納言だったが、応永十三年三月の広橋仲光追善仏事の足利義満諷誦文《ふじゅもん》に「別当」政所別当として署名している。重光は応永十五年に義満が没したあとは義持を扶けた。「室町殿の仰せを奉じる伝奏奉書」の奉者としては嗣房にならぶ代表的な存在となる。応永二十年に重光が没すると、広橋兼宣が子息宣光（兼郷）を指導して義持の家政を司った。

応永十九年に後小松天皇が称光天皇に譲位して、後小松院政が始まった。広橋兼宣は後小松上皇の院宣「伝奏奉書」の奉者になるいっぽうで、義持の命令を下達する奉書にも奉者として署名した。当時は後者も「伝奏奉書」と呼ばれていた。後小松と義持との親族関係は又従兄弟の関係で、兼宣は両方に均しく仕えた。後世の「武家伝奏」は

「朝廷の意思を幕府に伝える」役なので、重光や兼宣たちには、後世の「武家伝奏」とは異質の面があった。

二　「名家」の隆盛――足利将軍家に仕えた者たちの役得――

室町時代は足利将軍家に仕える「名家」の繁栄が著しい時代だった。広橋家は兼綱が後円融天皇の外祖父になって従一位・権大納言、さらに准大臣となり、子の仲光も従一位・権大納言に昇った。その子の兼宣は従一位・大納言に昇り、応永三十二年四月に出家する際に准大臣となった。綱光・守光も従一位・准大臣に昇り、従一位・准大臣が広橋家の「先途《せんど》」となった。「名家」は大納言・中納言を「先途」とするという常識は無意味化した。

兼宣が准大臣になる際に、義持から朝廷に対して昇進を推薦する「武家執奏」が行われた。『薩戒記』応永三十二年四月二十七日条には、後小松上皇の乳人《めのと》であった日野資教が、「嫡家」である自分に許されていない准大臣が「庶家」の広橋家に許されたのは耐えられない、として後小松上皇に抗議したとある。後小松は義持と相談し、資教にも過去に遡って准大臣が宣下された。

日野資教は日野嫡流家の当主で、後小松の乳人や内裏小番の指揮調整官などを務めた、後小松上皇の近臣の筆頭であった。しかし、「庶流」の兼宣に敗れた。この当時、武家から朝廷への申し入れ「武家執奏」はほぼ無条件で受け容れられていた。広橋家・裏松家の人々は義持に仕えていたので容易に「武家執奏」を得ることができ、日野嫡流家に勝てた。嫡流であること、院の近臣であることの価値が相対的に低下していたのである。

三　日野流諸家の浮沈

広橋兼宣は脳溢血の後遺症があって応永三十四年頃に引退し、そのあと、裏松重光の子義資が子息政光（重政）を後見して義持の家政をみた。しかし、義持の跡を継いだ足利義教は日野裏松家を憎んで義資を斥けた。このため、後小松上皇から「公武間申次」を行うように命じられた広橋兼郷（宣光・親光）・万里小路時房・勧修寺経成（経興）の三人が義教の家政にも関与することになった。

義教は、日野資教の子秀光が永享四年（一四三二）六月に没したあと、広橋兼郷に日野嫡流家を継ぐように命じ、「日野兼郷」に改名させた。同年七月に勧修寺経成が失脚し、翌年十月に万里小路時房が失脚し、明くる永享六年六月に日野裏松義資が殺されて子息重政は出家した。このため、義教の家政と「公武間申次」とを兼郷が一人で取り仕切る状態になった。広橋家は日野流諸家のなかの代表格になった。

しかしながら、広橋兼郷（日野兼郷）も永享八年十月に義教の機嫌を損ねて失脚し、中山定親に替わった。定親は応永五～六年頃に義満の政所別当を務めた中山満親の子である。

義教の没後、日野裏松家は日野富子の実兄として知られる勝光を中心に地位を回復する。勝光の祖父義資の姉妹にあたる日野裏松重子が将軍足利義勝・義政の生母だったからだ。

日野嫡流家は悲惨な状態になっていた。秀光の甥資親が朝廷に仕えていたが、資親の父有光が嘉吉三年九月に後南朝の内裏打ち入り事件に加担したため、有光も資親も処刑された。日野嫡流家は断絶し、文安五年（一四四八）四月に日野裏松勝光が「日野家督」となった。勝光は宝徳二年（一四五〇）に参議、翌年に権中納言、康正元年（一四五五）に権大納言に昇進し、寛正五年（一四六四）に後花園天皇が後土御門天皇に譲位したあと院執権となって、応仁元年（一四六七）に内大臣となった。

勝光は足利義政の御内書の発給を司り、そのために幕府の軍事命令の下達にも関与し、文明五年（一四七三）に義政が義尚に家督を譲ってからは、義尚の代官として政務を決裁した。日野勝光は、このように、「武家」と一体だったので「武家伝奏」にはならない。日野家は大臣を「先途」とし、「名家」の範疇を逸脱した存在になっていた。

四　広橋家と禁裏女官との関係

鎌倉後期、広橋経光の女子経子と兼仲の女子某が内裏の女官の幹部「典侍」になっていた。この先例によって、広橋兼綱の養女（仲光の義姉）仲子（崇賢門院）が「典侍」になり、国母になることができた。仲子の次に「典侍」となったのは、仲光の女子（兼宣姉妹）兼子である。兼宣の女子（兼郷の同母姉妹）綱子らは称光・後花園の両天皇に仕えた。『綱光公記』には「典侍殿」綱子との交流がみられ、綱光が綱子から庇護を受けていたことがわかる。

〈広橋家略系図〉

広橋兼綱 ─┬ 仲光（伝奏）─┬ 兼宣（伝奏）─┬ 兼郷（伝奏）─┬ 綱光（武家伝奏）─┬ 兼顕 ＝ 守光
　　　　　‖ 仲子（典侍）　└ 兼子（典侍）　└ 綱子（典侍）　└ 頼子（典侍）　├ 女子（真慶尼）
　　　　　　　　　　　　　　　　　　　　　　　　　　　　　　　　　　　├ 守光（武家伝奏）
　　　　　　　　　　　　　　　　　　　　　　　　　　　　　　　　　　　└ 守子（典侍）

守光 ┬ 兼秀（武家伝奏）─┬ 国光 ── 兼勝（武家伝奏）
　　　　　　　　　　　└ 国子（典侍）

足利義教の死後、将軍足利義勝・義政が幼かったために、後花園天皇が親政を行い、中山定親が「公武間申次」の地位にとどまった。幼い将軍は朝廷や寺社本所の面倒をみることができなかったから、後花園の周囲に寺社の訴訟や朝廷儀式に専従する伝奏が置かれて、公家・寺社の要望が天皇に奏上された。文安五年（一四四八）三月に中山定親の子親通が天皇の命で「公武間申次（禁中伝奏）」を相続し、宝徳元年（一四四九）閏十月の『康富記』に親通を「武家伝奏」と記す記事が顕れる。江戸幕府の崩壊まで続く「武家伝奏」という役職の初見史料だ。武家伝奏は天皇の意向を武家に通達した、「武家に話を通す天皇の代理人」である。

広橋兼郷は義教の横死後まもなく朝廷に出仕したが、文安二年三月に後花園天皇の実弟伏見宮貞常王の元服に際して不穏当な言動があったために失脚し、文安三年四月に没した。

兼郷の子綱光の『綱光公記』は文安三年正月記からあとが伝わり、父兼郷の死没記事もある。綱光は近衛家・足利将軍家に仕え、文安五年に蔵人、宝徳二年三月に右少弁になった。間もなく享徳三年（一四五四）に参議、康正二年（一四五六）に権中納言となった。

綱光の姉（兼郷女）頼子は伯母綱子の指導を得て内裏に仕えた。後花園・後土御門の両天皇に仕えた。『康富記』文安五年（一四四八）四月十八日条に「典侍広橋蔵人右兵衛佐綱光之姉妹」、『親長卿記』文明三年五月七日条に「大納言典侍〈広亜相姉〉」とある。「広亜相」とは「広橋大納言」（綱光）の「広橋」の片名字「広」と、大納言の中国風呼称（唐名《とうみょう》）「亜相」の合成表記である。

応仁の乱が始まって間もなく、東軍（足利義政・細川勝元）は、後花園上皇・後土御門天皇の身柄を西軍側に奪われることを恐れて、土御門内裏から東軍本営の室町殿に遷した。『綱光公暦記』応仁元年八月四・五日条（歴博八四〇）によれば、この時期の朝幕交渉は、義政が内裏から「典侍殿」広橋頼子を呼び出して政治情勢について説明し、上皇・天皇に伝えさせる形で行われていたようだ。広橋綱光自身はこの交渉の主任ではなかった。とはいえ、この前後に武家伝奏になるようだ。

文明八年六月に日野勝光が没したあと、日野富子が応仁の乱の和睦を斡旋し、同年十二月に足利義視から和睦に同意する書状が返ってきた。『言国卿記』同年十二月十八日条に、綱光の子で蔵人頭の広橋兼顕が後土御門天皇に、「今出川殿御セイモンジヤウ（御誓文状）」が「武家」に到来した、と報告した記事がある。同席していた武家伝奏の綱光は天皇に対して、「御台（日野富子）御方へ勅書」を出して祝うのがよい、と進言した。

五　日野諸家の絶家の危機と広橋守光

広橋綱光は応仁・文明の乱が終わるより前の文明九年（一四七七）二月に没した。子の兼顕も間もなく文明十一年五月に没した。兼顕には男子がなく、広橋家は絶家の危機に直面した。日野家柳原流の日野町家の当主広光の子守光が文明十一年六月に広橋家を相続した。当時九歳の守光は広橋兼顕の同母妹（のち真慶尼）と結婚し、兼顕の養嗣子になった。実父である日野町広光が守光に公事を指導していたことを示す史料が残る（歴博〇八一）。

〈関係略系図〉

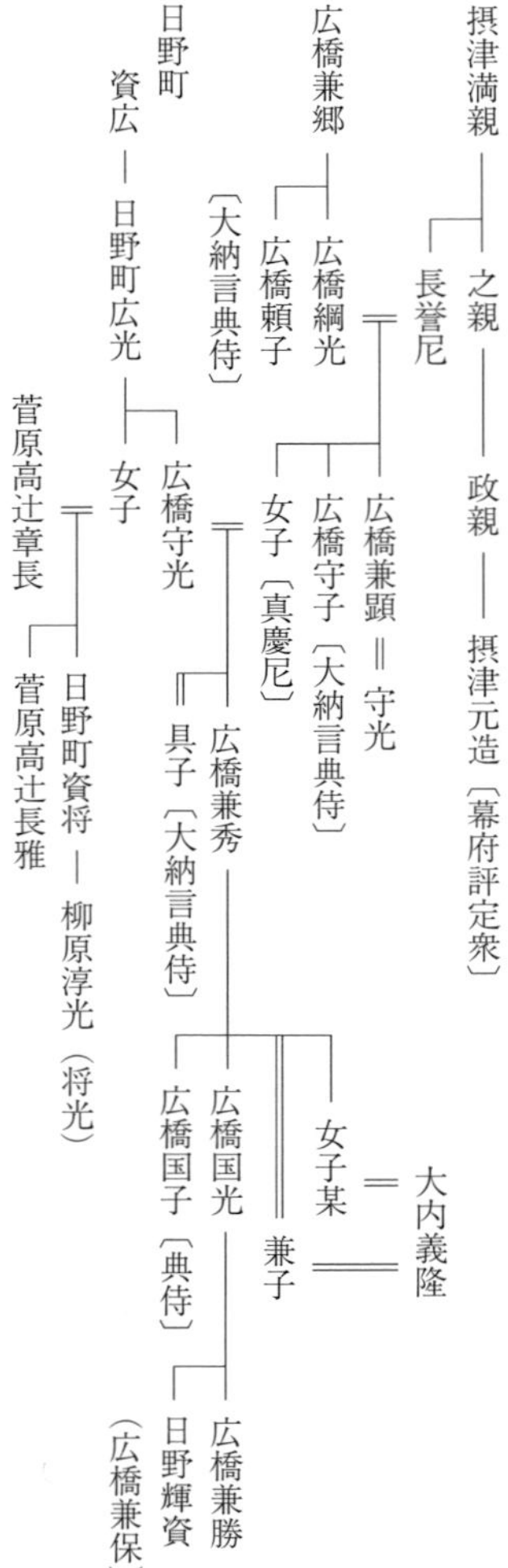

日野町広光は永正元年（一五〇四）に没した。守光以外に男子がなく、そのために、こちらも絶家の危機に陥った。たまたま、守光の同母姉妹（広光女子）が菅原高辻章長に嫁しており、そこに生まれた資将《まちすけまさ》（広光の外孫）が日野町家を相続した。ところが、柳原嫡流家でも柳原資定に男子がなかったために、日野町資将の子将光が柳原家を継いで淳光と称した。このために、結局、日野町家は文禄年間に絶家した。

絶家の危機は日野嫡流家（もとの日野裏松家）にも訪れた。日野勝光の没後、勝光の子政資が相続したが、明応四年九月に男子のないまま没した。そこで、清華家の徳大寺家から徳大寺実淳の子内光（高光・澄光）を迎えて相続させた。日野家は近世の大臣家に近い家格になっていたようだ。その後、弘治元年（一五五五）に日野内光の子晴光が没し、広橋守光の孫国光の子の兼保（輝資）が養子に入って、日野嫡流家を継いだ。要するに、十六世紀末、日野流の主要な三家、日野嫡家・柳原家・広橋家の当主はすべて町広光の子孫であったのだ。

守光が養子として広橋家を継いだとき、迎え入れたのは綱光の室「長誉尼《ちょうよに》」であった。「長誉尼」は兼顕および守光室（真慶尼）兄妹の母で、幕府評定衆の幹部であった摂津之親《せっつゆきちか》の姉妹である。之親の子摂津政親は朝廷との交渉を担当する評定衆（官途奉行）であり、守光とは業務上で連携する関係にあった。また、守光の同母姉妹にあたる町広光の女子は学者の菅原高辻章長に嫁していた。章長宅は守光宅の隣家であったので、日常的に交流があった。

このような家族関係を背景として、広橋家の史料群に日野町家、摂津氏、高辻家に由来する史料が流入している。町広光関係では広光が自分宛の書状の裏面に記録を筆写した『経嗣公記抄』（歴博六七七および六八二）がある。摂津氏関係では、摂津氏の有していた記録を筆写した『後土御門院御即位惣用帳』（歴博〇二三）や『足利義成元服記文安六年』（歴博五六九）がある。菅原高辻家の祖は鎌倉前期の文章道の大家の菅原為長である。為長の日記『菅大府記』は完本では伝わらないが、守光の子兼秀が菅原高辻章長の書写した本から天文元年八月に抄出したものが広橋家に伝わっている（歴博一八二）。

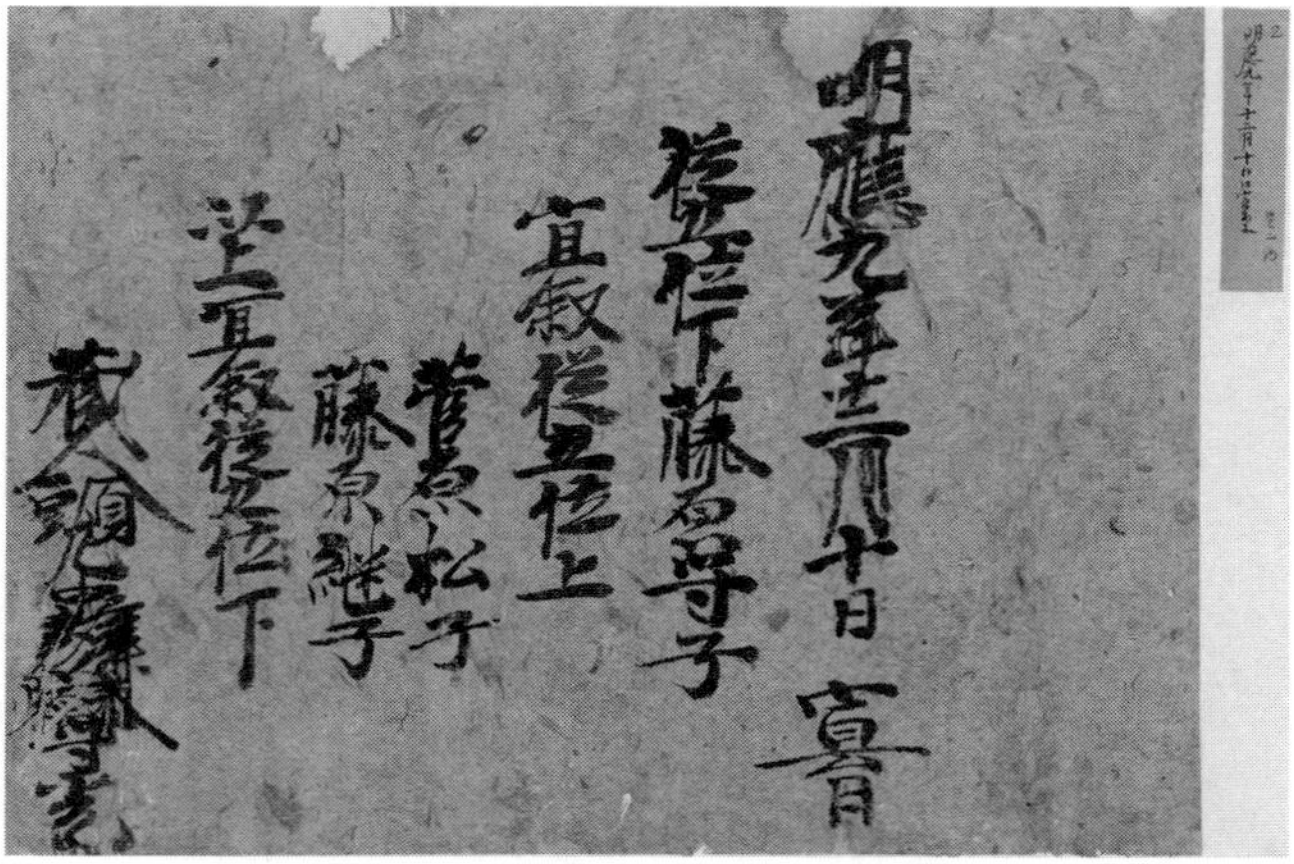

図1　「明応9年12月10日左中弁広橋守光奉口宣写」（歴博263-2）

六　禁裏女官広橋守子と武家伝奏広橋守光・兼秀

広橋守光は長享二年（一四八八）に蔵人となり、明応五年（一四九六）に蔵人頭、永正二年（一五〇五）に参議となった。守光は明応八年に室（のち真慶尼）の同母姉妹の守子《もりこ》を従五位上に叙す口宣を奉じた（図1）。守子が内裏に出仕した時期は守光の蔵人拝任と同じ頃のようだ。守子を教育したのは、綱光の姉頼子とみられる。『実隆公記』明応四年（一四九五）四月二十五日条に、「大納言典侍」頼子が「権大納言典侍」守子とともに里下りして、守光邸で服喪する記事がある。守子は『和長卿記』文亀元年（一五〇一）十月九日条に「大典侍《おおすけ》（大納言典侍の略）」として現れ、後柏原天皇の女官の筆頭「大納言典侍」になったことがわかる。

守子が後奈良天皇の時代の享禄二年（一五二九）十月に没してから三カ月後、『二水記』享禄三年（一五三〇）正月二十日条に、亡き「広橋局〈故大典侍〉」守子の相続人「遺跡」として、兼秀の女子国子が七歳で入内して「典侍」になったとある。幼い国子に実務能力はない。宮中女官では、頼子のあと守子、守子のあと国子、というように、広橋家の女性を登用する慣行があったようだ。

守光は参議になったあと、永正六年に武家伝奏・権中納言、永正十年神宮伝奏となり、永正十五年に権大納言となって、大永六年（一五二六）四月に没した。『守光公記』永正九年記（歴博七四〇・七四一）などには、内裏から女房奉書を受け取って、その指示に従って武家など諸方面と交渉する守光の姿がみえる。これが「武家伝奏」の仕事ぶりであった。

守光から兼秀への「武家伝奏」の交替についても、内裏との強い結びつきがうかがわれる。兼秀は父守光が没した時には正五位上蔵人右中弁で、まだ公卿ではなかった。しかし、守光の没後間もない大永六年九月二十三日に「武家伝奏」になった。まだ公卿にはなっておらず、まだ正五位上のままだった。「武家伝奏」の選任にあたって、守子の兄弟守光から、守子の甥兼秀へ継承させるという政策があったようだ。

國學院大學所蔵「広橋家所領目録」は大永六年六月のもので、広橋守光死没当時の所領目録である。この目録の背景にも、兼秀に対する朝廷の庇護があったのかもしれない。

七　広橋兼秀・国光と戦国大名

兼秀は享禄三年に蔵人頭、天文四年（一五三五）参議、翌年権中納言、天文十一年権大納言となり、弘治三年（一五五七）に内大臣となった。広橋家で最初に現任の大臣となった人だ。

子息の国光は享禄元年に二歳で叙爵し、天文四年に侍従となって同五年に右少弁、同九年に蔵人を兼ね、天文十三年に蔵人頭となった。天文十六年に参議、同十八年に権中納言、同二十三年に父兼秀が大納言を辞したあと、権大納言となった。国光の活動期間は父と重なっていた。

兼秀・国光父子は戦国大名大内義隆との間に結びつきがあった。兼秀の女子と、養女にした兼子（小槻大宮伊治女）とが義隆の室になった。兼子の実父小槻伊治が周防に下向した最初は天文元年七月で、のち、伊治は山口に居住して大内義隆の側近になった。天文五年二月に義隆の献資により後奈良天皇が即位式を挙げたので、同年五月に義隆を大宰大弐とし、同年六月に広橋兼秀が勅使として周防に下った、という事実がある。

室町幕府から朝廷に対する資金援助は応仁の乱のあと著しく減じていた。いっぽう、奥野高広によれば、天文十年代の間、大内義隆は、宮中三節会の費用を、毎年、二〇〇貫文進献していたという。そこで、天文十年には大内義隆を従三位に、天文十七年には従二位に叙した。

広橋家記録の中の「守光公書状案」（歴博五六一）は、「大宰大弐義―」大内義隆と「頭弁」国光との文通史料で、天文十三年二月～同一六年三月の間のものらしい。「天文二十年三月二十五日県召除目成文案　二十六通」には「参議多々良朝臣義隆」の天文二〇年年給申文（歴博五二九－一五）がある。「多々良」は大内氏の本姓である。義隆が参議になった所見はほかにないようだ（木下昌規氏の御教示による）が、このとき広橋兼秀は叙位県召除目の「執筆」だったので、無視できない史料だ。兼秀・国光父子は大内氏との連絡役として重要な位置を占めていたようだ。

兼秀が永禄十年（一五六七）、国光が永禄十一年に没したあと、広橋家には活躍できる年齢の当主がいなかった。織田信長が足利義昭を奉じて上洛する時期だが、広橋家当主の活動の空白期になった。その後、慶長八年（一六〇三）二月十二日に徳川家康が将軍宣下を受けた。この日に広橋兼勝が勧修寺光豊とともに武家伝奏に発令され、江戸時代最初の武家伝奏となった。

参考文献

家永遵嗣「足利義満と伝奏との関係の再検討」『古文書研究』四一・四二合併号、一九九五年
家永遵嗣「室町幕府と『武家伝奏』・禁裏小番」『近世の天皇・朝廷研究』五号、朝幕研究会、二〇一三年
家永遵嗣「足利義満・義持と崇賢門院」『歴史学研究』八五二号、二〇〇九年

遠藤珠紀・須田牧子・田中奈保・桃崎有一郎「綱光公記　文安三年・四年暦記」『東京大学史料編纂所研究紀要』二六号、二〇一〇年
遠藤珠紀・須田牧子・田中奈保・桃崎有一郎「綱光公記　享徳三年暦記」『東京大学史料編纂所研究紀要』二〇号、二〇一一年
遠藤珠紀・須田牧子・田中奈保・桃崎有一郎「綱光公記　寛正三年暦記（一）」『東京大学史料編纂所研究紀要』二二号、二〇一二年
遠藤珠紀・須田牧子・田中奈保・桃崎有一郎「綱光公記　寛正三年暦記（二）・寛正五年暦記（一）」『東京大学史料編纂所研究紀要』二三号、二〇一三年
遠藤珠紀・須田牧子・田中奈保・桃崎有一郎「綱光公記　寛正五年暦記（二）・寛正五年一一月一二日別記」『東京大学史料編纂所研究紀要』二四号、二〇一四年
遠藤珠紀・須田牧子・田中奈保・桃崎有一郎「綱光公記　応仁元年暦記・応仁元年四月別記」『東京大学史料編纂所研究紀要』二五号、二〇一五年
遠藤珠紀・須田牧子・田中奈保・桃崎有一郎「綱光公記　文安五年記・文安六年正月〜三月記・文安五年符案」『東京大学史料編纂所研究紀要』二六号、二〇一六年
奥野高広『皇室御経済史の研究　正篇』国書刊行会、一九四二年
奥野高広『皇室御経済史の研究　後篇』国書刊行会、一九四四年
木下昌規『戦国期足利将軍家の権力構造』岩田書院、二〇一四年
木下昌規「足利将軍に仕えた公家たち―戦国期の武家伝奏と昵近衆の活躍」神田裕理編『伝奏と呼ばれた人々―公武交渉人の七百年史』二〇一七年
福尾猛市郎『大内義隆』吉川弘文館、一九五九年
森茂暁『鎌倉時代の朝幕関係』思文閣出版、一九九一年
森茂暁『増補改訂南北朝期公武関係史の研究』思文閣出版、二〇〇八年

（家永遵嗣）

第二節　戦国時代の広橋家当主の日記

①『守光公記』と戦国期の公家社会

はじめに――『守光公記』の特徴――

『守光公記』の記主、広橋守光《ひろはしもりみつ》は文明三年（一四七一）三月五日町家《まちけ》に生まれ、同十一年八月二十八日元服する前に、広橋家へ養子として迎えられた。理由は時の広橋家の当主兼顕が文明十一年五月十四日三十一歳の若さで、薨《こう》じたからであった。兼顕には実子がなかったことから日野家の一族で広橋家とも同族の町家から守光を迎えることとなった。

広橋家の当主となった守光も歴代の広橋家の当主と同様に日記を作成していたことは、自筆本の日記が残っていることからわかる。自筆本の主たるものは現在、永正四年（一五〇七）十二月十三日〜同十八年三月一日までの日記が残っているが、そのうち永正十年二月二十七日〜同年十二月三十日までは宮内庁書陵部に蔵され、それ以外は国立歴史民俗博物館（歴博）に所蔵されている。

この日記の特徴は当時の日記の大半がそうであったように、反古紙の裏面を使用して書かれていることである。そのため表面の文字と裏面の文字が重なっている部分が多く、その上、職務上で扱った女房奉書の写しが仮名文字のまま頻繁に掲載されている。『守光公記』の翻刻を試みて活字化するため時日を要したのは、墨書された文字と仮名で書写された文字を解読することに労力を必要としたからである。また、通常公家日記といえば、天皇を中心とした行事・儀式・習慣・和歌や連歌などの文芸に関する記事が多く掲載されているが、『守光公記』では守光の日常の職務に関する内容がほとんどといってよいくらいである。守光の職務は武家伝奏《ぶけてんそう》である。武家伝奏とは朝廷（天皇）と武家（幕府）との間に発生する諸問題を解決するため、その間に介在し折衝して解決に向かう職務である。折衝するためには天皇の命令を受けた女官により発給された奉書（女房奉書）にもとづいて解決のため奔走する過程を記す武家伝奏の職務記事である。

そこで本稿ではいくつか残る一般的な女房奉書を紹介し、合わせて『守光公記』に記された女房奉書の一つを挙げて紹介し、その機能を説明することで『守光公記』の特徴を捉えて理解するための手だてとし、戦国期の女房奉書の役割を知るための一助としたい。

一　女房奉書とは

女房奉書は朝廷の女官が発給する書状で、奉書とは上位の者（ここでは天皇）の命を受けて発給する書状である。次に掲載したのは実際の女房奉書の一例である。

この女房奉書は内容としては本論とは直接関係がないが、女房奉書をイメージしてもらえるように同じ歴博所蔵「兼宣公記及暦記」の応永三十二年（一四二五）七月二十九日条のものを選び提示した。

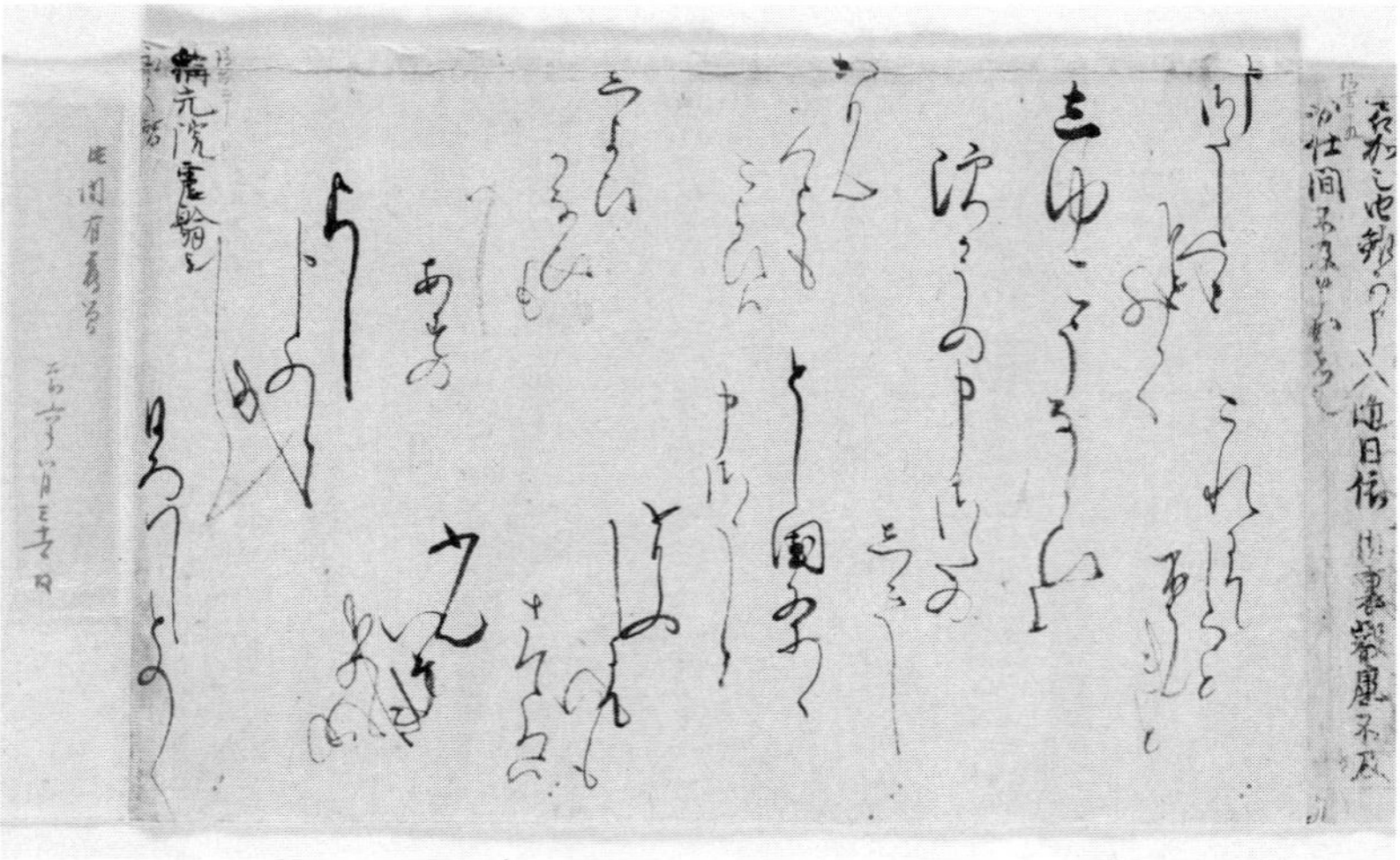

図１　女房奉書（『兼宣公記及暦記』応永 32 年 7 月 29 日条、歴博 625）

室町初期の後小松天皇（一三八二年～一四一二年在位）の後宮日野西資子《すけこ》に准号と光範門院の号を宣下されたときの女房奉書である。紹介の奉書は仮名文字の散らし書きで、読むについては一番大きく書かれた文字から順次小さくなってゆく文字へ進み読む。

『守光公記』では女房奉書は日記へ転写してあるため、散らし書きの体裁はとらず、次のように掲載されている。

史料１　『守光公記』永正九年（一五一二）四月十二日条
（歴博七四〇）

濃州段銭事、摂津守取次者也、如此申出文可云々、則申出之遣者也、

ミの丶くに御しよくゐ（即位）たんせん（段銭）の事、御けち（下知）をなされ候へきよし、めてたくおほしめし候、こそさんしやううけ（請）文をいたし、かたく申さため候事にて候へハ、そのすちめ（筋目）ちかひ候はぬやうに、御下知をめし（召）しかけられ候やうに、まさ親（摂津政親）朝臣に申さたし候へとよく〳〵申され候へくよし申せとて候、

ひろハし（守光）中納言殿

とある。これは朝廷が後柏原天皇の即位費用を幕府へ要請し

たときの女房奉書で、幕府は美濃国へ段銭《たんせん》（反銭とも。中世、一反ごとに臨時に賦課された税）を賦課した。内容は、「美濃国に対し室町幕府が段銭を賦課したことを天皇はありがたく思われている。去年散状《さんじょう》（人名を列挙した文書とするほか、『日本国語大辞典』第二版には、二人以上の者に所役を勤めることを命じ、回覧させた文書とも。ここでは後者を指す）の請文《うけぶみ》を致し、固く申し定めることを命ぜられ、天皇は幕府側担当奉行人の摂津政親朝臣によく伝えてほしいと申されています」と。女房奉書を介して広橋守光へ伝えられている。守光は伝奏奉書を添え女房奉書をとともに摂津政親へ差し出した。この後、段銭が遅れた年もあるが段銭は朝廷へ届けられ、朝廷では長橋局が請取状を幕府へ送っている。長橋局とは女官の官職の一つで、大宝元年（七〇一）に定められた大宝令で四等官（長官《かみ》・次官《すけ》・判官《じょう》・主典《さかん》）に分けられ、長官は尚侍《ないしのかみ》（戦国期は廃止）、次官は典侍《ないしのすけ》、判官は掌侍《ないしのじょう》で、主典《さかん》は女嬬にかわる。長橋局は掌侍の筆頭者で、勾当《こうとう》内侍とも称する。職務は主に禁裏の財政を担当。

女房奉書は職務上主として長橋局が作成し発給するが、時には天皇も作成することもあった（『実隆公記』永正八年九月二十八日条）。ここでは実隆が女房奉書を日記へ転写し「宸筆《しんぴつ》」と明記している。『守光公記』には「宸筆」と明記した女房奉書はないが、守光は届いた女房奉書を写すにあたり「御奉書」の言葉を付しているのが散見する。守光は日記へ記すにあたり、天皇が認《したた》めた女房奉書と長橋局が作成した女房奉書とを区別するため宸筆である時は日記上においても天皇に敬意を表し「御奉書」としたのであろう。『守光公記』を通じ戦国期の女房奉書を紹介するとともに、公家社会の一端を垣間見た次第である。

二　広橋守光の政務と禁裏領

『守光公記』によると広橋守光の時代には広橋家の政務は大きく変化した。朝廷と幕府をつなぐ伝奏の役割は変わらないものの、朝廷の儀式や行事についての記事は少なくなる。代わって増えるのは朝廷の財政やその所領（禁裏《きんり》領《りょう》）支配、公家の所領・京都の商工業者の支配や課役に関する政務の記事である。当時、戦乱や室町幕府の衰退により朝廷や公家の勢力は大きく後退し、儀式よりも家領支配に重きが置かれるようになった。こうしたなかで公家たちは存続をかけて家領支配の維持に注力していく。朝廷内部の実務の要であった広橋守光も、禁裏領や公家領《くげりょう》の問題処理に関与するようになった（湯川二〇〇六a・b、二〇一二、二〇一三）。

表は『守光公記』に出てくる禁裏領・公家領・広橋家領・京都寺社領である。これらには京都や畿内近国を中心に所領・所職・関・座《ざ》・公事《くじ》（商工業課役）・供御人《くごにん》（朝廷に奉仕する職能民）などがみえ、衰えたりとはいえじつに多種多様な公家の家領や権益があった。このうち禁裏領の酒麹役《しゅきくやく》朝要分《ちょうようぶん》（洛中酒麹《さけこうじ》生産に対する課役）について、『守光公記』に写された文書をみよう。

史料2　『守光公記』永正十二年（一五一五）閏二月十四日条（図2）

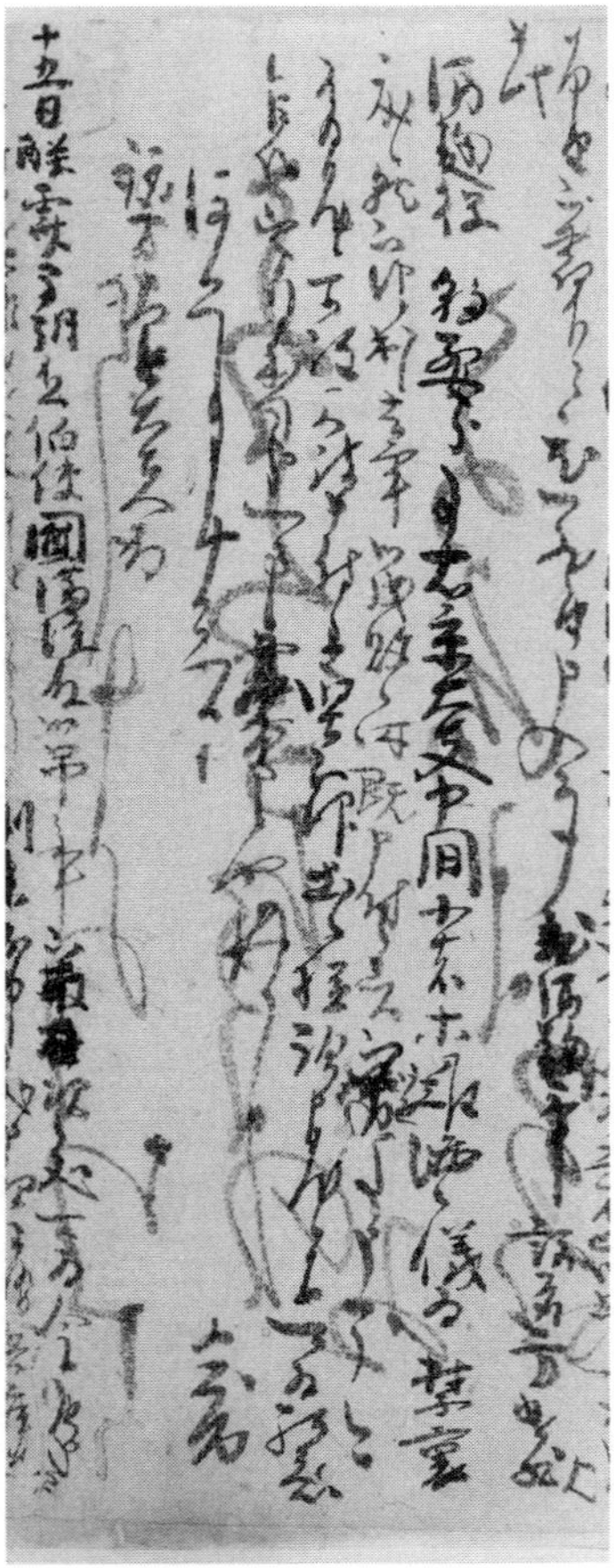

図2　『守光公記』永正12年閏2月14日条（部分、歴博744）

［釈文］

就酒麹事、諏訪方遣状如此

酒麹役　朝要分事、右京大夫中間・小者等難渋之儀、為　禁裏
度々就被仰出候、去年御成敗之時、既申付之旨被御返事申了、今
不及沙汰候、所詮可被申付之由、堅被仰出候様、預申沙汰候者、可為祝着候、
巨細定自本司分可申候、申候也、謹言、

後二月十三日　　守光

諏訪左近大夫殿

［読み下し］

酒麹《さけこうじ》の事《こと》について、諏訪方《すわかた》へ遣《つか》わす状《じょう》、此《か》くの如《ごと》し

酒麹役朝要分《しゅきくやくちょうようぶん》の事《こと》、右京大夫《うきょうだゆう》中間《ちゅうげん》・小者等難渋《こものとうなんじゅう》の儀《ぎ》、禁裏《きんり》として度々《たびたび》仰《おお》せ出《い》だされ候《そうろう》につき、去《さ》んぬる年《とし》御成敗《ごせいばい》の時《とき》、既《すで》に申《もう》し付《つ》くの旨《むね》、御返事《ごへんじ》申《もう》され了《おわ》んぬ。今《いま》に沙汰《さた》に及《およ》ばず候《そうろう》。所詮《しょせん》申《もう》し付《つ》けらるべきの由《よし》、堅《かた》く仰《おお》せ出《い》だされ候様《そうろうよう》、申《もう》し沙汰《ざた》に預《あず》かり候《そうら》わば、祝着《しゅうちゃく》たるべく候《そうろう》。巨細《こさい》、定《さだ》めて本司分《ほんしぶん》より申《もう》すべく候《そうろう》。申《もう》し候《そうろう》なり。謹言《きんげん》。

後二月十三日《のちのにがつじゅうさんにち》　　守光《もりみつ》

諏訪左近大夫殿《すわさこんだゆうどの》

守光は幕府奉行人《ぶぎょうにん》の諏訪左近大夫長俊《ながとし》に、酒麹役朝要分の納入を幕府の実力者細川右京大夫高国《たかくに》配下の者（中間・小者）が妨げていると訴えている。酒麹役については本司分という家領を公家の押小路家《おしこうじけ》が持ち（『守光公記』永正九年十一月十二日条、歴博七四一）、守光も酒麹役朝要分の一部の権益を持っていた（國學院大學図書館所蔵

表　『守光公記』に見える禁裏領・公家領・広橋家領　永正五〜十七（一五〇八―二〇）年

禁裏領（禁裏御料所）	
永正5年	斎宮関
永正9年	三島摺暦職（公家武家支配）
永正9年	御書所経師職
永正9年	山城深草道証寺分（もと高倉家領）
永正9・10年	上野国渋川・上総国畔蒜
永正9年	備前国鳥取荘
永正9年	丹波国氷所（氷室供御人）
永正9年	能州（能登国）御料所
永正9年	越前国川北荘
永正9年	丹波国上村・能登国一青
永正9年	紙課役（紙公事）
永正9年	蓆公事
永正9・10年	播磨国穂積余田
永正9年〜	酒麹役朝要分
永正9年	伊勢国新関
永正9・10年	丹波山国荘供御人
永正9・10年	伊勢国栗真荘
永正9・10年	内侍所料所近江国高嶋関
永正10・12年	小野山供御人
永正10年	伊勢国山田三方朝餉新関
永正10年	伊勢国宮川朝餉新関
永正10年	紙駄別役

公家領・官司領	
永正5年	半井家領丹波知行地
永正5年	近衛家領摂津国馬免
永正5・9年	官務大宮家氏寺常磐内常林寺領
永正8年	高倉家領山城国金剛勝院・龍華
永正9年	官務大宮家領常磐
永正9年	中山家領
永正9年	押小路家領小筵課役
永正9年	青蓮院領美濃国茬戸
永正9年	菅原家廟所千本菅勝寺
永正9年	右衛門府領「かしわはたけ」
永正9年	四条家領柳原敷地
永正9年	花山院家領美濃国富永荘
永正9年	楽所山井家領美作国梶並荘
永正9年	衛門府領衛士給田船岡田地
永正9・10年	押小路家領酒麹役本司分
永正9・10年	官務家領播磨国恒吉・香山保
永正10年	花山院家護法院山城国山科厨子奥・伏見公文名
永正10年	丹後国嶋荘
永正10年	御倉辻秀盛知行山城国粟田郷
永正10・11年	南御所領河内十七ケ所
永正11年	渡領（摂津国内）
永正12年	左近衛府駕輿丁

永正10年	山城国灰方新田
永正10年	禁裏様御庭小法師牛馬皮公事（近江国志賀・高嶋郡）
永正10年	美濃国多芸荘・伊自良荘
永正10・11年	若狭国上吉田
永正11年	美濃禁裏領
永正12年	禁裏御大工職（惣官職）
永正12年	粟津供御人
永正12・17年	丹波国栗作荘領家職
永正12年	山城国小野郷
永正12年	小塩保供御人
永正14年	河内国交野西山跡式
永正14年	出雲国千酌・笠浦
永正15年	山城国長坂口
永正15年	丹波国細川
永正16年	越前国川合荘
永正16年	伊勢国白粉座
永正16年	加賀米光日月蝕料所
永正16年	和泉国々衙
永正16年	近江国船木荘
永正17年	伊勢国桑名（益田荘）
広橋家領	
永正5年	勢州（伊勢国）家領（女河原御園）
永正5年	山城国衣比須島荘領家職
永正12年	渡領摂津国賀茂村
永正12年	九条家領石井山城守跡職
永正12年	四条家氏寺善勝寺領
永正12年	四条家領越前国長崎荘
永正12年	渡領山城国楠葉河上関
永正13年	采女知行播磨国阿賀荘
永正13年	勧修寺賀州家領（井家荘）
永正14年	諸陵寮領山城国山科・松崎御陵田
永正14年	甘露寺家領（加賀国大桑荘・越前国東長田荘・摂津国蔵殿荘・近江国福光保・同沼波荘・丹後国岡田荘・尾張国雲福寺領・洛中散在敷地）
永正15年	大炊御門家領摂津国池田荘・井於本荘
永正16年	菅原家領近江国北浜関
永正16年	図書寮領紙漉田
永正16年	勢多家領
永正16年	坂上家領洛中洛外紙棚役
永正16年	銭湯役
京都・周辺寺社領	
永正5年	恵聖院領山城西七条東西市町
永正9年	御室（仁和寺）門跡領
永正9・14年	岡殿寺領丹波国佐伯荘
永正10年	岡崎門跡領山城国東山正法寺下方
永正10年	日吉十禅師領山城国坂本・栗田郷
永正10年	安楽光院加賀国横北郷領家職

永正6年	丹波国宮田荘（近衛家領）
永正9年	長谷内田地作職
永正10年	播磨国高岡南荘領家職
永正11年	広橋家本所沙汰（洛中所領）
永正12年	摂州（沢良宜村）
永正14年	仁和寺領山城国西五条
永正14年	賀茂社領川原八町・賀茂田地

＊その所領についての主要な記事のある年紀のみ記した。
＊広橋家領については柴田二〇一二、二〇二〇をもとに作成。

「大永六年広橋家所領目録」）（藤本一九八七、久留島一九九一、柴田二〇一二、高橋二〇二一）。

　酒麹役の未納はたびたび問題になり、守光は後柏原天皇《ごかしわばらてんのう》女官の女房奉書や押小路家の訴えを受けて、しばしば幕府奉行人に幕府による裁定を求めている（『守光公記』永正九年十一月十二日〈歴博七四一〉・同十年八月二十三日・同十二月二十日条〈宮内庁書陵部所蔵〉）。この時期、幕府は衰退したとはいえ、将軍足利義稙《あしかがよしたね》と細川高国により政治は比較的安定していた。酒麹役の徴収には幕府の支援が必要で、伝奏でもある守光が幕府との交渉を担っていた。

　守光は供御人支配にも関わった。永正十年、禁裏領として有名な丹波国山国荘《たんばのくにやまぐにのしょう》（京都市）の供御人が緩怠を行ったため、朝廷と幕府は山国と京都の通路（諸口《しょぐち》）の封鎖を命じた。守光の指示で家司《けいし》の藤堂景俊《とうどうかげとし》・速水正益《はやみただます》が、禁裏領山城国小野荘《やましろのくにおののしょう》（京都市）や嵯峨筏問丸中《いかだといまるちゅう》に通路封鎖を伝達している（『守光公記』永正十年七月二十日・二十六日条、宮内庁書陵部所蔵）。戦国期には守光家司の文書が地下《じげ》の民衆にまで発給されるようになっていた。

三　守光の日記の書き方の特質

『守光公記』によれば禁裏領や公家領について紛争や案件が守光のもとに多数持ち込まれている。守光は一日のうちに複数の案件を処理せねばならないときもあった。永正十年（一五一三）二月八日には禁裏領の紙公事《かみくじ》（紙についての課役）と山城国灰方新田《はいかたしんでん》（京都市）の件で幕府と交渉し、さらに禁裏領の伊勢国栗真荘《いせのくにくりまのしょう》（三重県津市）の件で在地の人物らしき加田二郎左衛門《かだじろうざもん》なる者と面会している。

また守光は禁裏領・禁裏財政・公家領について多くの文書を『守光公記』に書き写している。これもそれ以前の広橋家の日記とは大きく異なる。さらに『守光公記』では日記の地の文と文書では書き方に違いがある。

史料3　『守光公記』永正十七年十二月二十日条（図3）

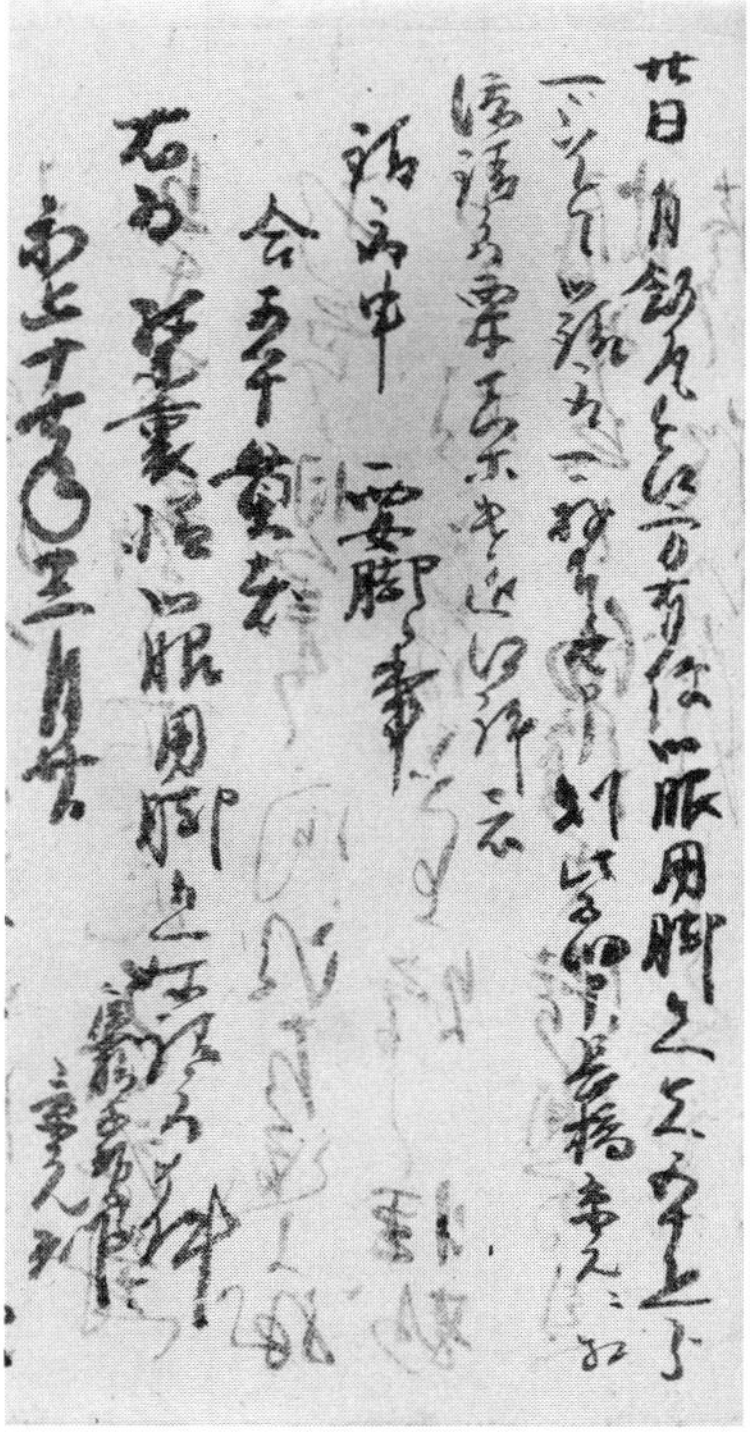

図3　『守光公記』永正17年12月20日条（部分、歴博747）

[釈文]

自飯尾近江方有使、御服用脚先先五千疋分

可被進候、御請取可持下之由申、則此子細申長橋、景元ニ相

添請取、栗真等遣近江許者、

請取申　要脚之事

合五十貫者

右、為　禁裏様御服用脚、且所請取如件

永正十七年十二月廿日　　　　広橋家雑掌

景元　判

［読み下し］

飯尾近江方《いのおおうみかた》より使《つか》いあり。御服用脚《おふくようぎゃく》、先《ま》ず先《ま》ず五千疋分《ごせんびきぶんまい》進らせらるべく候《そうろう》。御請《おう》け取《と》り持《も》ち下《くだ》るべき由申《よしもう》す。則《すなわ》ち此《こ》の子細長橋《しさいながはし》に申《もう》す。景元《かげもと》に相添《あいそ》え請《う》け取《と》る。栗真等《くりまとう》、近江《おうみ》の許《もと》に遣《つか》わす、者《てえ》れば、

請《う》け取《と》り申《もう》す　要脚《ようぎゃく》の事《こと》。

合《あ》わせて五十貫《ごじゅっかん》といえり。

右《みぎ》、禁裏様御服用脚《きんりさまごふくようぎゃく》として、且《か》つうは請《う》け取《と》るところ、件《くだん》の如《ごと》し。

永正十七年十二月廿日《えいしょうじゅうしちねんじゅうにがつはつか》　　広橋家雑掌《ひろはしけざっしょう》

景元《かげもと》　判《はん》

これは幕府奉行人の飯尾近江守貞運《さだゆき》から禁裏御服要脚（湯川二〇〇五）を贈られた記事と、守光家司藤堂景元の請取状《うけとりじょう》である。守光はこれを天皇女官の長橋局に伝えている。この箇所の図版のように守光はしばしば文書の写しを日記の地の文より大きい文字で書いている。所領や財政に関する実務が増え、そうした文書を書写し引用することが増えたため、検索の便のためわざと字を大きく書いているのかも知れない。

守光が大きな文字で書き写している文書で特筆すべきものに、永正十七年二月十二日付の幕府徳政令《とくせいれい》がある（『守光公記』同年二月二十四日条、歴博七四七）。守光が関与した禁裏領・公家領には京都と周辺の商工業に対する公事

課役が多い。『守光公記』には課役や上納品についての記載もみえる。この徳政令は米・絹布・茶碗・香炉・服・雑具などの質入れ・質流れ、借銭問題についての規定である。こうした徳政令の書写は公家の日記にしては珍しく、禁裏・公家の所領や財政の維持に尽力した守光の関心のありかをうかがわせるものである。

参考文献

久留島典子「戦国時代の酒麹役―「小西康夫氏所蔵文書」を中心に―」石井進編『中世をひろげる』吉川弘文館、一九九一年

柴田真一「永正期の広橋家領について―「守光公記」の記事を中心として―」鶴崎裕雄編『地域文化の歴史を往く』和泉書院、二〇一二年

柴田真一「解題」史料纂集『守光公記　第二』八木書店、二〇二〇年

高橋秀樹編『藤波家旧蔵史料の調査・研究　二〇一九年度・二〇二〇年度一般共同研究　研究成果報告書』東京大学史料編纂所、二〇二一年

冨田正弘「御教書・院宣・綸旨・伝奏奉書・女房奉書」『概説古文書学　古代・中世編』吉川弘文館、一九八三年

中村直勝「女房奉書の様式」『日本古文書学　上』角川書店、一九八二年

藤本元啓「神宮祭主藤波家旧蔵文書の紹介（上・下）」『皇學館大學史料編纂所報』八九・九〇号、一九八七年

湯川敏治「戦国期の女官と女房奉書―『守光公記』に見る長橋局を中心に―」『女性史学』一五号、二〇〇五年

湯川敏治「戦国期の女官と武家伝奏」総合女性史研究会編『女性官僚の歴史』吉川弘文館、二〇一三年

湯川敏治「『守光公記』掲載の女房奉書の意義―「義尹甲賀逐電事件」・「横北郷」について―」『古文書研究』六二号、二〇〇六年a

湯川敏治「『守光公記』と戦国期丹波国禁裏御料所」鶴崎裕雄編『地域文化の歴史を往く』和泉書院、二〇一二年

湯川敏治「『守光公記』にみる播磨国の禁裏御料所について」『史泉』一〇四号、二〇〇六年b

吉川真司「女房奉書の発生」『古文書研究』四四・四五合併号、一九九七年

（はじめに・一・二・三：湯川敏治、二・三：廣田浩治）

② 町広光と広橋家の史料

はじめに

国立歴史民俗博物館所蔵広橋家旧蔵記録文書典籍類の多くは、広橋家歴代の当主によって残された史料である。史料上に記名がない場合も、大正年間の整理に際し、年代や筆跡によって推定がなされ、題簽《だいせん》に誰の筆か記されたものが少なくない。そのうち広橋守光《もりみつ》（一四七一～一五二六）の筆とされたものには、守光の実父町広光《まちひろみつ》（一四四四～一五〇四）の手になるものが含まれる。このことは、すでに桃崎有一郎や石田実洋、小川剛生によって指摘されているが、ここではあらためて広光その人に注目し、広橋家に残った史料の多様な来歴の一端を明らかにしたい。

一　町広光による町家の断絶

権中納言広橋兼顕《かねあき》は、文明十一年（一四七九）五月十四日、後継者に恵まれないままに三十一歳で急死した。兼顕より五歳年少の弟である興福寺修南院光慶《しゅなんいんこうけい》は、還俗《げんぞく》して実家を継承することを望んだが、朝廷の元老一条兼良《かねよし》が公家社会では還俗して相続をとげた事例はないと述べたことで却けられた。日野流の一門から後継者を迎えることになり、日野政資《まさすけ》の弟で興福寺西南院《さいなんいん》に入室《にっしつ》予定の者（のちの円深《えんしん》）を推す声もあったが、数日のうちに町広光の子息に相続させる方針が定まった。町家は日野家庶流の柳原《やなぎわら》家の庶流あたる。

広光の子息のうち先に名前があがったのは、兼顕の猶子として興福寺東院《とういん》（広橋家との関係が深く、院主兼雅《けんが》は綱光《つなみつ》の弟）に入室を予定していた六歳の次男（のちの東院兼継《けんけい》）である。しかし、広橋家に仕える青侍《あおざむらい》たちの意向をうけて、青蓮院門下《しょうれんいんもんか》の妙観院《みょうかんいん》に入室するも、まだ得度していなかった九歳の長男が迎えられた。元服して守光を名乗ることになる。

守光の長男・次男はともに僧侶になる道を歩んでいたわけだが、そこには理由があった。守光が広橋家を継ぐことに決まった直後、広光は「我が家のことは執心《しゅうしん》なし。当時の様《よう》、断絶に如《し》くべからず。よって諸子息等みな釈門《しゃくもん》に入《い》る」と語ったという（『晴富宿禰記《はれとみすくねき》』文明十一年七月二十日条）。自分の家についてはこだわらない。現在の状況であれば、断絶させた方がマシだ。だから息子たちはみな寺に入れた、というわけだ。

守光が広橋家を継ぐと、広光はその後見にあたり、廷臣として活動するための教導に励んだ。一方で自身の昇進を嫌った。延徳三年（一四九一）、権大納言に一名の空席があり、前権中納言の上位にいる広光の昇進という可能性が生じた。すると広光は、「五十歳未満で大納言に昇ってはいけないという亡父資広《すけひろ》の遺言もあり、昇進するつもりはありません」と後土御門《ごつちみかど》天皇に伝えた。天皇は、「誰もが争うように昇進を望むのに、広光の姿勢は神妙だ」と語ったという（『実隆公記《さねたかこうき》』同年四月六日条）。

さらに広光は次男を興福寺東院に送ったほか、安祥寺《あんしょうじ》（真言宗の院家《いんげ》）、法輪院《ほうりんいん》（青蓮院門下の院家）、東北院《とうほくいん》（興福寺の院家）にも男子を入れた。広光が四十八歳の時に生まれた資尹《すけただ》は、三歳で従五位下に叙されたことが『歴名土代《りゃくみょうどだい》』に見えるものの、その尻付《しつけ》（下部の注記）には「出家、弁朝上人《べんちょうしょうにん》これなり」と記される。高山寺方便智院《こうざんじほうべんちいん》（東坊）の明律房《みょうりつぼう》弁朝の活動が確認できるのは永正九年（一五一二）以降だが、従五位下の尻付に出家が記載されるのは、このあと昇叙《しょうじょ》がなかったことを意味し、元服以前に出家したと解される。つまり、確認される限り、守光以外の男子はすべて僧侶になったのである。

広光は永正元年六月十五日に六十一歳で没する。最後まで後柏原《ごかしわばら》天皇の即位式実施のための裏方の総責任者（即位伝奏《てんそう》）をつとめ、朝儀に尽力した。官職は前権中納言のままであったが、死の前日、本人からの申請がないまま、天皇は広光を権大納言に昇進させている。ここに町家はいったん断絶するが、十五年後、広光の娘と高辻章長《たかつじのりなが》とのあいだに生まれた二歳の外孫が資雄《すけお》（のち資将《すけゆき》）と名乗って町家を再興した。そこに至る経緯の確認はできないが、後柏原天皇の意向と、守光および章長の後援があったに違いない。もっとも、再興された町家も長く続かなかった。資将の子将光《ゆきみつ》が天文《てんぶん》二十年（一五五一）に十歳で淳光《あつみつ》と改名して本家にあたる柳原家を継承したことで、町家は最終的な断絶を迎えている。

二　広橋家に残された広光の手になる記録文書類

広光の死によっていったん断絶した町家の蔵書は、守光が引き継いで広橋家に残ったようだ。町家を再興した資将は、広光の日記を自筆本から書写したことが知られ（宮内庁書陵部所蔵柳原本『公事諸儀類聚《くじしょぎるいじゅう》』）、再興された町家には譲渡されなかったとみられる。なお、資将が書写した本も、結局は柳原家に伝わることになる。広橋家が伝えた史料（以下、広橋本と呼ぶ）のなかには広光の筆になるものが多数存在するわけだが、広光は自身が書写あるいは編集した書物についてほとんど奥書《おくがき》を加えておらず、広光の筆になるという事実はわかりにくい。では、どのようにすれば見出せるのか。

広光の手許にあった史料が広橋家に残っていることを端的に教えてくれるのが、『広橋家所伝文書雑纂《ざっさん》　広光卿書状外三十九通』（歴博九六七）に収められる広光の書状案である（図1）。

［釈文］

来十月可被行御即位、可令候外弁給之由、被仰下候、追日次治定候者、奉行職事（追）可進一通候、（其間）早速為得御意（存知）且

内々令申候也、恐々謹言、

（文亀元年）六月廿四日　　（町）広光

（正親町三条実望）三条中納言殿

［読み下し］（日付・差出・宛所は省略）

来《きた》る十月に御即位《ごそくい》を行なわるべし。外弁《げべん》に候《そうら》わしめ給《たま》うべきのよし、仰《おお》せ下され候う。おって日次《ひなみ》治定《じじょう》候《そうら》わば、奉行職事《ぶぎょうしきじ》おって一通《いっつう》をまいらすべく候う。その間《かん》早速に御存知のためかつがつ内々《ないない》に申《もう》さしめ候うなり。

恐々謹言《きょうきょうきんげん》。

前年九月に没した後土御門天皇の諒闇《りょうあん》（服喪期間）があけた文亀《ぶんき》元年（一五〇一）十月には、後柏原天皇の即位式が予定されていた（実際は二十年近く遅延する）。この文書は、即位伝奏の広光が権中納言正親町三条実望《おおぎまちさんじょうさねもち》に対し、外弁という役割を務めよという天皇の意向を伝えたものである。日程が決まれば事務担当者から正式に参加を命ずる文書を送るが、早めに知らせるための内々の連絡だと述べている。注意したいのは文面に推敲が存在することで、たとえば「御意《ぎょい》を得《え》んがため」を「御存知のため」に書き替えている。実際に宛先にわたったものではなく、差出の人物が手許にとどめた文案なのである。つまり、広光の手許にあった文書の土代《どだい》（草案）が広橋家に残されていたということになる。

つぎに『後花園院《ごはなぞのいん》三十三回聖忌曼荼羅供雑事文書《しょうきまんだらぐぞうじもんじょ》』（歴博八一）に連続して貼り継がれている宿紙《しゅくし》（薄墨《うすずみ》色の漉《す》き返し紙）を用いた二通の文書に注目したい。一通目を見てみよう（図2）。

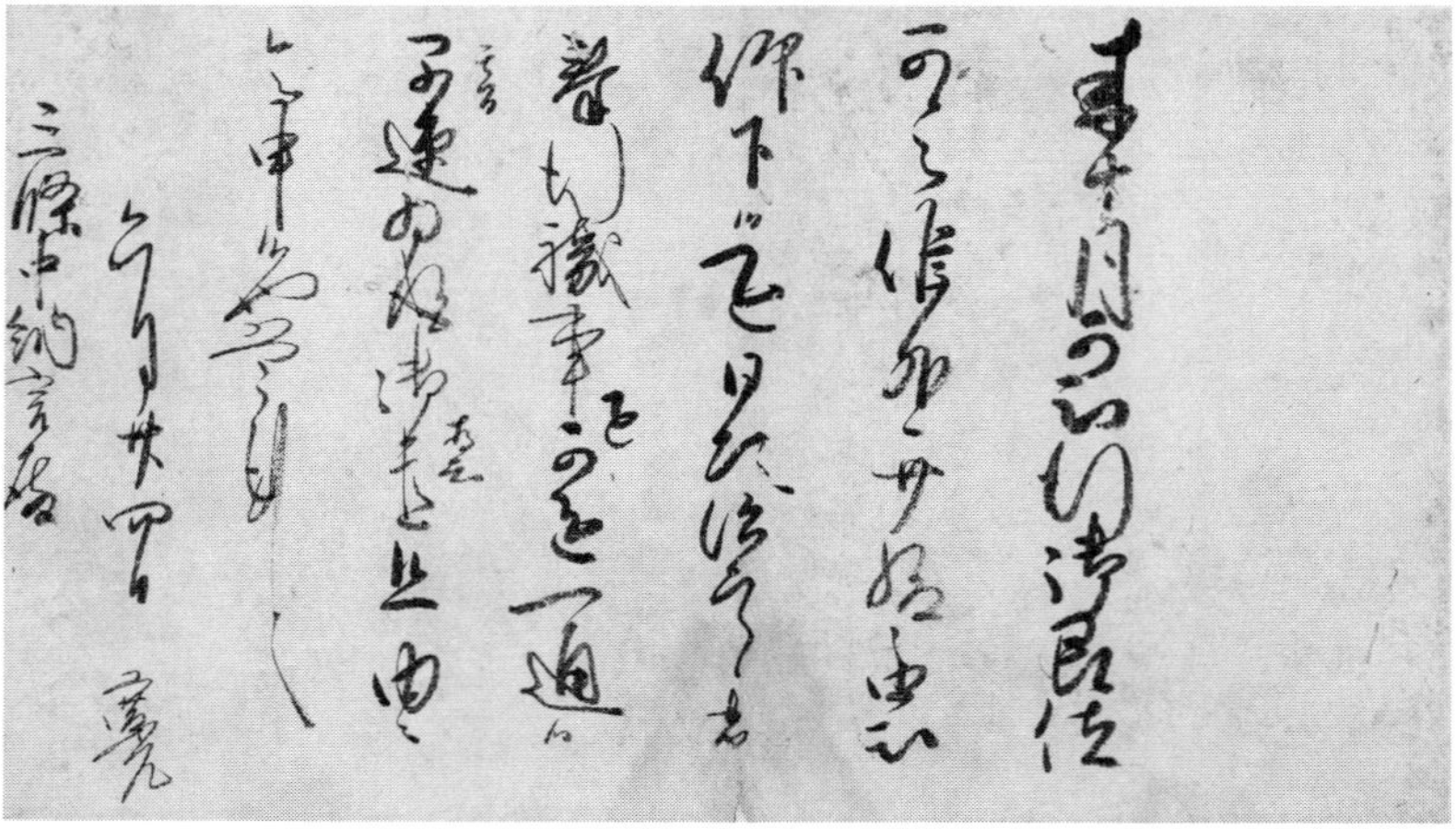

図1　町広光書状案「広橋家所伝文書雑纂　広光卿書状外三十九通」(歴博967)のうち

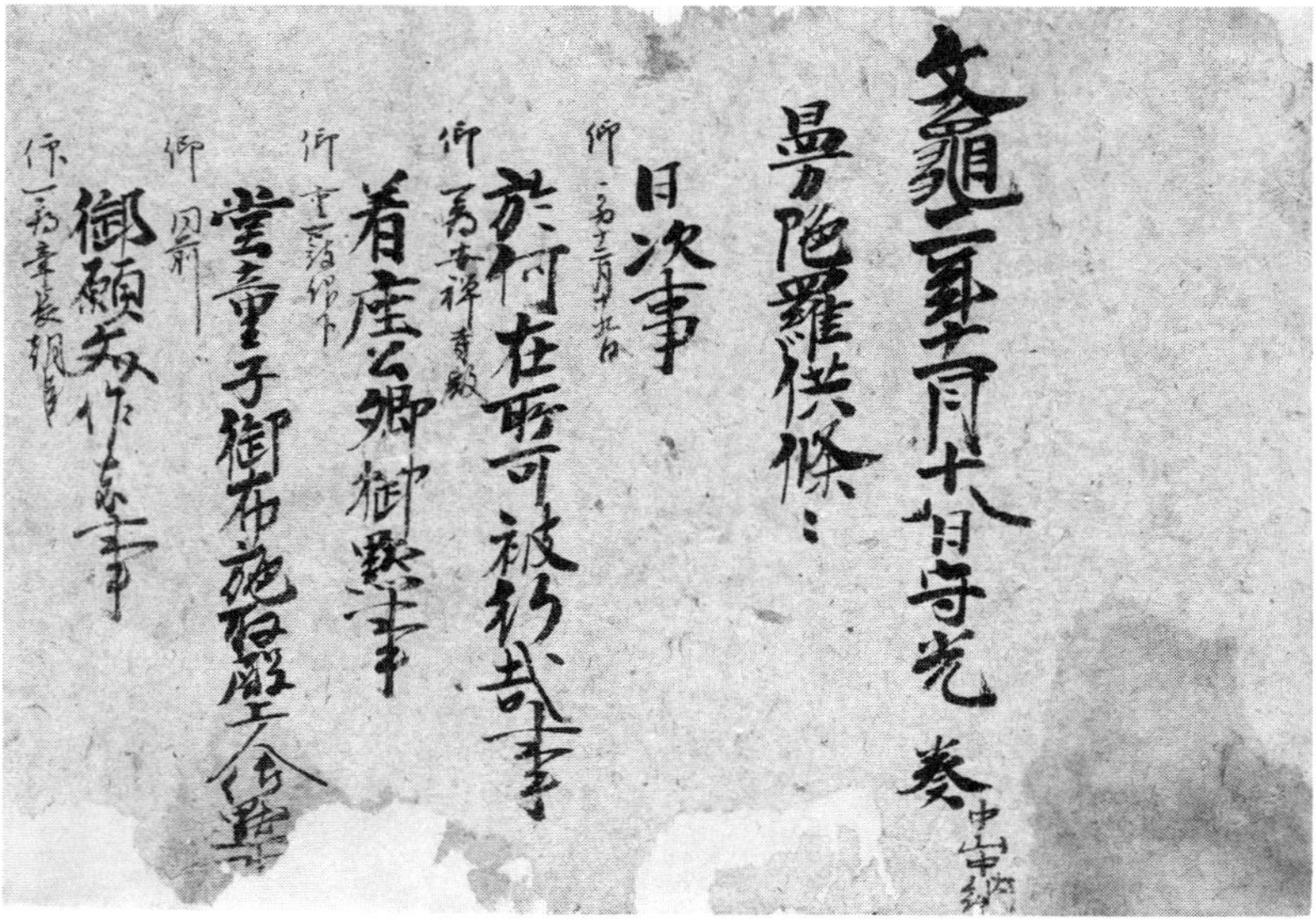

図2　広橋守光奏事目録「後花園院三十三回聖忌曼荼羅供雑事文書」(歴博81)のうち

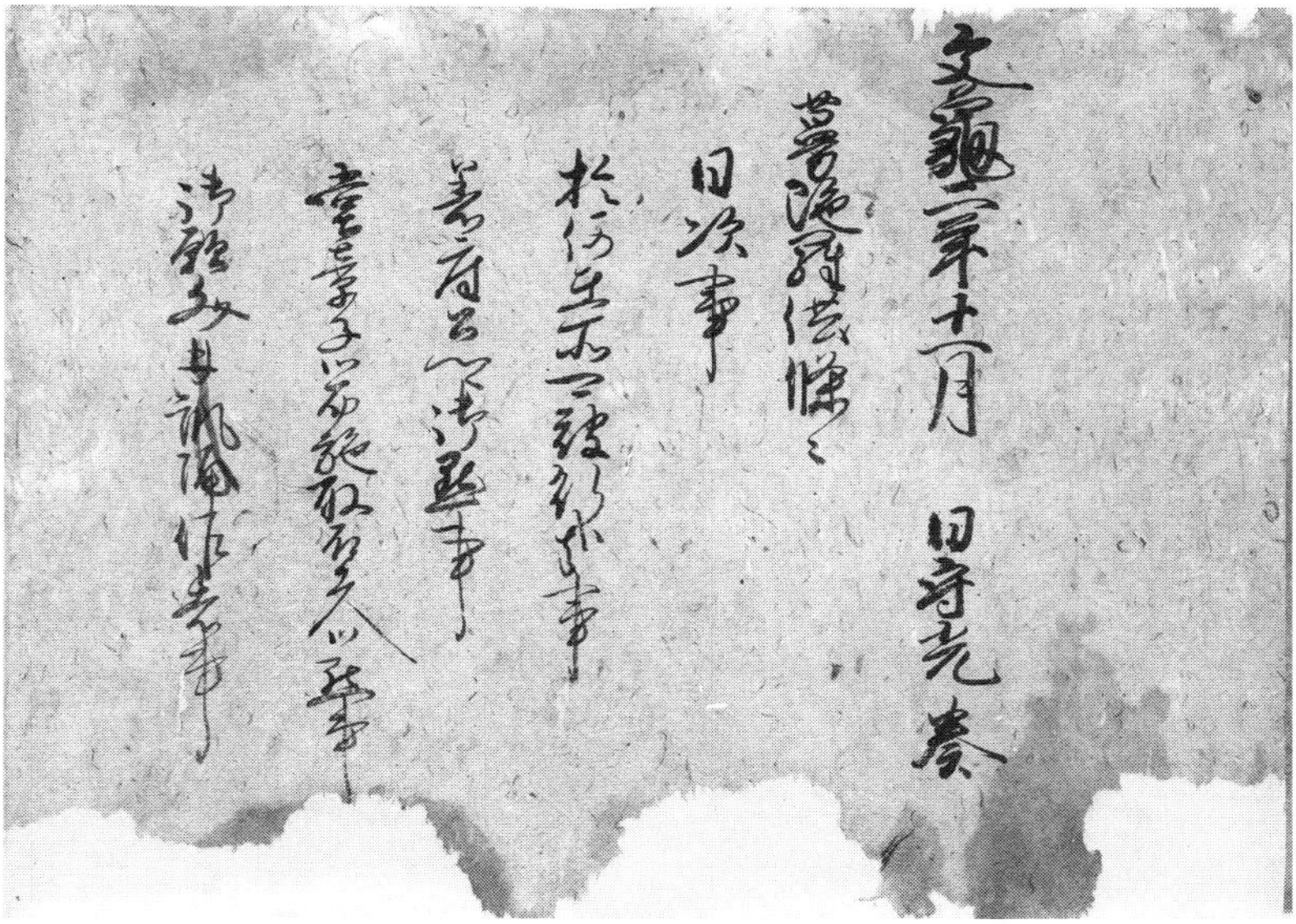

図３　広橋守光奏事目録案「後花園院三十三回聖忌曼荼羅供雑事文書」（歴博81）のうち

［釈文］

文亀二年十一月十八日守光（広橋）　奏　（異筆、下同ジ）「中山中納□（言）（宣親）」

曼荼羅供条々

日次事

「仰　可為十二月十九日、」

於何在所可被行哉事

「仰　可為安禅寺殿、」

着座公卿御点事

「仰　重可被仰下、」

堂童子御布施取殿上人御点□（事）

「仰　同前、」

御願文作者事

「仰　可為章長（高辻）朝臣、」

［読み下し］

文亀二年十一月十八日広光奏《そう》す。「中山中納言。」

曼荼羅供 条々《じょうじょう》。

日次の事。「仰せ、十二月十九日たるべし。」

いずれの在所《ざいしょ》において行なわるべきやの事。

「仰せ、安禅寺殿《あんぜんじどの》たるべし。」

着座《ちゃくざ》の公卿《くぎょう》の御点《ぎょてん》の事。「仰せ、重ねて仰せ下さるべし。」

堂童子《どうどうじ》・御布施取《おふせとり》の殿上人《てんじょうびと》の御点の事。「仰せ、前に同じ。」
御願文《ごがんもん》の作者の事。「仰せ、章長《のりなが》朝臣たるべし。」

文亀二年十二月十九日、後花園天皇三十三回忌に際して曼荼羅供という法会《ほうえ》がおこなわれた。それに先立ち、事務担当の奉行職事という役割をつとめていた広橋守光は、もろもろの準備について法会実施の総責任者である中山宣親《のぶちか》を介して後柏原天皇の指示をうけている。この文書は、あらかじめ守光が作成した質問事項のリストに、天皇の意向を確認した宣親が指示を書き込んだものである。これを奏事目録《そうじもくろく》という。職事すなわち蔵人として作成する文書なので宿紙を用いている。

その左奥に貼り継がれた二通目（図３）は、質問事項を列記した段階で終わっている。また、五箇条目は「御願文幷《ならびに》諷誦《ふじゅ》作者事」と書いたのち「幷諷誦」の三文字を削除してある。筆跡に注目すると、一通目の筆跡とは異なり、さきの広光の書状案とよく似ており、広光が作成した奏事目録の見本だと解される。守光がこれを清書して実際に用いたものが一通目になり、広光による守光の後見の具体相が浮かびあがる。このように筆跡に注目することで広橋本から広光の手になるものが検出できる。あわせて紙背文書も重要な手がかりになる。広光に宛てられた文書が紙背文書に見出されるものとして、『改元雑事例《かいげんぞうじのれい》』（歴博一五二）、『経嗣公記抄《つねつぐこうきしょう》』（歴博六七七）、『経光卿記抄《つねみつきょうきしょう》』（歴博七一五）などが挙げられる。

今回、広橋本のうち国立歴史民俗博物館所蔵のものに限って点検し、『実隆公記』などに見える広光の記録典籍類の所持にかかる記事を参照しながら、主として筆跡および紙背文書によって判定してみたところ、広光の筆にかかる可能性の高い史料は四十点前後にのぼることがわかってきた。現存する広橋本において広光の関与は思いの外に大きそうだ。広光の活動は重ねて追究する必要があろう。

参考文献

石田実洋「尊経閣文庫所蔵『上卿簡要抄』解説」『尊経閣善本影印叢書五四　羽林要秘抄・上卿簡要抄』八木書店、二〇一三年
小川剛生「勅撰入集を辞退すること」同『中世和歌史の研究』塙書房、二〇一七年
桃崎有一郎「『経嗣公記抄』（荒暦）永徳三年春記」『年報三田中世史研究』一三号、二〇〇六年

（末柄　豊）

③ 広橋兼秀と朝廷政務

はじめに

室町時代の広橋家では、歴代が公武の連絡役である武家伝奏《ぶけてんそう》をつとめ、兼秀《かねひで》（一五〇六〜六七）も父守光《もりみつ》が大永《だいえい》六年（一五二六）に没したあとをうけて武家伝奏に補せられ、四半世紀のあいだその任を負った。さらに周防《すおう》の大名大内氏との交渉にあたるなど、朝廷の財政維持にも努めた。従一位前権大納言だった弘治《こうじ》三年（一五五七）には、同家で初めて生前に内大臣に任じられた。その際、従一位のままだと先任の大臣経験者五人を超越《ちょうおつ》してしまうため、正二位に逆退《げきたい》したが、これは本来大臣までの昇進が予期されなかったことを示している。

戦国時代の朝廷を支えるうえで重要な役割を果たした兼秀は、広橋家に残る史料にも小さくない足跡を残した。日記の分量は他の歴代に比べて必ずしも多くないが、残した記録文書類の数は非常に多い。ここでは兼秀と朝廷政務とのかかわりに注目し、国立歴史民俗博物館所蔵広橋家旧蔵記録文書典籍類を見てみたい。具体的には、当時なお朝廷が果たす社会的な役割として重要であった改元、および官位の任叙《にんじょ》（今回は叙位《じょい》）とのかかわりを取り上げる。

一　二度の改元とのかかわり

広橋兼秀が伝奏として活動したのは、朝廷を支える存在であった室町幕府が分裂弱体化し、将軍が必ずしも在京しないという状況が続いた時期にあたる。兼秀が伝奏の任に就いた翌年の大永七年、将軍足利義晴《よしはる》を支えていた細川高《たか》国《くに》が一族の晴元《はるもと》に敗れたため、義晴は近江《おうみ》坂本（大津市）に逃れた。同年十月から半年間あまり京都に戻ったものの、ふたたび近江に逃れ、坂本を経て奉公衆《ほうこうしゅう》朽木《くつき》氏の本拠地朽木谷（高島市）に落ち着いた。その後、高国が敗死したことで六角《ろっかく》氏への依存を高めるに至り、享禄《きょうろく》四年（一五三一）には琵琶湖の東側に転じて武佐《むさ》の長光寺《ちょうこうじ》（近江八幡市）に滞在し、翌天文《てんぶん》元年（一五三二）、六角氏居城の観音寺城に隣接する桑実寺《くわのみでら》（近江八幡市）に移っている。同三年、晴元との和睦が成立して京都に戻るまで、義晴は都合七年弱のあいだ近江に滞在したのである。

この間、二度の改元があり、兼秀は二度とも伝奏および奉行職事《ぶぎょうしきじ》として改元に関与し、日記（別記《べっき》）を残している。まずは大永から享禄への改元について記した『享禄度改元申沙汰愚記草《もうしざたぐきそう》』（歴博一七六）がある（図１）。

［釈文］

蔵人右中弁正五位上藤原朝臣兼秀（広橋）生年廿三才

大永八年六月廿九《九》日、己巳、晴、自坂本大館伊与入道（尚氏）常興、状到来、改元急可申沙汰之由、室町殿（足利義晴）仰云々者、則以彼状　奏聞之処、不可有別儀云々者、其趣献請文畢、如此之時節予所労殊甚、可謂難儀者哉、自未斜労事又相煩事以外也、為之如何、

卅日、庚午、晴、早旦掃部大夫正益（速水）召下坂本、改元之間之事具為承定也、及晩正益上洛、且二千疋為武家可有進納、以其分可申沙汰、相残千五百疋者重可有下行云々、終日所労以外也、為之如何、

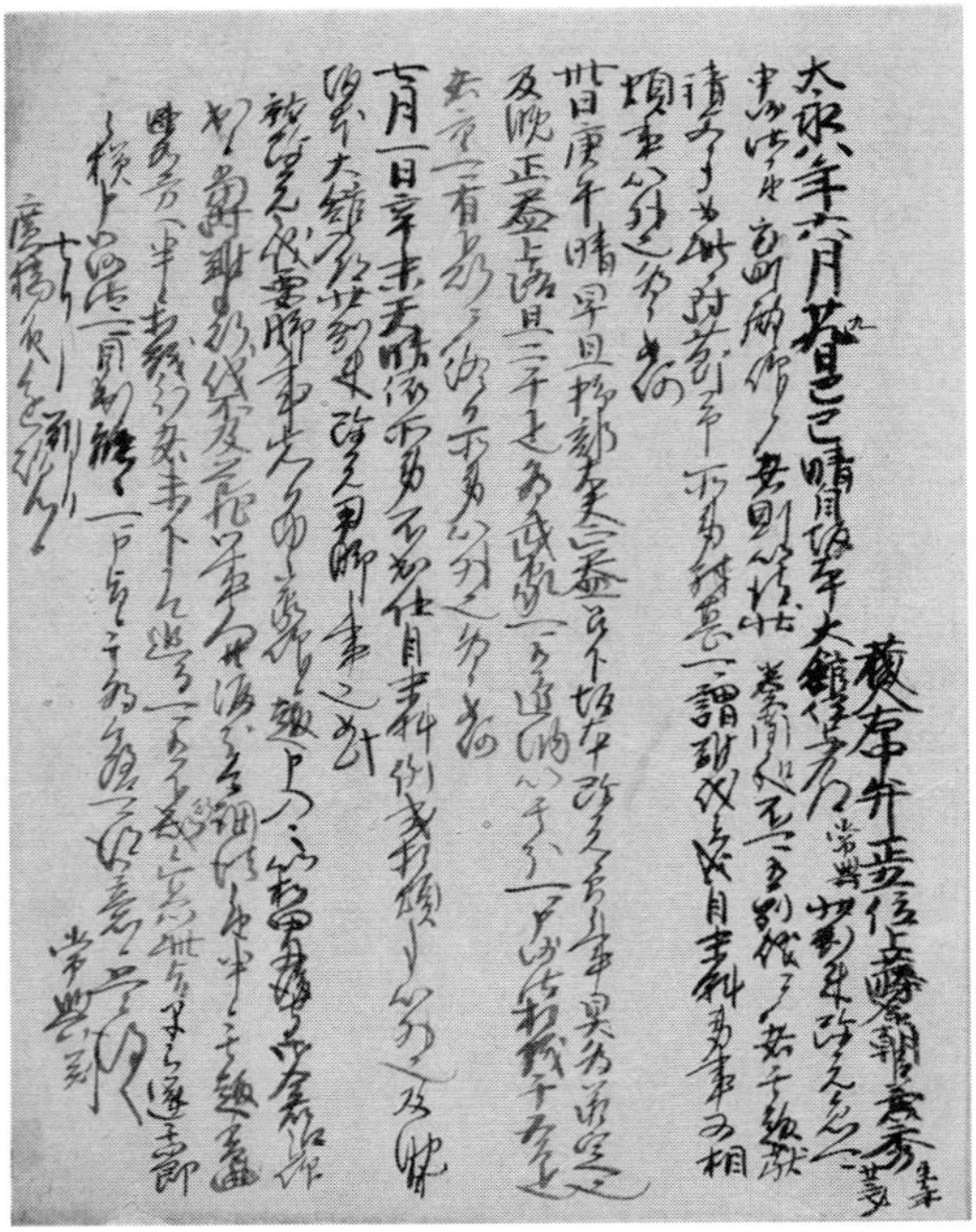

図１　「享禄度改元申沙汰愚記草」第１丁表（歴博176）

［読み下し］（巻首の署名は省略）

大永八年六月廿九日。己巳《きし》。晴る。坂本より大館《おおだち》伊与《いよ》入道《にゅうどう》常興《じょうこう》の状到来す。改元急ぎ申沙汰《もうしざた》すべきの由《よし》、室町殿《むろまちどの》の仰《おお》せとうんぬんてえれば、すなわち彼《か》の状をもって奏聞《そうもん》するのところ、別儀《べつぎ》あるべからずとうんぬんてえれば、その趣《おもむき》請文《うけぶみ》を献《けん》じおわんぬ。かくのごとき時節《じせつ》に予《よ》の所労殊《しょろうこと》に甚《はなは》だし。難儀《なんぎ》というべきものや。未《ひつじ》の斜《なな》めより労《いたづき》の事また相煩《あいわずら》うこと以《もっ》ての外《ほか》なり。これをなすにいかん。卅日。庚午《こうご》。晴る。早旦掃部大夫《そうたんかもんのたいふ》正益《まさます》を坂本に召《め》し下す。改元のあいだの事つぶさに申承《うけたまわ》り定《さだ》めんがためなり。晩に及び正益上洛す。かつがつ二千疋《にせんびき》を武家として進納《しんのう》あるべし。その分《ぶん》をもって申沙汰すべし。あい残る千五百疋は重ねて下行《げぎょう》あるべしとうんぬん。終日《しゅうじつ》所労以ての外なり。これをなすにいかん。

大永八年六月二十九日、近江坂本に滞在していた将軍義晴の側近大館尚氏《ひさうじ》（法名常興）の書状が兼秀の許に届き、早急に改元を取り計らうようにという義晴の指示が伝えられた。兼秀はすぐさま後奈良《ごなら》天皇に伝達し、問題ないとの回答を得て尚氏に報じている。さらに翌日には青侍《あおざむらい》速水《はやみ》正益を坂本に下向させ、幕府による改元費用の負担のあり

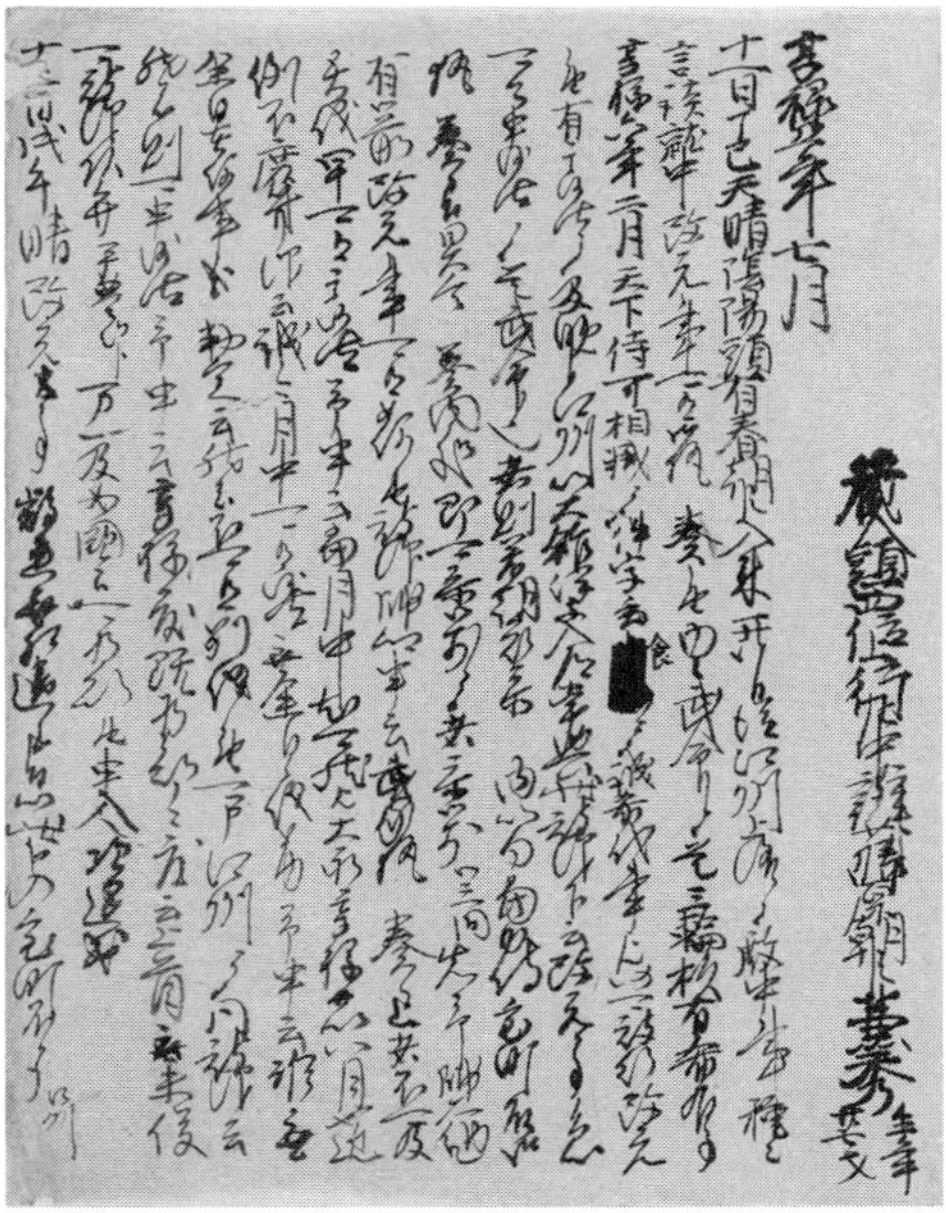

図２「天文度改元愚記草」第１丁表（歴博 206）

方について確認している。兼秀はこの改元に際し、伝奏として幕府との連絡にあたるだけではなく、奉行職事として朝廷内の事務も担当した。改元は八月二十日におこなわれ、年号は享禄と改められる。そして、翌日に正益を坂本に派遣し、尚氏を介して改元を伝える女房奉書《にょうぼうほうしょ》を義晴の許に届け、「改元無事《ぶじ》珍重《ちんちょう》」という義晴の意を承《う》けた尚氏の返事を受け取ったところで、この記録は終わる。

それから四年後、享禄から天文への改元については『天文度改元愚記草』（歴博二〇六）が残る（図2）。ここでも兼秀は、大館尚氏を介して近江武佐の長光寺に滞在する義晴から指示をうけ、改元に向けて動いた。そして、前回と同じく武家伝奏の役割のほか、奉行職事として朝廷内の事務をも担い、改元を果たしたのである。二つの記録は、二度の改元において兼秀が朝廷の内外で非常に重要な働きをしたことをよく伝えるものになっている。

二　叙位の執筆を勤める

兼秀は、天文十四年（一五四五）正月五日の叙位において執筆《しゅひつ》を勤めた。正月叙位の執筆は、数ある朝廷年中行事の所役《しょやく》のなかでも県召除目《あがためしのじもく》の執筆につぐ重役であり、主に摂関家《せっかんけ》・清華家《せいがけ》、時に大臣家の者が勤め、名家《めいか》の者がこの役を担うのは稀であった。兼秀の直前に名家でこれを勤めたのは寛正《かんしょう》元年（一四六〇）の日野勝光《ひのかつみつ》にまでさかのぼり、八十五年ぶりになる（『叙位除目執筆抄《じょいじもくしゅひつしょう》』）。兼秀の勤仕《ごんし》については、『後奈良天皇宸記《しんき》』天文十三年十二月二十八日条に以下の記載がある。

[読み下し]（原文省略）

叙位執筆の事、おのおの故障《こしょう》あり。広橋大納言年来《としごろ》の執心《しゅうしん》の由《よし》申すのあいだ、彼の家に仲光卿《なかみつきょう》一度勤む。過分《かぶん》至極《しごく》たりといえども、この例をもって仰せ出《いだ》さるなり。おのおのあるべからざるの由沙汰《さた》あり。尤《もっと》もたりといえども、朕別《ちんべつ》して不便《ふびん》のあいだ、この度《たび》ばかり仰せ出さる。祝着《しゅうちゃく》の由申す。

叙位の執筆について辞退者が多く、兼秀が先祖の仲光の例をあげて強く望んだため、朝廷内での反対が強かったものの、特別に命じたという。実際、醍醐寺理性院主《だいごじりしょういんしゅ》の厳助《げんじょ》が自身の日記を後年にまとめた『厳助往年記《おうねんき》』に「彼の家初例《しょれい》か。名家参勤《さんきん》の例万里家《までのけ》の例をもって申さるとうんぬん」とあり、異例という声を確認できる。ただし初例というのは厳助の誤解で、後奈良の記すとおり、仲光が応永《おうえい》二年（一三九五）に勤めた先例があった。また、『公卿補任《くぎょうぶにん》』同年分の兼秀の尻付《しつけ》（注記）には「叙位執筆初度」と記すが、三条西家《さんじょうにし》が伝えた本はさらに「上首《じょうしゅ》を閣《さしお》きて頻《しき》りに懇望《こんもう》し、別勅《べっちょく》をもって参勤す。未曾有なり」という非難のことばを続けている。

実はこの時、兼秀が後奈良に「年来の執心」を伝えた消息《しょうそく》の案文が『広橋家所伝文書雑纂《ざっさん》　広光卿《ひろみつきょう》書状外三十九通』（歴博九六七）に残っている（図3）。長文の散《ち》らし書《がき》の仮名消息で、裏紙《うらがみ》（二紙目）最奥（端裏書《はしうらがき》に相当する）の兼秀自身が加えた覚えに「勅書請文案《ちょくしょうけぶみあん》」とあり、後奈良の意向を伝えた女房奉書に対する回答を控えたと解される。天文十三年十二月二十六日の日付から、後奈良が最終的に執筆を命じた二日前のものだと知られる。

[釈文]

仰之趣跪承候畢、元日内弁事、さやうに三条大納言(三条西実澄)をもつて甘露寺大納言(伊長)にかり入たう候つるや、たんかうい(返シ書)たし候へき由申候ほとに(上)、今朝まかり向て候へは、いま一はしまつこしやうのとをり申候へと申候つる、練なとの事まて(裏紙)何候やらん申候て、大略さんし候へきやうに候つるまゝ、たゝいまのとをり言上いたし候つる、故障申つめ候よし驚存候、さためて俄何とかて子細出来と推量(裏紙上)仕候、先々叙位執筆の事、内府(今出川公彦)故障につきて、堅仰下され候、忝畏存候、先上首(上上)にふれられ候へきかとの御事、最前に内々言上仕候ことく、丞相不参のうへにては、当時(下)上首内右大将(徳大寺実通)・左大将(一条晴良)・一条大納言(兼冬)なとさんしにおきては、更に〳〵其望を申候へき事も、かへりて未練の事にて候、たとい下臈にて候とも、西園寺(公朝)・久我(晴通)両(裏紙下)大納言なと参仕候はゝ、これも沙汰に及候はぬ御事にて候、たゝいま上首の内ふれられ候へき□(はカ)左大将の御事候や、元日・白馬ともに御拝賀事行候はて故障申され候上にて、(中)叙位にいたりて御参候はん御望候はゝ、尤もよきもなく存候、又上首とて自然甘露寺大納言なとに先おほせられ候へきとの御事候や、これは家におきて例なき御事にて、その家よりはしめて勤しの時は、先々御さたを経られ候、闕如(裏紙中)に及候て、力なき時の御さたにて候やと存候、又三条大納言かさねて参勤候へきとの御事候や、彼卿ははや両度まて勤し候うへは、かならす下臈にわたし候ましきなともいかゝの様に存候、兼秀(広橋)事、不堪未練の儀にて以前(中上)円座をけかし候へきと内々言上いたし候事なと候、誠出物のいたり千万なから、かつうは御用をかけられ候故、又一流におきて勤しの例も候へは、その跡をもむなしくうつもれ候はぬ様にとゆひかひなき執心はかりの言上にて候、一流(裏紙中上)に例なき事にて候はゝ、上首とて実澄卿いくたひもきんし候へきなと申候へ□(とカ)もおもしろく候、例あるうへにては、たゝいま闕如に及候はすは、勤しなき様に御沙汰に及候へき事、かつうは不便至極と存候、なう祖仲光卿(広橋)参勤のとき、上首(中下)を済々候つる、ことに後三条太政大臣実冬公于時大納言上首にて未役にて候つる、叙位に参候へきかくこにて候つるを、仰にて第六大納言にて円座をけかし候、かやうの例も御さ候、その時の当官公卿補任一紙しるししん上(裏紙中下)仕候、かんよう左右大将・一条なと参仕にて候はゝ、是非に及候

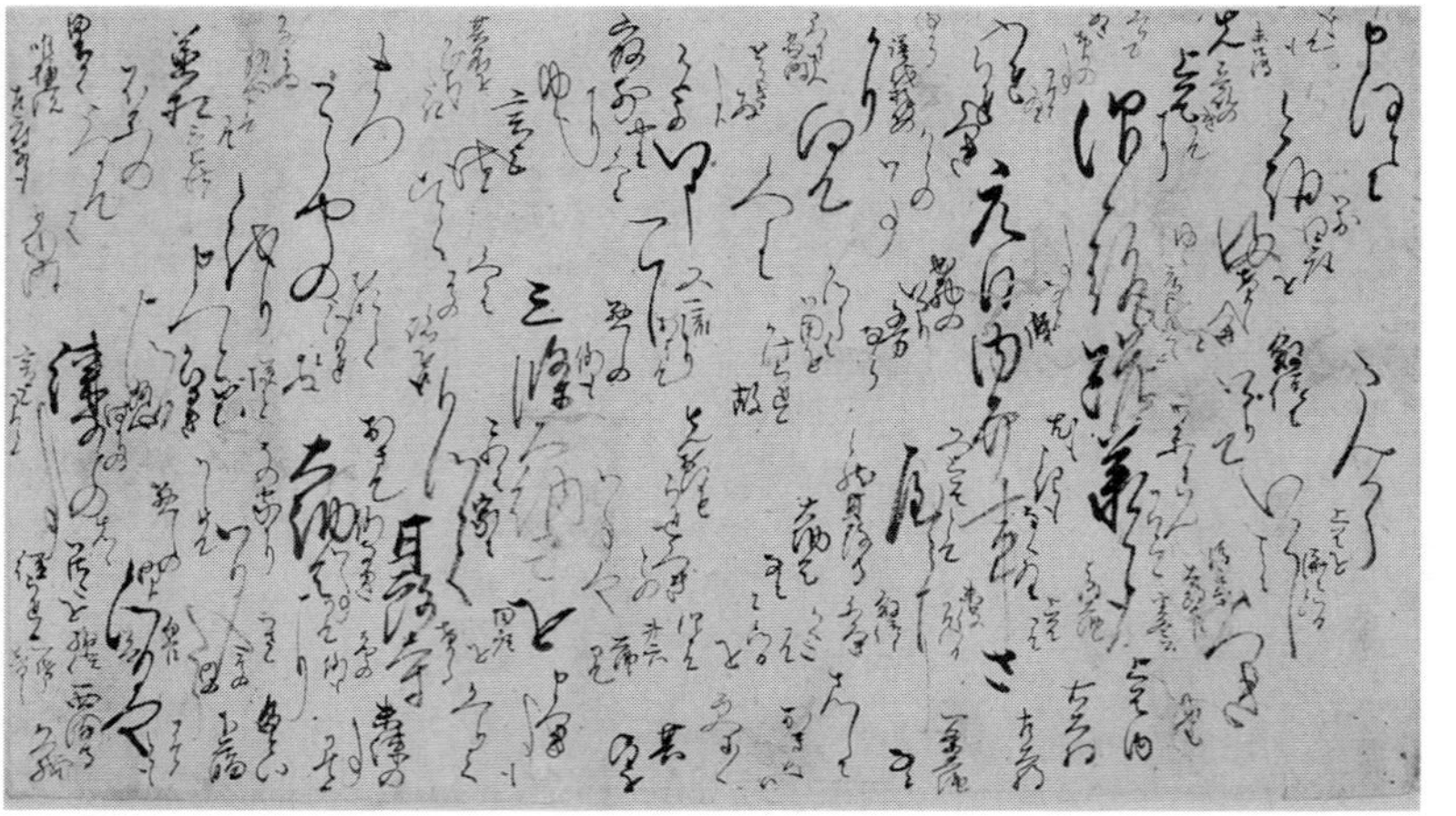

広光卿書状外三十九通」（歴博 967）のうち

はす候、或家に初例の人体、又は重役の輩に仰られ候へき事は、思食分られ候はゝ、忝かしこまり存候へく候、かやうに言上(上上上)いたし候ても、未口伝不可説のきにて、かへりてあさけりの事にてと存候なから、譜代相伝のうへにさへ、当時とゝき候はぬ事ははんたのやうに候へは、其名をかけまいらせたきかなはぬ執心までにて言上仕候、まちかく唯称院(日野勝光)左府なとも第七大納(裏紙上上上)言にて卅二才のとき奉仕仕候、返々闕如に及ての御事は、家に例なき時の御事にてと存候、万里小路も仲房公はしめて勤し候て、その後嗣房・時房両公は御沙汰に及候はす勤し申候、此等趣宜様御ひろう頼存候、巨細言上弥自由にあひに候、宜様頼存候、かしく、

「勅(裏紙奥端書)書請文案 天文十三十二廿六 叙位執筆事」

［読み下し］

仰せの趣跪《ひざまず》きて承り候いおわんぬ。元日の内弁《ないべん》の事、さように三条大納言をもって甘露寺《かんろじ》大納言に「かり入たう」候いつるや。談合いたし候うべき由申し候うほどに、今朝罷《まか》り向《むか》いて候えば、いま一端《ひとはし》まず故障の通り申し候えと申し候いつる。練《ねり》などのことまで何《なに》候うやらん申し候いて、大略参仕《たいりゃくさんじ》候うべきように候いつるまま、只今の通り言上《ごんじょう》いたし候いつる。故障申し

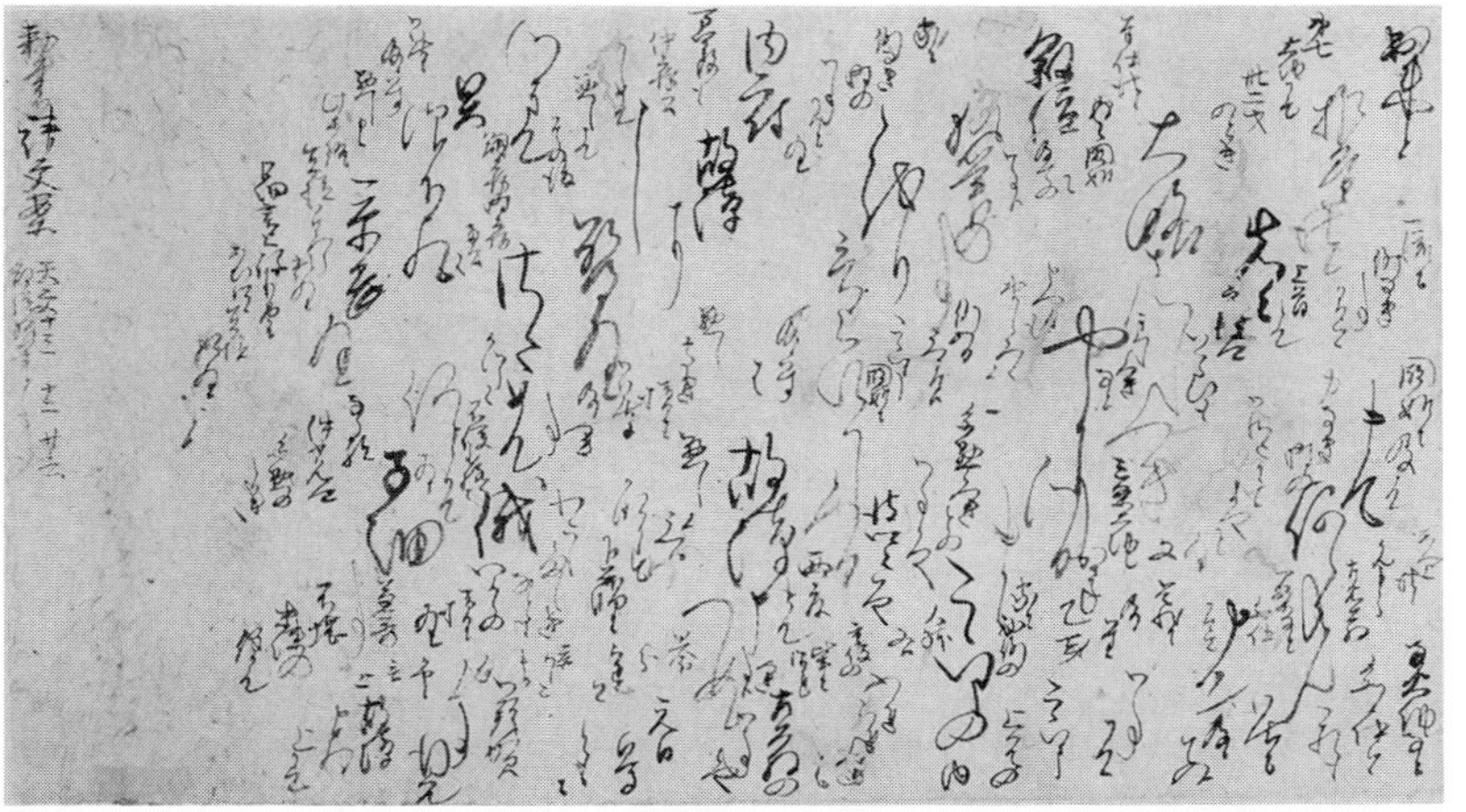

図３　広橋兼秀消息案「広橋家所伝文書雑纂

詰《つ》め候うよし驚き存じ候う。定めて俄《にわ》かに何とかで子細出来《しゅったい》と推量仕《つかまつ》り候う。まずまず叙位執筆のこと、内府《だいふ》故障につきて、堅く仰せ下され候う。忝《かたじけな》く畏《かしこ》まり存じ候う。まず上首《じょうしゅ》に触れられ候うべきかとの御事《おんこと》、最前《さいぜん》に内々《ないない》に言上仕り候うごとく、丞相《じょうしょう》不参の上にては、当時上首のうち右大将《うだいしょう》・左大将・一条大納言など参仕におきては、更に更にその望みを申し候うべきことも、かえりて未練《みれん》の事にて候う。仮令《たとい》下﨟《げろう》にて候えども、西園寺《さいおんじ》・久我《こが》両大納言など参仕候わば、これも沙汰《さた》に及び候わぬ御事にて候う。ただ今上首の内触れられ候うべきは左大将の御事候うや。元日・白馬《あおうま》ともに御拝賀事行《ごはいがことゆ》き候わで故障申され候う上にて、叙位に至りて御参《おまい》り候わん御望《おのぞ》み候わば、もっとも余儀《よぎ》もなく存じ候う。また上首とて自然《しぜん》甘露寺大納言などにまず仰せられ候うべきとの御事候うや。これは家におきて例なき御事にて、その家より初めて勤仕《きんじ》の時は、まずまず御《ご》沙汰《さた》を経《へ》られ候う。闕如《けつじょ》に及び候いて、力《ちから》なき時の御沙汰にて候うやと存じ候う。また三条大納言重ねて参勤候うべきとの御事候うや。彼の卿は早《は》や両度まで勤仕候う上は、必ず下﨟に渡し候うまじきなどもいかがのように存じ候う。兼秀のこと、不《ふ》堪《かん》未練の儀にて以前円座《えんざ》を黷《けが》し候うべきと内々に言上いたし候うことなど候う。誠に出物《しゅつぶつ》の至り千万《せんばん》ながら、且《か》つうは御用を懸《か》けられ候うゆえ、また一流におきて勤仕の例も候えば、その跡をも虚しく埋《うず》もれ候わぬようにと遺誡《ゆいかい》なき執心ばかりの言上にて候う。一流に例なき事にて候わば、上首とて実澄《さねずみ》卿幾度も勤仕候うべきなど申候えども面白《おもしろ》く候う。例ある上にては、只今闕如に及び候わずば、勤仕なきように御沙汰に及び候うべきこと、且つうは不便《ふびん》至極と存じ候う。曩祖《のうそ》仲光卿参勤《さんきん》の時、上首を済々《せいせい》候いつる、殊《こと》に後三条《のちのさんじょう》太政大臣実冬公時《さねふゆこうとき》に大納言上首にて未役《みやく》にて候いつる。叙位に参り候うべき覚悟にて候いつるを、仰せにて第六大納言にて円座を黷し候う。かようの例も御座《ござ》候う。その時の当官公卿補任一紙《いっし》記し進上仕り候う。簡要《かんよう》左右大将・一条など参仕にて候わば、是非《ぜひ》に及び候わず候う。或いは家に初例の人体《にんてい》、または重役《じゅうやく》の輩《ともがら》に仰せられ候うべき事は、思《おぼ》し食《め》し分《わ》けられ候わば、忝く畏まり存じ候うべく候う。かように言上いたし候うても、未口伝不可説《みくでんふかせつ》の儀にて、かえりて嘲《あざけ》りの事にてと存じ候うながら、譜代相伝《ふだいそうでん》の上にさえ、当時届き候わぬ事は繁多《はんた》のように候えば、その名を懸けまいらせたき叶わぬ執心までにて言上仕り候う。間近《まぢか》く唯《ゆい》称院左府《しょういんさふ》なども第七大納言にて卅二歳の時奉仕仕り候う。返す返す闕如に及びての御事は、家に例なき時の御事にてと存じ候う。万里小路《までのこうじ》も仲房《なかふさ》公初めて勤仕候いて、その後嗣房《つぐふさ》・時房《ときふさ》両公は御沙汰に及び候わず勤仕申し候う。これらの趣よろしきよう御披露《ごひろう》頼み存じ候う。巨細《こさい》の言上いよいよ自由に相似《あいに》候う。よろしきよう頼み存じ候う。かしく。

まず、元日節会の内弁について、甘露寺伊長《これなが》が急に辞退を申し出たことを訝《いぶか》しんでいる。これは三日後に伊長が権大納言を辞し、かわりに柳原資定《やなぎわらすけさだ》が現任《げんにん》に復帰して勤めることになる。

つぎに叙位の執筆について、内大臣今出川公彦《ないだいじんいまでがわきんひこ》が辞退したため、上首の者で勤仕する者がないか確認したうえであれば、兼秀の希望を認めるとした後奈良の意向に対して回答を行っている。これがこの文書の主眼で、すこぶる長文にわたる。すなわち、上首のうち摂関家・清華家の者、および自身より下臈（席次が低いこと）でも清華家の者が勤仕する意思があるというなら、自身の出る幕ではない。だが、上首のうち甘露寺伊長（名家）は、家に勤仕の例がなく、他に適任者が皆無という事態ではないので不適格だ。いまひとりの三条西実澄（大臣家）は、すでに二度勤仕しており、家に例のある兼秀に任せるのが適切だ。また、仲光が勤めた際は、転法輪三条《てんぽうりんさんじょう》実冬《さねふゆ》（清華家）が上首で執筆をまだ勤めていない状況だったにもかかわらず、仲光が命じられたと述べる。ほかに名家の先例として、日野勝光および万里小路家の例もあげる。つまり兼秀は、三条西実澄および甘露寺伊長（実澄の母方の叔父）の競合を却けようとしていたのである。この執念にうたれたのか、後奈良は兼秀を不憫に思って執筆の役を許すことになる。三条西本『公卿補任』に兼秀への非難が記されているのもうなずける。

なお、兼秀は勤仕にあたり、近衛稙家《このえたねいえ》から尻付の記載法に関する先例集を借り受け、後日に書写している（歴博四〇九『後法性寺殿御抄《のちのほっしょうじどのみしょう》』）。さらに弘治三年に内大臣に任じられるにあたっては関白近衛前嗣《さきつぐ》（のち前久《さきひさ》）の執奏《しっそう》（推薦）を得ている。このように見てくると、兼秀は幕府およびそれと結んだ近衛家と協調しつつ、朝廷儀礼に積極的に参画して戦国時代の朝廷を支えながら、それを通して自家の家格上昇に励んでいたとまとめられる。そして、広橋家が伝えた史料のなかには、その努力のあとが色濃く残されているのである。

（末柄　豊）

参考文献

末柄豊『戦国時代の天皇（日本史リブレット八二）』山川出版社、二〇一八年

渡辺滋「広橋兼秀の有職研究―中世貴族社会における「揚名介」認識の一例として」『国立歴史民俗博物館研究報告』一九〇号、二〇一五年

コラム7

廃棄された将軍足利義晴の手紙

　国立歴史民俗博物館所蔵広橋家旧蔵記録文書典籍類のほとんどは、広橋家の者が作成した記録、あるいは広橋家の者に宛てられた文書など、同家に伝わるべくして伝わった史料である。ただし、史料とは詰まるところモノであり、贈与や売買、あるいは業務の必要にもとづく貸借など、さまざまな契機によって家を超えて移動することが少なくない。そこで調べてみると、なかには本来は広橋家と関係がない史料も存在しており、そこには思いもかけないものが見出されることもある。一例として、『除目《じもく》』（歴博四五五）および『除目執筆記《しゅひつき》　下』（歴博四六三）の紙背文書《しはいもんじょ》に注目したい。

　両書はともに除目を取り仕切る執筆の役に関する内容を有するが、この役は一上《いちのかみ》（第一の大臣）がつとめるのが原則で、これにあたるのは摂関家や清華家などの上級貴族であり、広橋家は該当しない。『除目執筆記　下』の巻首には「従一位」が他家の者への披見を禁じた識語があり、この人物は誰かわからないが、広橋家の者ではなく、本来は他家以外に伝わっていた本だと判断される。引合《ひきあわせ》と呼ばれる上質な料紙を用い、全紙に紙背文書がある。この紙背文書は、大半が禁裏《きんり》の女官または武家《ぶけ》伝奏《てんそう》を宛所として掲げており、一五二〇年代後半から三〇年代に後奈良天皇（在位一五二六〜五七）の手許に集積された文書だとみられる。おそらく、一五四〇年前後、上級貴族の誰かが禁裏で不要になった文書を譲り受け、両書を書写するために用いたのであろう。

　両書あわせて四十九紙の紙背文書は、二紙で一通を成すものもあり、全部でおよそ四十通におよぶ。そのなかで最も印象的なのが『除目』の紙背文書にみえる一通である（図1）。

[釈文]

東洞院殿（勧修寺藤子）御不例のよし承候、驚入存候、御養性かん
よふたるへく候、能々得其意可被申入之状如件、
十二月廿日　　　義晴（足利）（花押）
広橋頭弁殿（兼秀）

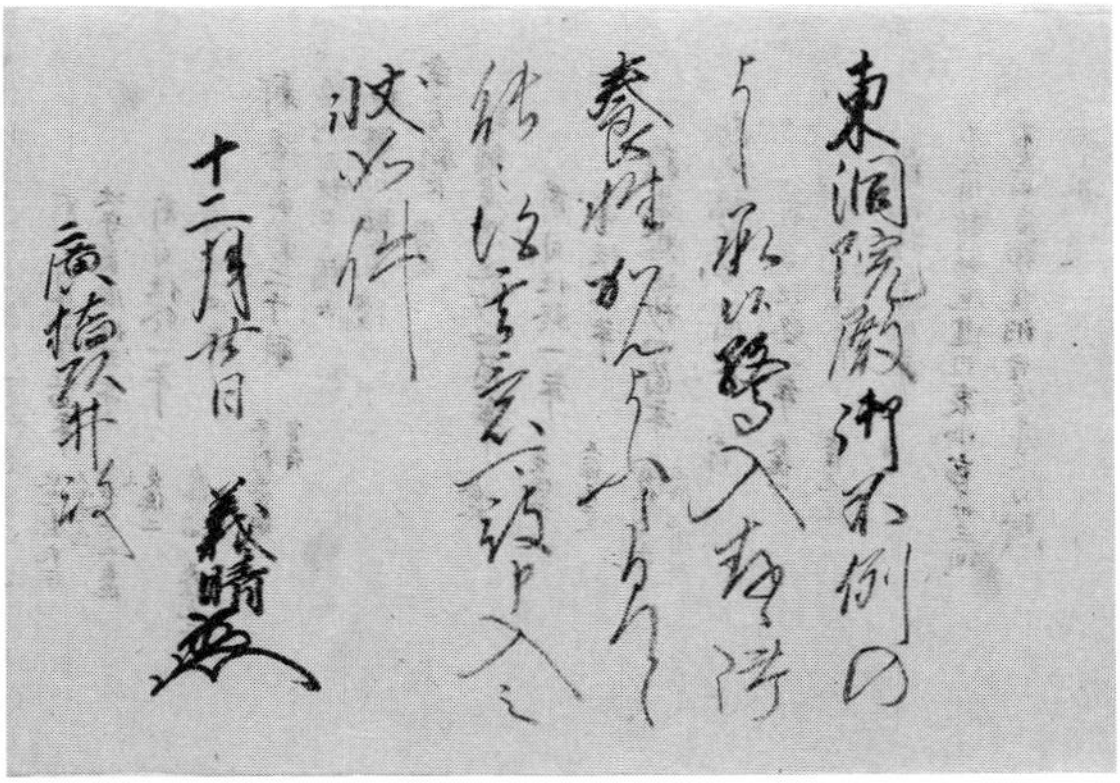

図1　足利義晴御内書（天文3年）12月20日『除目』紙背文書（歴博455）のうち

[読み下し]

東洞院殿御不例《ひがしとういんどのごふれい》のよし承り候う。驚き入り存《い》じ候う。御養性肝要《ごようじょうかんよう》たるべく候う。よくよくその意を得て申し入れらるべきの状くだんのごとし。

差出人は室町幕府十二代将軍足利義晴《よしはる》であり、文書名は足利義晴御内書《ごないしょ》となる。後奈良天皇の生母勧修寺藤《かじゅうじふじ》子《こ》の病状を心配している旨を伝えてほしいと、武家伝奏の広橋兼秀《かねひで》に対して述べている。禁裏女官の用務日誌『御湯殿上日記《おゆどののうえのにっき》』天文《てんぶん》三年（一五三四）十二月二十日条に、「義晴から藤子の病気が心配だという手紙があった。使者は広橋兼秀。謝意を女房奉書《にょうぼうほうしょ》（女官が天皇の意を伝えた手紙）で伝えた」とみえるものである。後奈良の手許に至ったことが明白で、兼秀は単なる使者にすぎないことが確認できる。

さらに『除目執筆記　下』の紙背文書にもつぎのような一通がある（図2）。

[釈文]

就観音尊像之儀、被成下　勅書候、謹以拝見之、忝

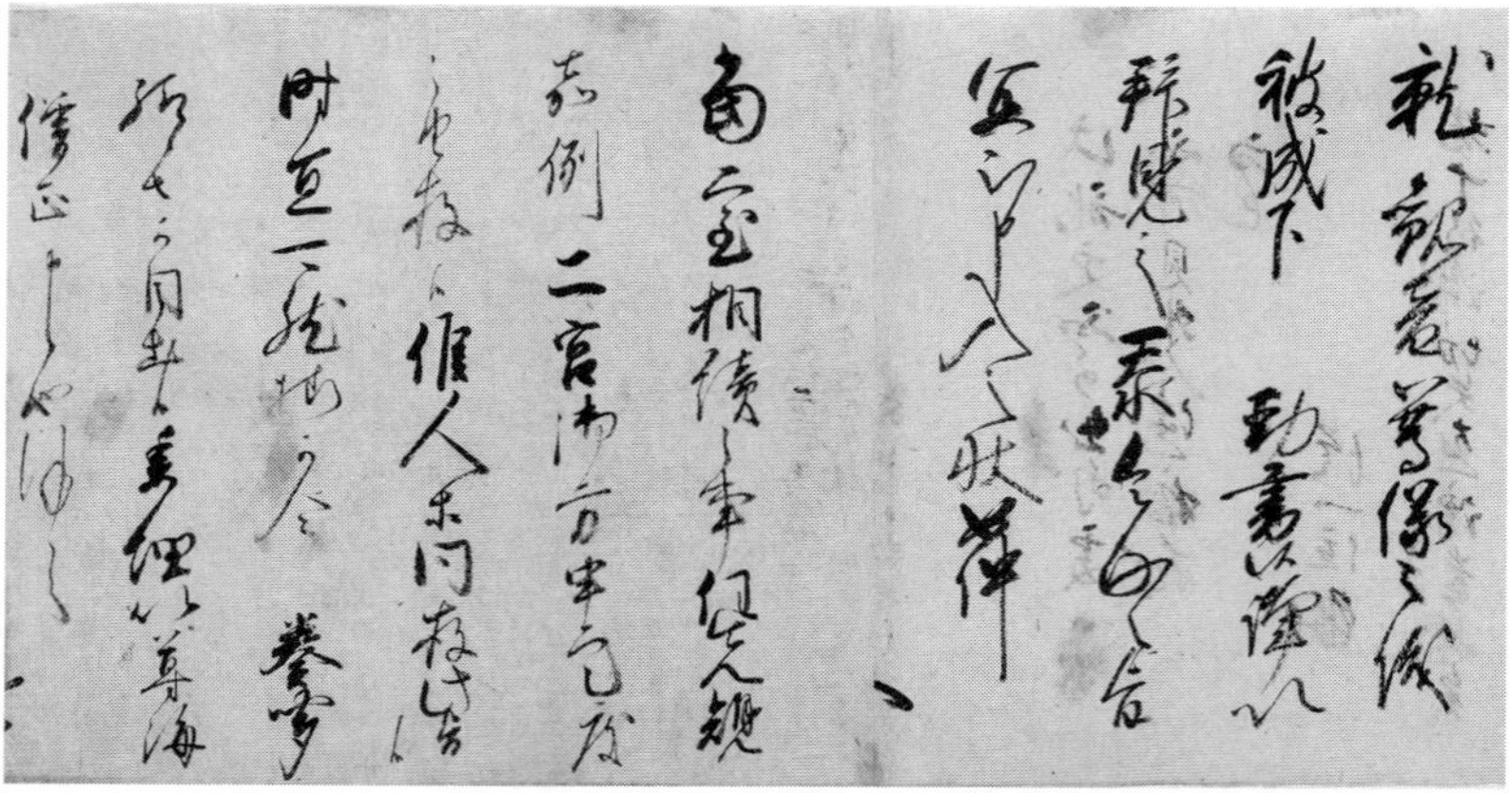

図2　（右）足利義晴御内書（後欠）（天文4年6月19日）（右端の余白部分は割愛）
（左）御室覚道法親王書状（後欠）（大永7年10月）『除目執筆記　下』紙背文書（歴博463）のうち

令存之旨、宜被申入之状如件、

［読み下し］

観音尊像《かんのんそんぞう》の儀につき、勅書《ちょくしょ》を成し下され候う。謹みてもって拝見し、かたじけなく存ぜしむるのむね、よろしく申し入れらるべきの状くだんのごとし。

截断がなされて日付・差出および宛所が不明だが、奥の下方に花押《かおう》の残画が残る。書止《かきとめ》の文言が先の足利義晴御内書と同じで、花押の残画も義晴のそれにみえる。はたして『後奈良天皇日記』天文四年六月十九日条に「義晴から自筆の観音尊像が送られてきた。謝意を勅書で伝えた」という記事がある。義晴から自筆の観音の絵画を贈られた後奈良は、「勅書」で謝意を示した。勅書とは天皇自筆の文書をさし、女房奉書で伝えるよりも格段に丁寧な対応であった。そのため、義晴は礼状に対する礼状をしたためたのだ。それがこの文書である。

御内書が廃棄されて紙背文書として残っている事例は、寡聞にして他に知らない。しかも天皇に宛てたもの二通である。まさしく、思いもかけない史料との出会いである。『除目執筆記　下』の紙背文書には、もう一通、截断されて日付・差出および宛所を欠く書状があり、義晴御内書の左側に貼り継がれている。読解すると、後奈良天皇の実弟である御室《おむろ》（仁和寺門跡《にんなじもんぜき》）覚道法《かくどうほっ》親王《しんのう》の手になるものと知られる。そのなかで覚道は、後奈良に対して第二皇子を御室の後継者として入室させるように依頼している。覚道は大永《だいえい》七年（一五二七）に二十八歳の若さで病没しており、後継者を確保するために最晩年にしたためたものであったろう。このような書状や御内書までもが廃棄されたという事実は、禁裏における文書の選別の基準がいかなるものであったのかを考えるうえで重要な手がかりになる。広橋家の伝えた史料が秘める可能性はまだまだ大きいのである。

（末柄　豊）

コラム8

広橋守光・兼秀と菅原高辻家との親交

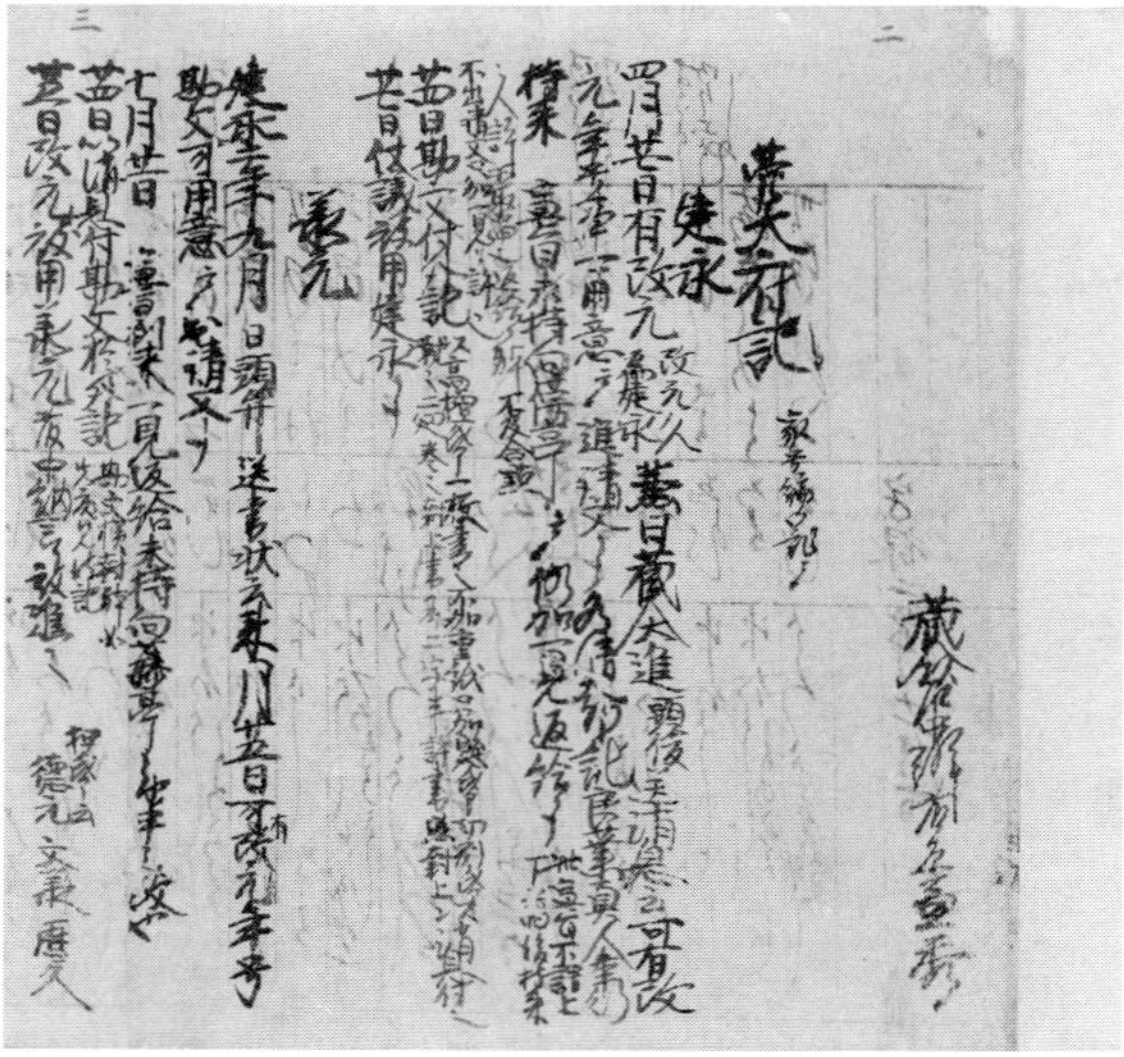

図1　『菅大府記　改元部』（冒頭部分、歴博182）

上に『菅大府記　改元部』の冒頭および、次頁に奥書部分の写真を掲げた。『菅大府記　改元部』は、鎌倉時代前期の菅原為長（一一五八～一二四六）の日記『菅大府記』のうち、建永（一二〇六）から仁治（一二四〇）までの一五回の改元に関わる内容を抄出した記録である（十七紙。この期間のうち、建暦改元〈一二一一〉・暦仁改元〈一二三八〉は、為長も年号勘申をしているが、記事がない）。

菅原為長は、儒者の家に生まれ、大内記・文章博士を歴任し、長く大蔵卿（唐名大府卿）を勤めた。さらに土御門天皇から後嵯峨天皇まで五代の侍読《じとう》（教師）となった。また菅原氏としては二二六年ぶりに参議に昇り、正二位（二品）に至った。摂関九条道家のブレーンを務め「文道棟梁」（『岡屋関白記』寛元四年〈一二四六〉三月

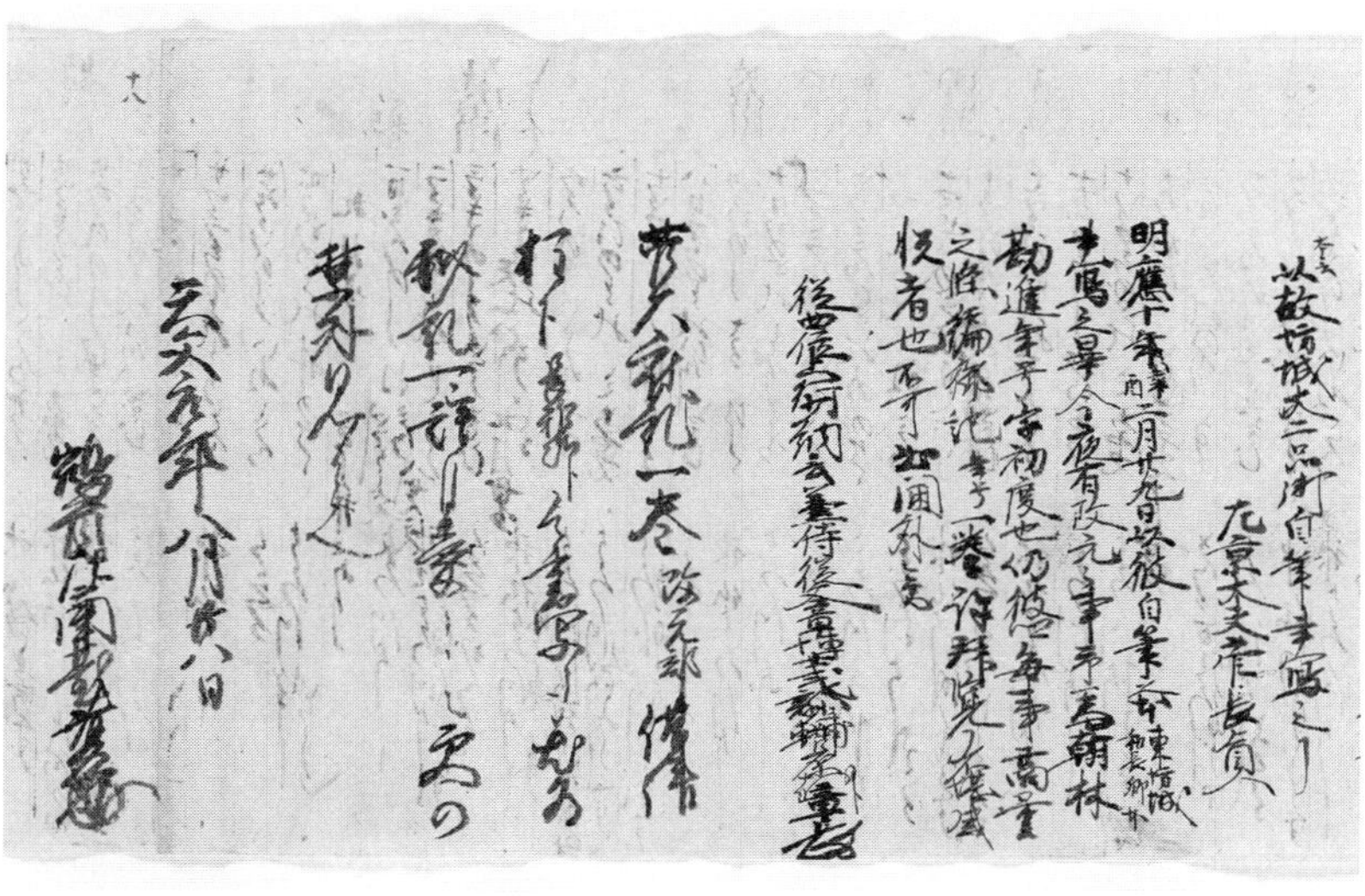

図２　『菅大府記　改元部』（奥書、歴博182）

二十八日条）、「朝の重器、国の元老」（『平戸記』同日条）と称される人物だった。儒者として年号勘申にも何度も携わり、建暦・承久・貞応・元仁・寛喜・貞永・天福・仁治・寛元改元では、為長の勘申した年号が採用された。

図版を見ると、裏側にほんのり線が透けているのが見える。実はこの記録は、享禄三年（一五三〇）正月一日～年末、同四年（一五三一）七月二十三日～年末のかな暦（かなで記されたカレンダー）を翻して記している。使用し終わったカレンダーの裏の白紙部分をこのように再利用することはよく行われた。この記録の場合、透けている罫線が書写にも便利だったのだろうか、罫線に沿って丁寧に書写されている様子が見える。

では、なぜ菅原為長の記録が広橋家に伝わっているのだろうか。奥書、つまり本の最後にこの記録の伝来が記されている。読んでみよう。

［釈文］

本云、

以故坊城大二品御自筆書写之了、

左京大夫菅長員
明応十年〈辛酉、〉二月廿九日、以彼自筆之本〈東坊城和長卿本、〉書写之畢、今夜有改元之事、予為翰林勘進年号字、初度也、仍彼卿毎事商量之条、編御記〈年号、〉一巻許拝見了、不堪感悦者也、不可出闔外矣、
従四位上行少納言兼侍従文章博士式部少輔菅原朝臣章長
菅大府記一巻〈改元部、〉借請柱下〈長雅朝臣、〉令書写了、尤為秘記、可謂自愛々々、更可禁外見者也、
天文元年八月廿八日
鴛首左蘭臺藤原（花押）

[読み下し]
本云《ほんいわ》く、
故坊城《こぼうじょう》大二品《だいにほん》御自筆《ごじひつ》をもってこれを書写《しょしゃ》しおわんぬ、
左京大夫菅長貞《さきょうだいぶかんながさだ》
明応十年《めいおうじゅうねん》〈辛酉《しんゆう》、〉二月二十九日、かの自筆《じひつ》の本《ほん》〈東坊城和長卿本《ひがしぼうじょうかずながきょうほん》、〉をもってこれを書写《しょしゃ》しおわん

〈広橋家・高辻家関係系図〉（奥書に登場する人物を太字とした）

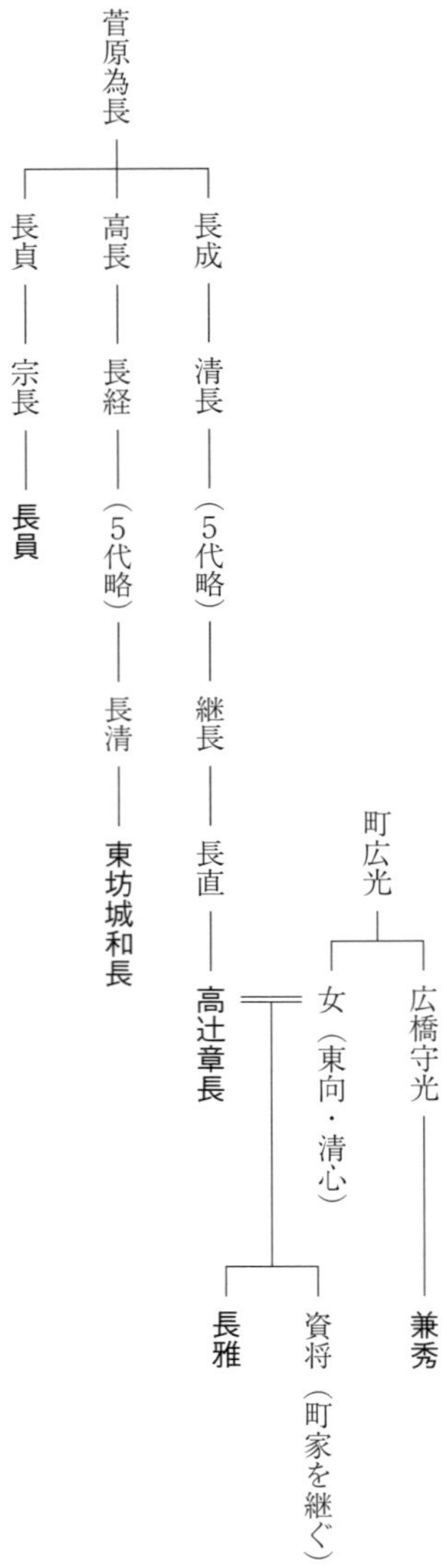

ぬ、今夜《こんや》改元《かいげん》の事《こと》あり、予《よ》翰林《かんりん》として年号字《ねんごうじ》を勘進《かんしん》す、初度《しょど》なり、よってかの卿毎事商量《きょうまいじしょうりょう》の条《じょう》、編御《へんご》記《き》〈年号《ねんごう》、〉一巻拝見《いっかんはいけん》を許されおわんぬ、感悦《かんえつ》に堪《た》えざるものなり、閫外《こんがい》に出《いだ》すべからず、

従四位上行少納言兼侍従文章《じゅしいじょうこうしょうなごんけんじじゅうもんじょう》
博士式部少輔菅原朝臣章長《はかせしきぶしょうゆうすがわらのあそんあきなが》

菅大府記《かんだいふき》一巻《いっかん》〈改元部《かいげんぶ》、〉柱下《ちゅうか》〈長雅朝臣《ながまさあそん》、〉に借《か》り請《う》け書写《しょしゃ》せしめおわんぬ、もっとも秘記《ひき》たり、自愛《じあい》というべし自愛《じあい》というべし、更《さら》に外見《がいけん》を禁《きん》ずべきものなり、

天文元年八月廿八日《てんぶんがんねんはちがつにじゅうはちにち》
鴛首左蘭臺藤原《えんしゅさらんだいふじわら》（花押《かおう》）

この奥書から、次のような流れがわかる。系図と合わせてご覧いただきたい。まず故坊城大二品菅原為長の自ら書いた記録を、そのひ孫である左京大夫菅原長員（一二七三～一三五二）が書写した。長員が左京大夫だったのは、元亨二年（一三二二）年末から正中二年（一三二五）年末までなので、書写はこの間であろう。あるいは正中改元（一三二四）を契機に書写したものかもしれない。

その写本が同族の東坊城和長（一四六〇～一五二九）の手に入り、高辻章長（一四六九～一五二五）が明応十年（一五〇一）二月二十九日これを借りて写している。この日、明応から文亀への改元があり、章長は文章博士として初めて年号の字を勘申した。そのために、和長の配慮で借りて写したという。和長は、章長の師であった（『和長卿記』明応五年十二月一日条）。

そして最後、天文元年（一五三二）八月二十八日に書写した「鴛首左蘭臺藤原」が広橋兼秀（一五〇六～一五六七）である。「鴛首左蘭臺」は蔵人頭、左中弁の唐名（中国風の呼び方）で、当時蔵人頭左中弁だった広橋兼秀が、章長の子高辻長雅（一五一五～八〇）から借りて写したのが本史料である。この年七月二十九日に改元が行われ、享禄五年から天文元年に改められた。兼秀は、改元に伝奏・職事として参仕しており、「天文度改元愚記草」（歴博二〇六）という記録を残している。この参仕に関連して『菅大府記』を借用したものであろう。兼秀が「秘記」「自愛」と喜び、丁寧に書写しているよう

に、三〇〇年ほども前の記録であるが、貴重な改元の参考書とされていた。

　高辻家は広橋家の東隣に住んでいた。長雅の母は兼秀の祖父町広光（一四四四〜一五〇四）の娘、すなわち長雅は兼秀の従兄弟にあたる。守光・兼秀父子は章長としばしば行き来し、章長の和漢連句会や孟子講釈に参加していた。兼秀が初めて学問を行う読書始は、章長を師として行われている（『守光公記』永正十二年二月二十三日条）。この記録からも守光・兼秀と高辻家との学問的交流がうかがわれよう。

　なお長雅の弟資将（一五一八〜五五）は、広光の没後に町家を継承する。しかし天文十八年に逐電し、町家は断絶することになる。

（遠藤珠紀）

参考文献

水上雅晴『年号と東アジア』八木書店、二〇一九年
山崎誠「菅大府卿為長伝小考」『国語国文』四八－七、一九七九年

戦国時代の広橋家と足利将軍家・戦国大名大内氏

武家伝奏《ぶけてんそう》であった広橋家は、戦国時代、足利将軍家はもちろん、地方の武家勢力との交渉も担った。特に公私で密接な関係を持ったのが周防の大名大内《おおうち》氏であった。「広橋《ひろはし》家《け》旧蔵《きゅうぞう》記録《きろく》文書《ぶんしょ》典籍《てんせき》類《るい》」内の史料のほか、『お湯《ゆ》殿《どの》の上の日記』など広橋家と大内氏との関係を示す史料は少なくない。

広橋家と大内氏が直接関係するのは、永正五年（一五〇八）に大内義興《よしおき》が足利義稙《よしたね》（当時は義尹《よしただ》）を擁して上洛したことにはじまる。幕府を支える有力大名と武家伝奏である広橋家は、その職務もあって無関係であることはできなかった。だが、永正十五年に義興が本拠地山口に帰国したため、一時関係は中断する。その後、大内氏と朝廷との取次を担ったのは三条《さんじょう》（転法輪《てぼり》三条）家であった（『お湯殿の上の日記』）。

しかし、天文初期（一五三二〜）より取次の三条家に替わって広橋兼秀《かねひで》がみえるようになる。ただ、当時の三条公頼《きんより》はたびたび大内氏の拠点山口に下向しており、大内氏との関係がなくなったわけではない。

大内義隆《よしたか》は天文元年以降、自身の受領《ずりょう》（周防介《すおうのすけ》・筑前《ちくぜん》守《のかみ》）について、当時の将軍足利義晴《よしはる》ではなく兼秀を通して朝廷に申請している。本来であれば、将軍による執奏《しっそう》を経て任官すべきであるが、大永六年（一五二六）より天文初期にいたる畿内での将軍家と細川京兆《けいちょう》家《け》の分裂抗争のなかで、義晴は近江に避難していた。当初、大内氏は義晴と敵対する堺《さかい》公方《くぼう》足利義維《よしつな》を支持していたとみられており、将軍を通した正規の任官手続きは不可能であった。そこで義隆が期待したのが武家伝奏の広橋家であった。ただ、義晴は上洛のために享禄四年（一五三一）の時点ですでに義隆に接近しはじめている（『往古御内書案《おうこごないしょあん》』ほか）。

大内氏は広橋家と接近したことで、将軍家を介さない対朝廷ルートを確保したが、天文五年の大宰大弐《だざいのだいに》任官も将軍の執奏による任官ではなかった。そのため、三条家など公家衆などは以前の「左京大夫《さきょうのだいぶ》」を使用しており（『天文日記』）、任官は無条件に周囲に認められたものでもなかった。公家社会にとって将軍はなお配慮すべき存在であったのだ。そのため、広橋家と将軍家との関係が絶たれたわけではない。実際に兼秀は武家伝奏として近江の義晴と京都をたびたび往復しており、公武間交渉の担い手として機能していた。

その後、天文三年の義晴帰洛、同五年の後奈良天皇《ごならてんのう》即位式など、畿内情勢が安定化するなか、兼秀は天文五年以来、勅使として度々山口に下向している。兼秀の養女（兼子《けんし》）や息女（広徳院御新造《こうとくいんごしんぞう》）は義隆の妾となっており、公私ともに接近していた。

公私の縁もあり、義隆は兼秀に公家故実の顧問のような役割も期待した。それを現す史料が「守光公書状案《もりみつこうしょじょうあん》」（図1）である。ただ、「守光」は関係なく、内容から天文十五年三月に作成されたものであり、執筆者は兼秀とみられる。これは、義隆からの申文についての諮問と、義隆やその子義尊《よしたか》の任官などについての返答からなる。義隆は大宰大弐任官以降、公家にならって官職の推挙権である年官《ねんかん》を申請するようになっていたため、そのノウハウである故実を広橋家に諮問していた。武家では将軍のみが行っていたものである。

この案文の内容から義隆は世襲の公家化（堂上《とうしょう》化）を目指していたことがみてとれる。義隆は天文十年に従三位《じゅさんみ》、同十四年に正三位《しょうさんみ》となり、この時点で公卿《くぎょう》であった（のち従二位《じゅにい》）。父義興も従三位となり、義隆と二代にわたって生前に公卿となったのである（先々代政弘《まさひろ》や、その先代教弘《のりひろ》は死後贈従三位）。

これは代々堂上公家でもある足利将軍家の貴種性を希薄化させるものであり、足利氏を頂点とする武家秩序を離脱しようとする動きであった。広橋家はこのような大内氏の動きに加担したのである。もっとも大内氏と将軍家の音信が切れたわけではなく、御礼や偏諱授受も行

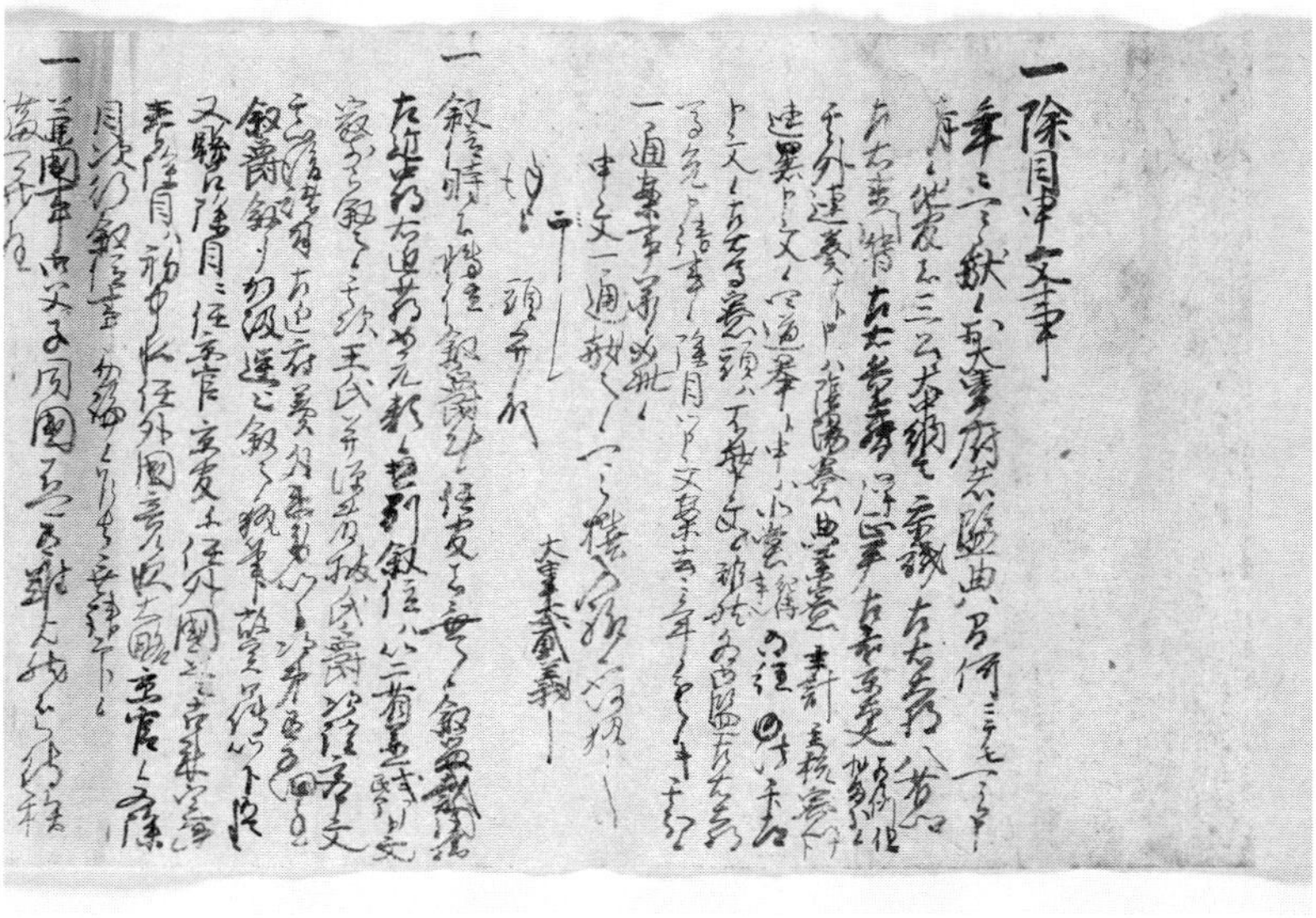

図1　「守光公書状案」（部分、歴博561）

われていた（『御内書要文《ごないしょようぶん》』）。なお、当時「両伝奏」として広橋家とともに武家伝奏であった勧修寺《かじゅうじ》家は、大内氏に接近することはなかった。

また、「守光公書状案」と同じ、天文十五年に義晴は、嫡男義輝《よしてる》に将軍職を移譲するが、それに先立つ元服において、兼秀は上卿《しょうけい》、その子国光《くにみつ》は将軍宣下の職事《しきじ》奉行として参列している（『光源院殿御元服記《こうげんいんでんごげんぷくき》』）。兼秀はこれに先立って、文安《ぶんあん》六年（一四四九）の足利義成《よししげ》（義政《よしまさ》）の元服記を書写している（「足利義成元服記　文安六年」〈歴博五六九〉）。記主は義政の元服総奉行をつとめた摂津《つ》之親《ゆきちか》で、同記はその孫で義輝の元服総奉行摂津元造《もとなり》が所持していた。之親の姉妹は広橋綱光《つなみつ》の室であり、摂津氏と広橋家は所縁があった。兼秀は頭書に「触眼《しょくがん》（ふと目にした）」と記しているが書写の時期からして、義輝の元服参加を意識したものであることは間違いない。広橋家は遠方の大内氏との関係しながら、将軍家にも奉仕も継続していたのだ。

このほかに、「県召除目成文《あがためしのじもくせいぶん》　天文二十年」内「同日参議多々良朝臣義隆当年給申文」（歴博五二九－一五）

の位署書《いしょがき》に、「参議」とみえる。大内氏の公家化が完成段階に入ったといえる。当時の山口には三条家ほか、多くの公家衆が在国していたが、広橋家も関与の支援していたと思われる。『公卿《くぎょう》補任《ぶにん》』には義隆は「非参議」であるが、同年に大寧寺《だいねいじ》の変で義隆が殺害されたため、『公卿補任』には反映されなかったと思しい。

だが、広橋家との関係は義隆の代で終焉した。大内氏は継続するが、大寧寺の変では山口に滞在していた多くの公家が殺害されたことから、これを嫌悪したのであろう。家督を継承した大内義長《よしなが》（もと大友晴英《おおともはるひで》）は家督継承後、将軍義輝より各種の栄典《えいてん》を受けて足利氏の秩序に復帰した。新しい大内氏は朝廷ではなく、幕府の権威を利用することを選択したのである。一連の栄典は幕府重臣で大内氏担当の申次であった伊勢氏を通して行われており、広橋家の関与はみられない。

その後、広橋家は将軍家に替わって畿内で台頭する三好・松永氏に接近し（兼秀の娘は松永久秀《ひさひで》継室に）、将軍家との関係は次第に変化していく。

参考文献

神田裕理「久秀の義兄・武家伝奏広橋国光と朝廷」天野忠幸編『松永久秀』宮帯出版社、二〇一七年
木下昌規『足利義晴と畿内動乱』戎光祥出版、二〇二〇年
木下昌規『足利義輝と三好一族』戎光祥出版、二〇二一年
藤井崇『大内義隆』ミネルヴァ書房、二〇一九年
山田貴司『中世後期武家官位論』戎光祥出版、二〇一五年
湯川敏治「大内義興、従三位叙任の背景と武家伝奏の職務―『守光公記』を中心に―」『山口県史研究』一九号、二〇一一年

（木下昌規）

第5章

中世の朝廷政務と広橋家

第一節　天皇家の分裂・国司制度の解体と朝・幕関係の再構築

はじめに

十四世紀は朝廷のあり方が全体として大きく変わった時代である。特に、国司制度に徴税機構としての実態がなくなってしまったために、即位儀礼をはじめとする朝廷の諸儀式は幕府の財政支援なしには実現できなくなった。このために、皇位継承争いでも、「将軍家と関係のある皇位継承者」を立てようとする動きが顕れて、足利義満の従兄弟にあたる後円融天皇が誕生することになる。義満が従兄弟である後円融天皇の意向に従って、後円融の皇子にあたる後小松天皇を皇位につける前後には、朝廷と幕府との財務連繋は概ね確立して、江戸時代に続く要素が初歩的に揃う。天皇制が再構築された、とも評価できる。

広橋家は兼綱の養女仲子が後円融天皇を産んだことから上記の動きに参画し、やがて、朝廷が幕府に財政支援を要求するための交渉部署である「武家伝奏」を務めることになった。

一　「一国平均役」と「荘園整理」

律令国家の財政は各国国司から中央政府に上納される税によって支えられていた。しかしながら、国司が自らの任期内に限って徴税・上納を荘園領主に委ねる「国免荘《こくめんのしょう》」などの慣行が現れて国司の課税する土地が縮小し、国司が国家的な行事の費用を支えることが難しくなった。長暦三年（一〇三九）に火災に見舞われた内裏を修造する際に、国衙領（公領）だけでなく荘園にも「平均」（一律均等）に課税する「一国平均役《いっこくへいきんやく》」が、初めて行われた。この際に「国免荘」への課税が問題となり、長久元年（一〇四〇）に、国司が在任中につくった「国免荘」を廃止させる「長久の荘園整理令」が出された。国司が課税しない「国免荘」を、課税できる国衙領（公領）にもどす「荘園整理」を行って、「一国平均役」を賦課した。

その後、践祚・即位式・大嘗会のような天皇の即位儀礼や伊勢神宮の造替などについても、「荘園整理」を行って、「一国平均役」を課して賄うという方式が一般化していった。

後三条天皇が定めた延久元年（一〇六九）の荘園整理令も「一国平均役」と関連していた。貞仁（白河天皇）の即位式の式場になる大極殿・八省院（朝堂院）を整備するために「一国平均役」を課そうとした。太政官内の「記録荘園券契所」で審査を行い、天皇自身が関与した。

地方武士団が形成されて、荘園・公領の境界争いに暴力が関わるようになり、国衙レベルでは解決が困難になっていた。太政官や記録所で裁くことになると、審議する公卿の会議「陣定《じんのさだめ》（仗議《じょうぎ》）」が重要になり、広橋家の当主たちの活躍する場になる。

歴博六八八の『経光卿記（ママ）』は、実は経光の父広橋頼資（経光の父）の日記である。寛喜元年（一二二九）

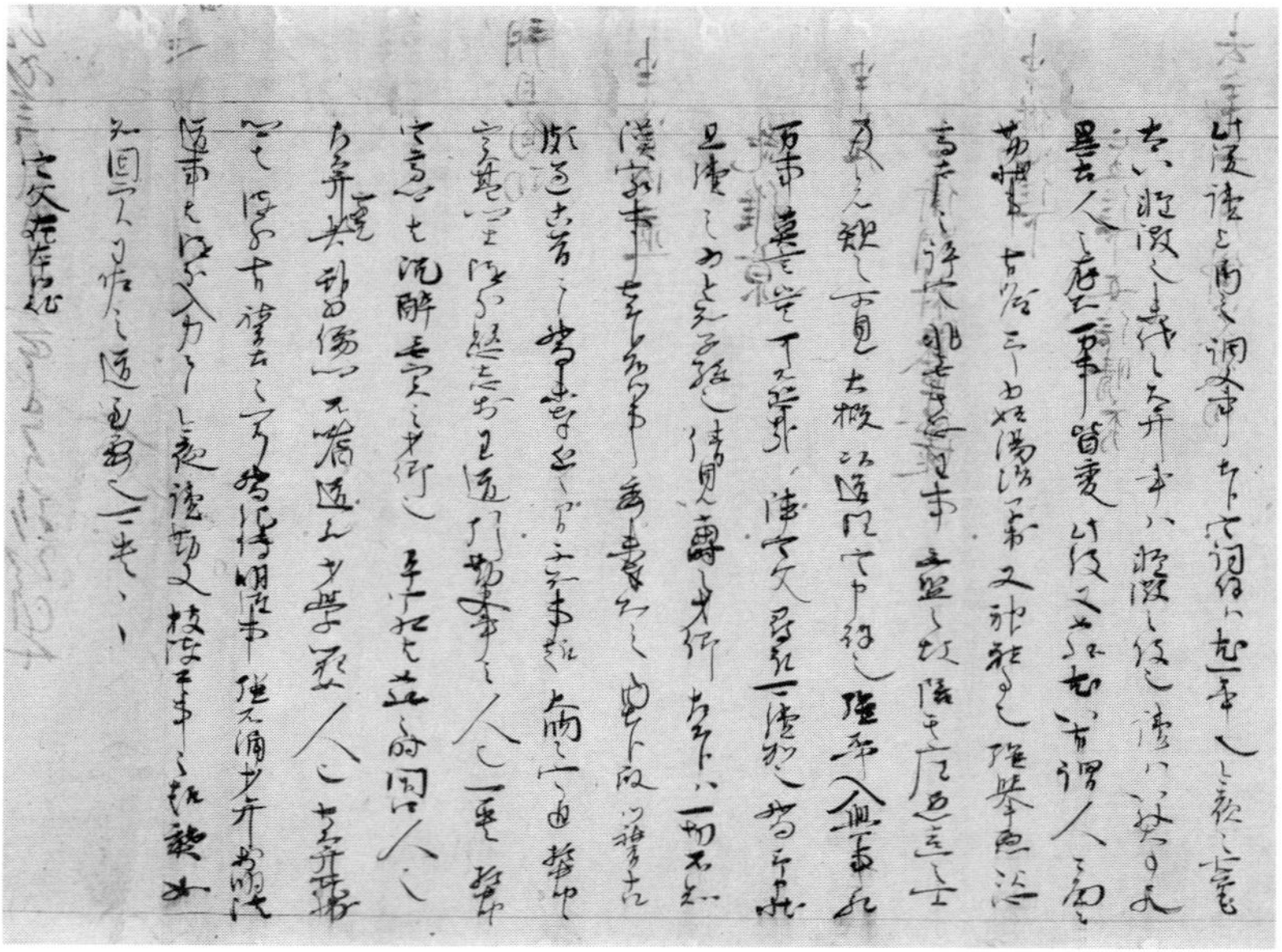

図１　『経光卿記（ママ）』寛喜元年９月13日条（部分、歴博 688）

九月十三日の仗議の記事がある（図１）。祇園社領越中国堀江荘に対して伊勢外宮造営の一国平均役（役夫工米《やくぶたくまい》）が課されて紛議があった。伊勢神宮の下級神職である「神部《かんべ》」が、祇園社の執行《しゅぎょう》（事務長）の晴円の坊舎に押しかけて狼藉し、祇園社の神宝を破損した。この事件を審議した会議である。頼資が心情を記している。

　頼資は仗議の議事を記した後、公卿の九条良平・海住山九条定高・平経高・日野家光について、「道」をたしなまず学問が欠けているなどと酷評した。土御門定通・徳大寺実基については、王道を志し史書をよく学んでいる、と賞賛した。平範輔は明経道には強いが紀伝道は弱い、と批評している。頼資は、紀伝道（文章道）を学ぶイエ「名家」の矜持に恥じぬように努力せよ、と説いているのだ。政策の効果を問われる現代の官僚とは違う価値観である。

二　建武政権期に国司の税務が壊れる

さて、「荘園整理」と「一国平均役」とを両輪とする国司の税務は十四世紀に消滅した。稲葉伸道は、寛元（一二四三〜四七）・文永（一二六四〜七五）・弘安（一二七八〜八八）・元亨（一三二一〜二四）の各年間に朝廷が荘園整理令を出し、幕府もこれに協調して国衙支配の保全を図っていたことを指摘している（稲葉一九九一）。元亨二年（一三二二）正月二十二日の鎌倉幕府追加法七百十七条「国領地頭可済年貢事」は、国司が国衙領の土地の支配を地頭に委任した「請所」契約のうち、「弘安七年以後」の契約は国司が任意に解除できるとする。前年十二月に後醍醐天皇の親政が開始されていた。鎌倉幕府は後醍醐天皇と協調して、諸国国衙の建て直しに取り組んでいたのだという。

建武政権期、後醍醐天皇は各国の国衙に当知行地安堵を委ね、国司と守護を併置して雑訴決断所と連繋させるなどして、国司を重用した。しかし、国司の税務は不調だった。

後醍醐天皇は、建武元年（一三三四）正月に大内裏修造を計画し、「諸国諸荘園検注」を始めた。恒良皇太子の立坊と同じ時期で、即位儀礼の場となる大極殿・八省院（朝堂院）の整備を図ったらしい。後醍醐天皇は父の後宇多上皇からは正嫡と認められておらず、正嫡とされていた兄の後二条天皇の孫の康仁王は鎌倉幕府と結ぶ持明院統の光厳天皇の皇太子になっていた。恒良を正嫡とする後醍醐の皇位継承方針を天下に示すための大内裏修造だった。

諸国に「一国平均役」造大内裏役を課すための土地調査「検注」が始まったが、同年三月十七日に「州郡未静謐、民庶猶疲労」という理由で「今明両年」は検注を延期することを全国の国司に通達した。結局、建武政権は造大内裏役を徴収しないままに崩壊する。

上記の前年の元弘三年七月、建武政権は諸国の国衙に対して、「士卒民庶」が現に領有している「当知行地」を失うことがないように保護せよ、と命じた。建武元年半ばまで、諸国の国衙には「当知行安堵」を求める者が詰めかけていた。「当知行安堵」は「現に有する領地」を実情どおり保護する。「荘園整理」は調査して正当性がなければ収公するので、相容れない関係だ。「当知行安堵」政策は造大内裏役が行き詰まった原因なのかもしれない。

三　朝廷の儀式費用を幕府・守護が徴収するようになる

「当知行安堵」との関係は未詳だが、北朝の国司は朝儀費用の徴税を実現できなくなっていった。

建武三年（一三三六）八月、足利尊氏が光厳上皇に奏請して光明天皇が践祚した。その大嘗会の費用は守護が徴収した。暦応元年（一三三八）九月、「諸国大嘗会米」の徴収について幕府が朝廷に提議し、いったん、「武家被管所領」は守護が、「本所一円御領」は朝廷が、徴収することとした（「九条家文書」『図書寮叢刊九条家文書二』一〇四頁）。しかしながら、十月に摂津守護代が「摂津国諸庄園領主御中」に対して大嘗会米の拠出を命じている（「東寺百合文書」京都府立総合資料館編『東寺百合文書二』九五〜九六頁）。実際には「本所一円御領」についても守護が徴収しなければならなかったようだ（松本二〇一三）。

国司の徴税が衰えることは、幕府にとっても困ったことだった。室町幕府初期の立法と朝廷交渉を担った足利直義は、公領に対する守護の関与を排除して国司の政務を再興しようとした。公領の徴税を守護が請け負う守護請や、守護が国司の官職を兼帯することを禁じた。しかし、国司による徴税は有名無実になっていった。

北朝持明院統の家長の光厳上皇は、暦応元年に長男の興仁（崇光天皇）を光明天皇の皇太子に立てた。しかし、康永二年（一三四三）に方針を改め、興仁の弟の直仁を持明院統の正嫡に定めた。貞和四年（一三四八）に光明天皇から興仁に譲位させ、引き続いて急いで崇光天皇（興仁）から直仁に譲位させようとした。直仁の生母正親町《おおぎまち》実子《さねこ》は足利尊氏の室北条《ほうじょう》登子《とうし》（義詮の生母）の義理の姉妹だった。光厳上皇は尊氏・義詮と関係の深い直仁を皇位につけることで持明院統朝廷の将来を安泰にしようと考えたようだ（家永二〇一三・二〇一六）。

崇光天皇の即位式は貞和五年（一三四九）に行うこととなり、光厳上皇は朝廷側では費用を調達できないからといって尊氏に必要経費を「御訪《おとぶらひ》」（私財献納）で提供するように求めた。幕府は朝廷側で賄ってくれと求めたが押し切られた。北朝は国司を介して自力で徴税する能力を失っていたようだ。

観応の擾乱のさなかの観応元年（一三五〇）八月、北朝の光厳上皇は院宣を発して、崇光天皇大嘗会の「諸国大嘗会米」は「武家沙汰」として徴収・上納せよと命じた。「諸国大嘗会米」は国司の課す一国平均役だが、その徴税業務を幕府に委ねたのだった。これをみると、国司の税務の崩壊は明らかである。

もっとも、観応二年十一月の「正平一統」で崇光天皇が廃されてしまったために、大嘗会は立ち消えとなった。後光厳天皇が観応三年に践祚した際の費用は、幕府が用立てた（久水二〇一一）。

観応年間（一三五〇～五二）より前の室町幕府法には、「国司・領家年貢」などのように「国司」の収税権を保護する旨の文言や規定がある。しかし、観応年間以降の幕府法には「国司」「国衙領」の語彙が全くない。国司の徴税業務が衰退したからだ。寺社・公家の収税権を示す語彙は「寺社本所領」に統一される（家永二〇一八）。鎌倉期の領有秩序を「荘園・公領制」と呼ぶが、室町期については、「公領」をとって「室町期荘園制」と呼ぶ考え方が通説になりつつある。

四　朝儀費用の徴収と行事伝奏・武家伝奏

室町幕府追加法百十二条「日吉社神輿造替用脚内、其国段銭事」は、応安五年（一三七二）七月十一日の幕府評定の決定書である。柳原忠光の奉じた後光厳上皇院宣にもとづいて、諸国の守護に日吉社神輿の造替費用を「寺社本所領并地頭御家人等分領」から徴収せよと命じた。朝廷側で経費を見積り、幕府と折衝して徴税権を委任し、幕府が徴税して上納する仕組みになった（久水二〇一一・松永二〇一三）。

これより先、応安三年に後光厳天皇は皇子緒仁（後円融天皇）への譲位を発意した。『後光厳天皇日記』同年九月四日条（以下『大日本史料第六編之三十二』二六〇〜二六三頁）に、譲位儀式費用の進上を幕府に求める意向が記されている。十月五日に三宝院光済が管領細川頼之と折衝し、これを踏まえて、「土蔵等課役」（土倉役）を朝廷が課すという建前で、実際には幕府が徴収することになった。十一月三日、予算策定のため柳原忠光に命じて光明・崇光・後光厳の先例を調査させた。『柳原家記録八』「譲位惣用帳」（東京大学史料編纂所架蔵番号：二〇〇一－一〇）には、応安四年三月後円融天皇への譲位費用、永徳二年四月後小松天皇への譲位費用の支出内訳がある。幕府に掛け合った光済の役割は後の「武家伝奏」に通じる。「譲位惣用帳」を作ったのが柳原忠光であったとすると、行事伝奏にあたる。

『康富記』宝徳元年（一四四九）閏十月十四日条に、明徳三年（一三九二）十一月の臨時の節会「朔旦冬至旬儀《さくたんとうじしゅんぎ》」の担当伝奏だった広橋仲光が自筆で書いた帳簿「明徳度下行帳《げぎょうちょう》」があり、これを用いて、宝徳元年の朔旦冬至旬儀の行事伝奏だった日野町資広が幕府に掛け合う記事がある。行事伝奏は予算を策定し、「下行」（支出）を管理した。その管理帳簿は明徳年間（一三九〇—九四）には既に標準化していて、行事伝奏が交替すると帳簿も次の行事伝奏に移管される慣行になっていたらしい。義満は義持とは違って実際に院の政務を執行した院執事なので、義満の叔父にあたる仲光と義満との間に「公武間申次」が介在した可能性は低い。明徳度の行事伝奏の広橋仲光は義満と直接相談していたと推定される。

広橋家に伝わる「代始重陽平座申沙汰雑事文書　応永十九年」（歴博二五二）は、応永十九年（一四一二）九月の称光天皇代始めの重陽節会に関わる文書集である。担当の蔵人だった養子の資光（兼宣の甥）を監督して広橋兼宣が編集した文書群と思われる。兼宣は諸司の提出した費用見積を査定しており、原案を「伝奏」、おそらく日野裏松重光に回付したという記事がある。諸司の申請を予算査定した兼宣らは後の行事伝奏に通じる役目であるようだ。森田大介氏のご教示によれば、この件で幕府の原資提供はないという。「伝奏」重光は後小松上皇の奏者であったらしい。行事伝奏と「武家伝奏」との連繫ができるのは、もう少し後になるようだ。

参考文献

家永遵嗣「室町幕府の成立」『学習院大学文学部研究年報』五四輯、二〇〇八年
家永遵嗣「建武政権と室町幕府との連続と不連続」『九州史学』一五四号、二〇一〇年
家永遵嗣「室町幕府と『武家伝奏』・禁裏小番」朝幕研究会『近世の天皇朝廷研究』五号、二〇一三年
家永遵嗣「一四世紀の公武関係・朝幕関係と室町幕府」『学習院史学』五六号、二〇一八年
家永遵嗣「政治的混乱が『国制の一元化』『皇統の一本化』になったわけ」遠藤珠紀・水野智之編『北朝天皇研究の最前線』山川出版社、二〇二三年
石井進『日本中世国家史の研究』岩波書店、一九七〇年
伊藤喜良『中世国家と東国・奥羽』校倉書房、一九九九年
伊藤俊一『室町期荘園制の研究』塙書房、二〇一〇年

稲葉伸道「鎌倉後期の『国衙興行』・『国衙勘落』」『名古屋大学文学部研究論集　史学』三七号、一九九一年
井原今朝男『日本中世の国政と家政』校倉書房、一九九五年
井原今朝男「室町期東国本所領荘園の成立過程」『国立歴史民俗博物館研究報告』一〇四集、二〇〇三年
榎原雅治『日本中世地域社会の構造』校倉書房、二〇〇〇年
坂本賞三『日本王朝国家体制論』東京大学出版会、一九七二年
高橋昌明編『院政期の内裏・大内裏と院御所』文理閣、二〇〇六年
高橋典幸『鎌倉幕府軍制と御家人制』吉川弘文館、二〇〇八年
田沼睦『中世後期社会と公田体制』岩田書院、二〇〇七年
久水俊和『室町期の朝廷公事と公武関係』岩田書院、二〇一一年
松永和浩『室町期公武関係と南北朝内乱』吉川弘文館、二〇一三年
森茂暁『鎌倉時代の朝幕関係』思文閣出版、一九九一年
森茂暁『後醍醐天皇』中公新書、二〇〇〇年
森茂暁『南朝全史』講談社選書メチエ、二〇〇五年
森茂暁『増補改訂南北朝期公武関係史の研究』思文閣出版、二〇〇八年

（家永遵嗣）

第二節　幕府・朝廷の財務連繫と広橋家

はじめに――国家の租税の徴収代行をする室町幕府――

本節では、国庫に納付された租税を、朝廷と室町幕府のそれぞれの財政機関にて決裁され、支出されていく、いわば公武《こうぶ》（公家〔朝廷〕・武家〔幕府〕）二人三脚的な財政構造を解説する。

今も昔も大きなイベントを実行するには、それなりの労力と資金を要する。こと、国家の大イベントとなると、その盛衰によって国の威信も問われかねない。中世国家における朝廷は、自らの権威を維持するために、元旦の四方拝《しほうはい》から始まり、大晦日の追儺《ついな》まで年中行事を実行した。さらに、皇位継承時などは即位礼《そくいのれい》・大嘗会《だいじょうえ》といった臨時の大礼も挙行された。

これらの儀式は、業者から調度品を無償で提供させたり、役人に無償で奉仕させたりするわけにはいかず、当然費用を伴う。つまり、朝廷は儀礼挙行という消費行動をし続け、自らの権威を持続させていったのである。

支出には、それを上回る収入が必要である。律令制度が機能していた古代は、諸国からの租税や貢物によって運営できていたが、そのシステムは十世紀に藤原氏が摂関政治を行うようになる頃には停滞していった。朝廷儀礼の費用は、諸司領《しょしりょう》といわれる各役所がもつ所領からの収入や、即位礼や大嘗会などの大きな出費が伴う儀礼では「一国平均《いっこくへいきん》役《やく》」という、諸国へ一律に課した臨時税によって賄うようになった。それでも不足するため、「成功《じょうごう》」とよばれる売官行為（私財を朝廷に寄付して造宮・造寺などを行った者が、その功によって官位を授けられるもの）や、大寺社からの扶助的贈与により補塡した。まさに、自転車操業的な危うい運営状況であり、公家側は強力なパトロンを欲していたのである。

そこに登場してくるのが、中世国家において新たに誕生した、武家＝鎌倉幕府という権力体である。鎌倉時代後期にかけて、朝廷儀礼運営が苦しくなると、「関東御訪《かんとうおとぶらい》」という幕府からの扶助的贈与の投入割合が増えていく。それでも、中世では多くの朝廷儀礼が簡素化もしくは中断・中絶していったことも事実である。

室町時代になると、朝廷独自では国家的儀礼に関する多額の租税の賦課・徴収が困難な状況に陥っていた。鎌倉幕府はあくまで「御訪《おとぶらい》」という、臨時に助成する一回性の贈与にすぎなかったが、室町幕府は、本来は朝廷が行うべき「段銭《たんせん》」や「国役《くにやく》」（ともに一国単位に課される特別税）といった、国家的儀礼に関する租税の賦課・徴収を代行するようになる。それまで、外部から助成金を出すにすぎなかった存在から、中世国家財政の徴収構造へと組み込まれていったのである。

とくに、皇位継承に関する諸儀礼の財政規模は大きく、当初から室町幕府頼みであった。ただ、南北朝期までは、あくまで朝廷側で段銭などを賦課・徴収し、不足分があれば「武家御訪《ぶけおとぶらい》」として助成金で補うというスタンスをとっていた。

しかし、朝廷による費用調達はままならず、行事の延引や中断が目立つようになり、献金ではなく、段銭徴収を代行するようになる。

幕府は、「段銭事書《たんせんことがき》」（課税通知書）を各守護（全国すべての守護ではなく、奥州探題《たんだい》・鎌倉府・九州探題の管轄などを除く、中央の政治にも参画できる在京守護に限定。以下に登場する守護も同じ）へと通達し、賦課・徴収を行った。

こうして集金された国家的儀礼のための租税＝国税は、幕府のメインバンクともいえる「公方御倉《くぼうおくら》」へと納入される。公方御倉とは幕府と契約をした「土倉《どそう》」（金融業を営んでいる質屋）であり、いわば国税は一度〝幕府の財布〟へと入るのである。ただし、これは即位礼のような大規模な儀礼費用であり、朝廷側の賦課・徴収で賄える年中行事のような儀礼費用は「禁裏御倉《きんりみくら》」（内裏《だいり》と契約した土倉）へと納入される。なお、南北朝期の大礼開催を支えた武家御訪も、禁裏御倉すなわち〝朝廷の財布〟へと納入されていた。よって、武家御訪による助成では、幕府はその支出にまで深く関与することはできなかった。

即位段銭の賦課・徴収代行に代表されるような、国家的儀礼の徴収構造へと組み込まれた幕府は、支出構造へも関与していくようになるのである。

一　室町時代の朝廷儀礼費用の予算作成と賦課徴収

朝廷にて儀礼を行う際には予算を作成する。多くは、前回や前々回の出費に沿って見積書が作成されるが、収入の低下や物価の高騰などによって増減された。ただ、幕府財政が好調のときは、多めの予算が計上される現象もみることができる。

「後土御門院《ごつちみかどいん》御即位《ごそくい》惣用帳《そうようちょう》」（歴博〇二三、図1）は、後柏原《ごかしわばら》天皇即位の際に広橋守光《ひろはしもりみつ》が書写した、寛正《かんしょう》六年（一四六五）の後土御門《ごつちみかど》天皇即位礼の惣用《そうよう》（総額）の予算案である。それぞれの部署の予算を先々代応永度《おうえいど》（称光《しょうこう》天皇）・先代永享度《えいきょうど》（後花園《ごはなぞの》天皇）の項目ごとに支出額をあげて逐一検討している。

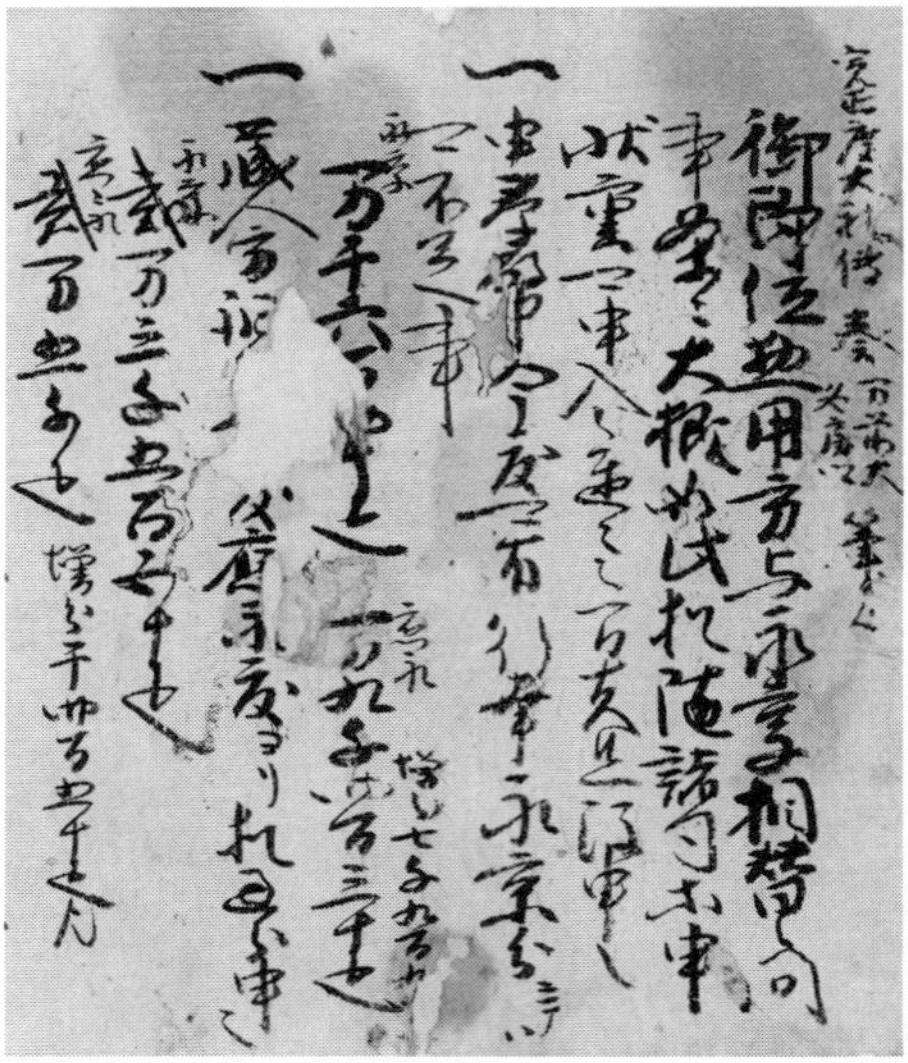

図1　「後土御門院御即位惣用帳」（冒頭部分、歴博023）

［釈文］

寛正度大礼伝奏万前大冬房卿筆歟、
御即位惣用方与永享相替之問
事、条々大概如此、相随諸司等申
状重可申入分、連々之間、先且注申也、
一、由奉幣今度可有行幸永享分ニテハ
可不足事、
永享万千六百四十疋　応永万九千四百三十疋増分七千九百疋
一、蔵人方調(進)□今度応永度ヨリ相廻分申之
永享弐万三千五百五十疋
応永弐万五千疋増分千四百五十疋歟

［読み下し］

寛正度《かんしょうど》大礼伝奏《たいれいてんそう》万前大冬房卿《まんさきのだいふゆふさきょう》筆歟《のふでか》、
御即位惣用方《ごそくいそうようかた》より永享相替《えいきょうあいかえ》の問《とい》の事《こと》、条々大概此如《じょうじょうたいがいかくのごと》し、諸司等申状《しょしとうもうしじょう》に相随《あいしたが》い重《かさ》ねて申《もう》し入《い》るべきの分《ぶん》、連々《れんれん》の間《かん》、先《ま》ず且《かつ》うは注申《ちゅうしん》するなり、
一《ひとつ》、由奉幣《よしのほうべい》今度《こんど》行幸《ぎょうこう》あるべき永享分《えいきょうぶん》にては不足《ふそく》すべき事《こと》、
永享《えいきょう》　応永《おうえい》　増分七千九百疋《ぞうぶんななせんきゅうひゃくひき》
万千六百四十疋《まんせんろっぴゃくよんじゅうひき》　万九千四百三十疋《まんきゅうせんよんひゃくさんじゅうひき》

一《ひとつ》、蔵人方調《くろうどがたちょう》（進《しん》）今度《こんど》応永度《おうえいど》より相廻《あいめぐ》らす分《ぶん》これを申《もう》す
永享《えいきょう》
弐万三千五百五十疋《にまんさんぜんごひゃくごじゅうひき》
応永《おうえい》
弐万五千疋《にまんごせんひき》　増分千四百五十疋歟《ぞうぶんせんよんひゃくごじゅうひきか》

予算が決まると、諸国に「即位段銭《そくいたんせん》」といわれる即位臨時税が課される。即位段銭は、先に述べたように、一段につき五十文という具合に機械的に土地へ課税され、即位礼はこの段銭といわれる税法によって運営されていた。前述のように、段銭の賦課・徴収は室町幕府が請け負うようになっていった。幕府が好調時には即位礼開催後でも多くの余剰を生み出し幕府財政を潤した。だが、戦国期になると、幕府の求心力が失墜し、その徴収ははかどらず、公方御倉に十分な段銭が納入されず、即位礼が延期することもあった。また、土倉自体も相次ぐ徳政一揆により疲弊していた。明応九年（一五〇〇）に皇位を継承したものの、即位礼が永正十八年（一五二一）という、じつに二十一年も延期することになった、後柏原天皇の事例はその最たるものであろう。

即位段銭の賦課が決まると、室町幕府の財政機関である政所《まんどころ》が、賦課対象となる国の守護へ通知する。賦課対象国の守護へは、段銭賦課のための基本文書である段銭事書とともに、政所の奉行人が将軍の命令を奉じる形式の「奉《ぶ》行人奉書《ぎょうにんほうしょ》」に具体的な賦課内容を記し通達する。それを受けた守護は、現地に「段銭配符《たんせんはいふ》」という課税決定通知書を発給する。

守護の支配機構により徴収された段銭は、公方御倉へと納入される。納付されると、広橋家も務めた朝廷側の即位礼の統括役＝「即位伝奏《そくいてんそう》」が予算に沿って給付先を決め、給付対象者へ申請をうながす。給付対象者は、ただ待っているだけでは受給はされず、自ら申請をしなければならない。しかも、公方御倉から給付を受ける場合は、〝幕府の

財布〟から引き出すため、現在における稟議書《りんぎしょ》のように幕府と朝廷のそれぞれの財政部署による承認（署名）を必要として、両部署の決裁をもって支出が執行されることになる。

二　室町時代の朝廷儀礼費用の支出

即位礼のような大規模な儀礼には、伝奏といわれる統括役が設置された。広橋家は、中世・近世と伝奏を勤めることが多い公家であった。伝奏が置かれる場合（年中行事など財政規模が小さい場合は置かれないことが多い）、伝奏が支出構造の要となる。給付対象者は受給のための手続きをしなければならない。

まず、給付者は「請取状《うけとりじょう》」を即位伝奏へ申請する。請取状とは本来は領収証のことであるが、支出構造においては請求書の役割を果たす。『永正度御即位料足請取《えいしょうどごそくいりょうそくうけとり》』のうち、御蔵常弘脂燭常燈料足請取状（歴博〇〇一、図2）は、二十一年延期した永正十八年の後柏原天皇即位礼において、蔵人所《くろうどどころ》（天皇の事務に携わる）の職員御蔵常弘《みくらつねひろ》が、即位伝奏の広橋守光へ、脂燭掌灯《ししょくしょうとう》（照明器具）費用五十疋（約五万円）を申請した際の請取状である。

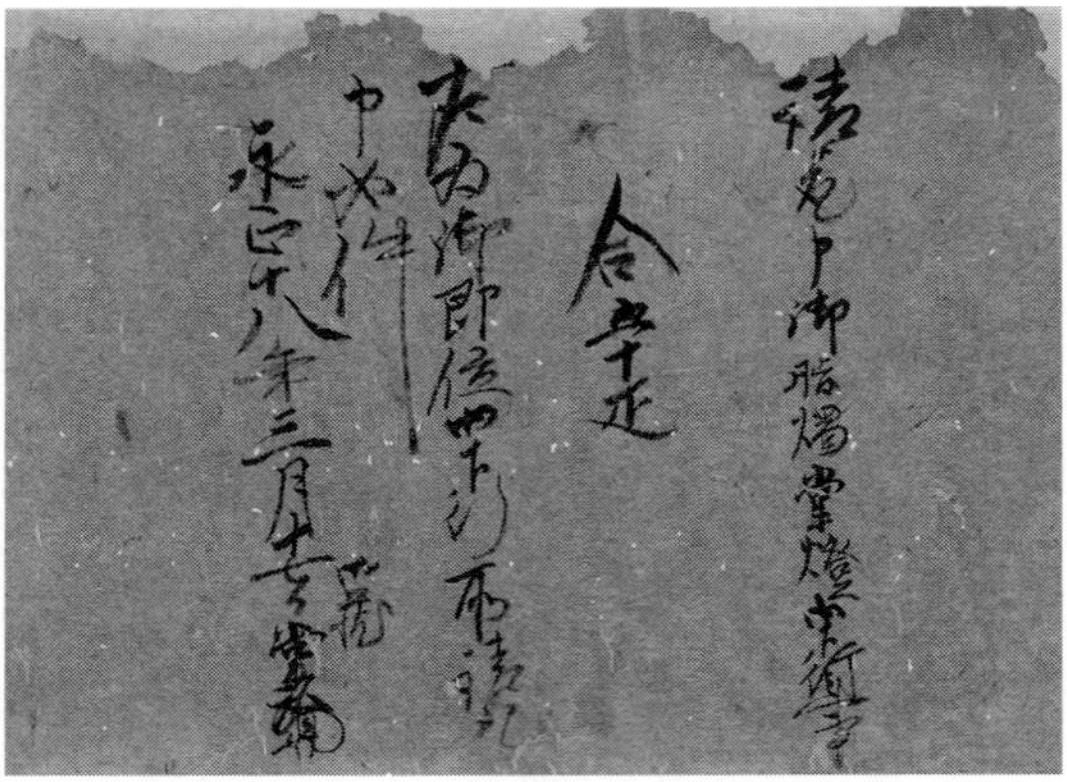

図2　永正18年3月17日御蔵常弘脂燭常燈料足請取状（歴博001-6）

［釈文］

請取申御脂燭掌灯御下行之事、

合五十疋

右、為御即位御下行所請取
申如件、
永正十八年三月十七日　　御蔵 常弘（花押）

［読み下し］
請取申《うけとりもう》す御脂燭《ごししょく》掌灯《しょうとう》の御下行《ごげぎょう》の事《こと》、
合《あわせて》　五十疋《ごじゅうひき》
右《みぎ》、御即位《ごそくい》として御下行《ごげぎょう》請取申《うけとりもう》す所《ところ》、件《くだん》の如《ごと》し、
永正十八年三月十七日《えいしょうじゅうはちねんさんがつじゅうななにち》　御蔵《みくら》 常弘《つねひろ》（花押）

請取状を伝奏に提出し、受理されると政所の財務総括者である惣奉行《そうぶぎょう》宛の伝奏切符《てんそうきりふ》が発給される。切符とは小切手の一種で、額面の金額を金融機関から引き落とすことができた。ただし、幕府管轄の公方御倉から受給する場合は、朝廷側が承認した伝奏切符だけでは不完全であり、幕府側の財政機関の承認が必要である。その幕府の財布の紐を握るのが、摂津《つ》氏が世襲する惣奉行である。「小叙位方切符《しょうじょいかたきりふ》　文明九年」（歴博五四九、図３）は、即位礼のものではなく、文明九年（一四七七）十二月に行われた小叙位《しょうじょい》（臨時に行われる叙位《じょい》）における政所奉行人宛の伝奏切符だが、政所へ請求する点は同じである。ただ、小叙位の場合は規模が小さいためか、伝

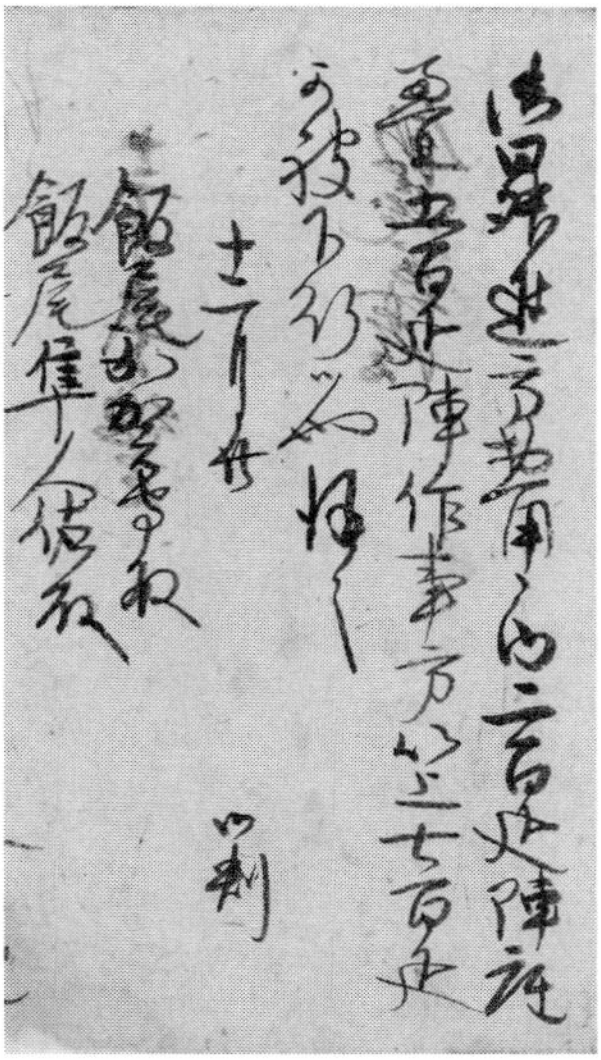
図３「小叙位方切符　文明九年」（部分、歴博549）

奏の広橋綱光《ひろはしつなみつ》から政所奉行人の飯尾為信《いいおためのぶ》・任式《もちのり》宛へ直接発行している。

［釈文］

御昇進方惣用之内、二百疋陣座
畳、五百疋陣作事方、以上七百疋
可被下行候也、恐々謹言、
（広橋綱光）御判
十二月廿日
飯尾加賀守殿（為信）
飯尾隼人佑殿（任式）

［読み下し］

御昇進方《ごしょうしんかた》の惣用《そうよう》の内《うち》、二百疋陣座畳《にひゃくひきじんのざたたみ》、五百疋陣作事方《ごひゃくひきじんのさくじかた》、以上七百疋下行《いじょうななひゃくひきげぎょう》せらるべき候也《そうろうなり》、恐々謹言《きょうきょうきんげん》、
御判《ごはん》
十二月廿日《じゅうにがつはつか》
飯尾加賀守殿《いいおかがのかみどの》
飯尾隼人佑殿《いいおはやとのすけどの》

給付対象者は、自ら伝奏切符を持参する。首尾よく承認を受けることができたら、今度は惣奉行から政所の実務担当の政所奉行人宛の「下書《くだしがき》」と呼ばれる支給命令書が発給される。簡略化される場合、持参された伝奏切符の余白へと加筆される。

給付者はこの下書を政所奉行人のもとへと持参し、奉行人の署名を得て、伝奏切符とともに公方御倉へ持参すると、ようやく支給を受けることができるのである。ただし、伝奏や惣奉行・奉行人などから署名と引き替えに「礼《れい》銭《せん》」もしくは「酒直《さかて》」とよばれる礼金が要求される場合もある。大抵一割程度だが、払わないと承認が拒否されるお

それもあり、渋々払わざるを得なかった。

なかには、それを見越してか、物品の購入担当者が見積書を高めに設定し、実際の購入金額との差額を懐に入れたりするしたたかなケースもみられる。

むすびにかえて——江戸時代の朝廷儀礼費用の支出——

室町時代の規模の大きな朝廷儀礼は、いわば朝廷と室町幕府の二人三脚の財政構造にて運営されていた。江戸幕府においては、初期こそ室町幕府政所を「京《きょう》都所司代《としょしだい》」（京都に置かれた江戸幕府の行政機関）へ置き換えたような支出構造をとっていたが、徐々に共通の窓口として「三催《さんもよおし》」とよばれる官人たちの棟梁《とうりょう》のもとに整理され、朝廷儀礼の費用が一括して幕府から支給されるようになる。

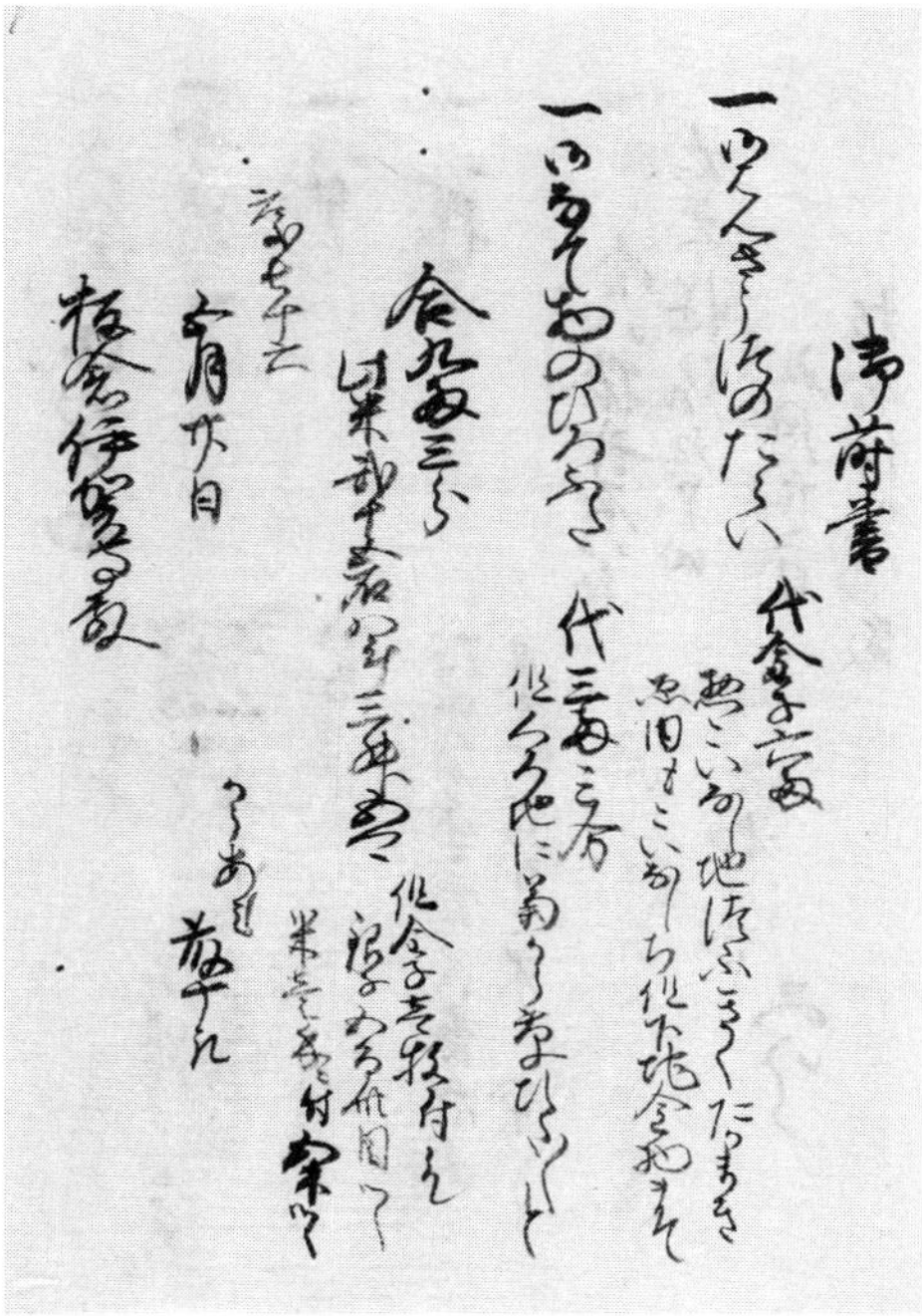

図4 「慶長16年御即位雑用一式帳」（部分、歴博743-336-1）

「慶長十六年御即位雑用一式帳《けいちょうじゅうろくねんごそくいぞうよういっしきちょう》」（歴博七四三－三三六－一、図4）は、江戸幕府が成立して最初の即位礼である慶長十六年（一六一一）の後水尾《ごみずのお》天皇即位の際に、洛中の蒔絵師《まきえし》かうあみ藤十郎《とうじゅうろう》が京都所司代の板倉勝重《いたくらかつしげ》（伊賀守）へと、儀式に用いる半挿角盥《はんぞうつのだらい》（水を注ぐ器と柄のついた盥）と撫物《なでもの》（祈祷《きとう》に用いる人形《ひとがた》）の広蓋（贈り物などを載せる台）の料金九両三分を請求した際の請取状である。京都所司代への窓口を三催に統一される前のものであり、受給者は個別に所司代へ請取状を提出している。受理されると、所司代からは「切手《きって》」が振り出され、その切手を江戸幕府管轄の御蔵《おくら》へ持参すると額面の米や銀貨を受け取ることができた。

だが、貞享四年（一六七八）の東山《ひがしやま》天皇即位の際に、戦国期に中断された大嘗会を復興する動きがあり、これまでの幕府と朝廷の機関が複雑にからみあった財政構造が大幅に整理された。個別に請求することを止め、すべての費用を一冊の帳簿にまとめ、適正かの精査を受けた後、唯一の窓口となった三催が伝奏を介し、幕府側へと帳簿を提出して、幕府側の審査を受けた後、一括して費用が引き渡されるようになるのである。

（久水俊和）

参考文献

市原陽子「室町時代の段銭について（Ⅰ）（Ⅱ）」『歴史学研究』四〇四・四〇五号、一九七四年
遠藤基郎「中世における扶助的贈与と収取」『歴史学研究』六三六号、一九九二年
桑山浩然『室町幕府の政治と経済』吉川弘文館、二〇〇六年
田沼睦『中世後期社会と公田体制』岩田書院、二〇〇七年
久水俊和『室町期の朝廷公事と公武関係』岩田書院、二〇一一年
久水俊和「同一の帳簿を用いる「公武共同」の財政構造」同編『「室町殿」の時代』山川出版社、二〇二一年
松永和浩『室町期公武関係と南北朝内乱』吉川弘文館、二〇一三年

第三節　広橋家の人事関係資料

はじめに

広橋家資料は豊富かつ多様な資料を有する貴重な資料群であるが、その一角を構成するものに人事関係資料がある。公家社会で家を継承し、繁栄させていくために、父祖の昇進事績に遅れをとらないよう、自家の歴代の人事記録を保存しておく必要があった。広橋家も同様に人事記録を集積していたようであるが、その収集対象は同家の事績に留まらず公家社会全体にまで及び、質量ともに随一のものとなっている。この膨大な人事関係資料がどのような目的で、誰によって作成・収集され、伝来したかについては、個々の資料を分析することによって明らかにしていく必要がある。ここでは、その中でも補歴を中心に見ていきたい。

一　補歴について

補歴は「補任《ぶにん》」と「歴名《りゃくみょう》」の総称（①）とされたり（斎木一九六四、金子一九九八、湯川二〇〇五、上嶋二〇一一、富田二〇一二、井原二〇一四）、年ごとの公家の序列を示した名簿（②）とされたりしている（武部一九六五、赤坂二〇一一）。①の補任は官職ごとに毎年あるいは天皇の歴代ごとに補任された者を記入した帳簿のことで、歴名は位階ごとに叙された者の氏名を授位のつど書き加えた帳簿である（富田二〇一二）。つまり①は個別の資料をまとめて呼ぶ名称であるが、②は官位の序列を一体にした資料で、「補略」、「〇〇次第」などの名称で伝来することが多い。全員を一列に表しているため、宮中の座次を示すものとされている（武部一九六五）。①や②を指す資料表記として「補歴」や「補暦」、「補略」など様々な表記が用いられており、一定していなかったことがわかる。ここでは、これらの資料の総称としては「補歴」、のちに扱う一体型の資料（②）の名称は「補略」を用いる。

補歴は身分の異動があるとその都度修正されたため、追筆や貼り紙による修正が多く見られる。その情報量の多さから、「公卿補任《くぎょうぶにん》」の土代になり得るものと考えられている（斎木一九六四）。「公卿補任」とは、公卿（三位あるいは参議以上の公家）の名簿で、年ごとにまとめた一覧中には日付とともに昇進等の事績を記し、一冊のうちに数年分書き留める形式である。対して補歴は原則的に年単位で成立し、都度修正が加えられるため最新の情報が維持される。資料によっては、年の途中で作り直されたものもある。そのため、「公卿補任」は補歴と比べ編纂物としての性格が強く、補歴の記述を含むことから、補歴をもとに作成されたと考えられる。これは「公卿補任」に関わらず、「弁官補任《べんかんぶにん》」、「外記補任《げきぶにん》」等補任の部類記的資料についてはすべて当てはまることである。つまり、それらの原典となる補歴は、即時性の高い資料でありつつも、限りなく生の情報を含む資料であることがわかる。

また、「公卿補任」と比較して補歴の優れた点を挙げるとすれば、列載者が豊富なことである。概ね、資料や時代によって対象者は変化したようであるが、原則的に「補任」は朝廷の官制下のポスト、「歴名」は一位から五位までを対象とした。一体型の「補略」については、織豊期のものは「公卿」、「殿上人《てんじょうびと》」等の階層で区切り、それぞれの構成員を列載しているものが多い（赤坂二〇一六）。江戸期のものになると、階層による区切りはなくなり、公卿から六位蔵人までを載せる（武部一九六五）。補歴全体で見れば、少なくとも五位以上の人員は載せていることになり、より多くの人物を対象とした序列を知ることができる。

このように、補歴は当時の公家社会の身分秩序を知る上で重要な資料であることがわかっているが、名称、形状、記載様式の多様さから、個々の資料を分析し、その全体像を捉えるには至っていない。ゆえに、これから検討を重ねていく必要がある。その点、広橋家の補歴資料は良質で、一つの指標ともなるべきものである。ここでは「補略」二点を取り上げ検討していく。

二　広橋家の補歴資料

ここで取り上げる「補略」二点について、書誌情報を述べておく。

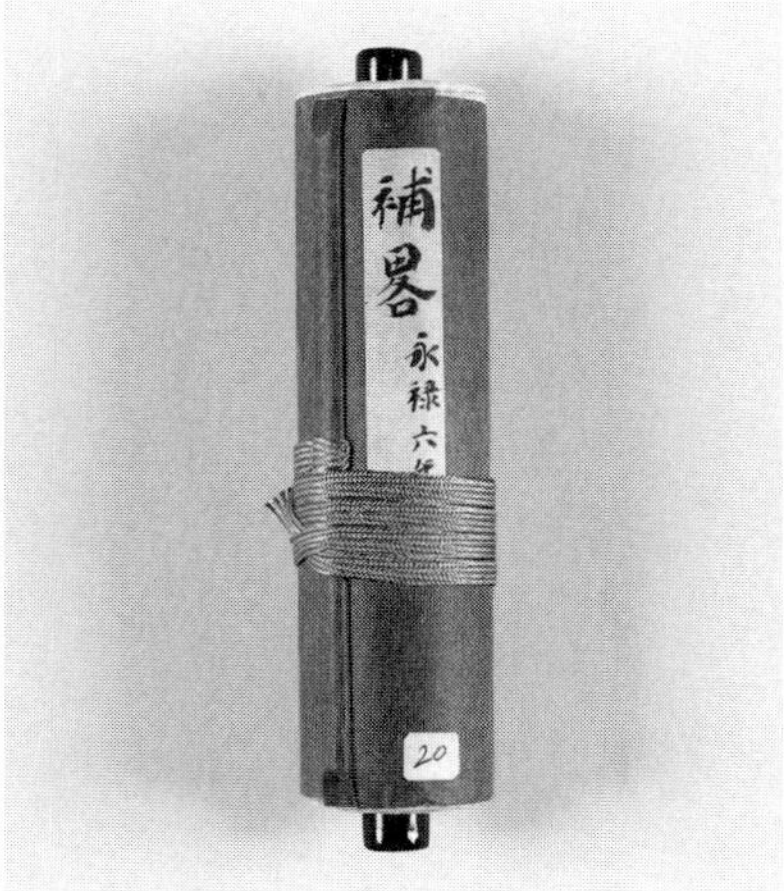

図１「補略　永禄６年」（歴博555）

①「補略　永禄六年」（歴博五五五）

当資料はすでに湯川敏治氏、赤坂恒明氏により紹介されているため、両氏の研究に拠りたい。現状巻子装であるが、もとは袋綴装である。資料名の「補略」は外題によるもので、後年巻子に仕立てられた際に与えられた名称である。作成年代は、資料冒頭にもあるように永禄六年（一五六三）である。「公卿」、「殿上人」、「地下《じげ》」で区切り、太閤以下出家者も含め、氏名・法名・位階などを記載する（湯川二〇〇五）。公卿五十名、殿上人七十三名、地下二十六名の計一四九名を載せ、例外はあるものの基本的に位階ごとに叙位年月日順で並べられている。巻子装になおす際に錯

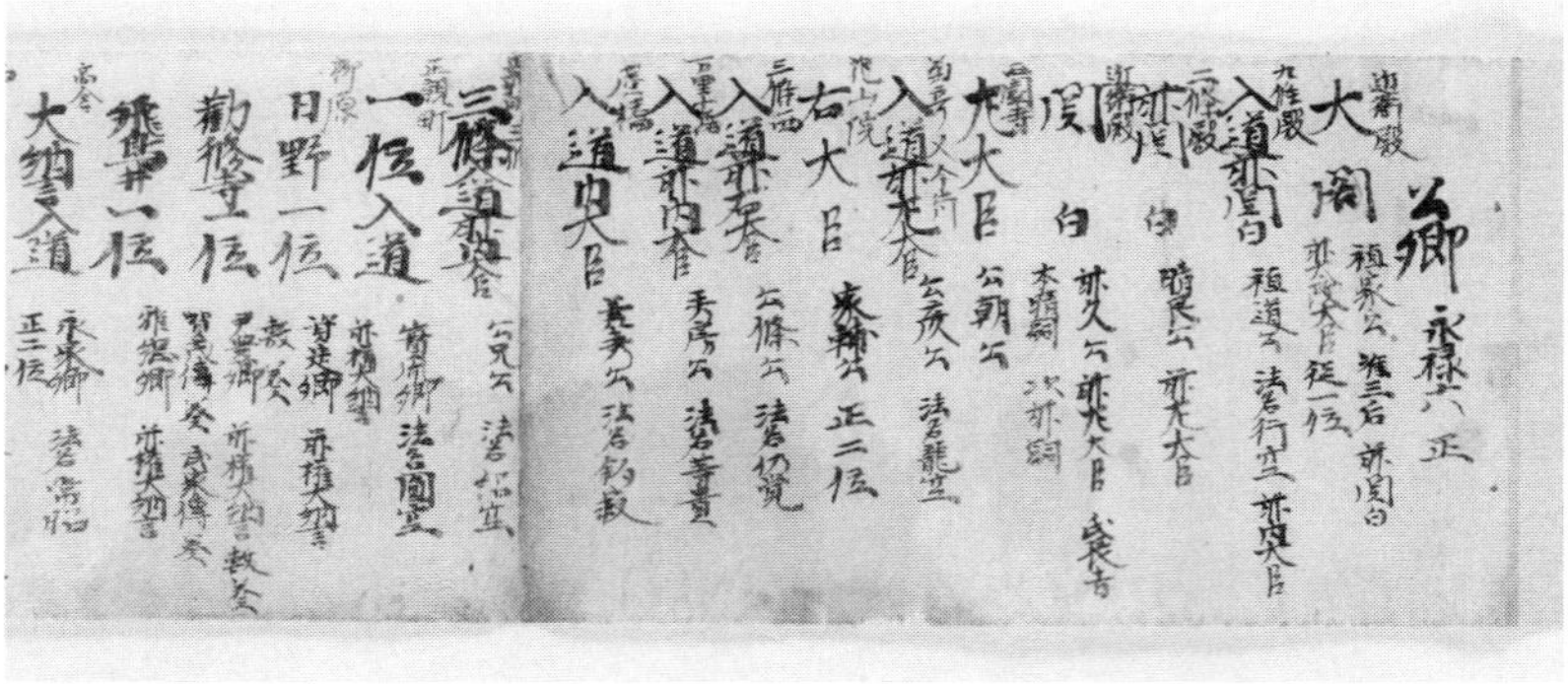

図２「補略　永禄６年」（１～２紙目部分、歴博555）

簡が起きており、後欠と考えられる。寸法は縦一二・〇九センチメートルと小さい（赤坂二〇一一）。奥書はないが、次の永禄八年「補略」と同筆であるため、作成者は広橋兼秀であろう。

②永禄八年「補略」[1]

二点目は広橋家所蔵本である（東京大学史料編纂所架蔵写真帳五－二三（補任（二））（請求番号六一七〇・六八－四－五－一二三）を利用）。こちらも内題はなく、外題には「永禄八」とのみある（写真帳での表題は「月卿雲客次第等（永禄八）」）。切紙半折の横長の袋綴冊子で、寸法は不明であるが永禄六年のものとほぼ同じ大きさと推測できる。表紙裏表紙共紙で十四丁、完存である。奥書はないものの広橋兼秀《かねひで》の手によると考えられる。作成年代は外題通り永禄八年で、同九年の事項まで追筆されている。「公卿」、「殿上人」、「地下」、「侍」、「僧綱《そうごう》」で構成され、階層内の序列は官職ごとに位階順となっている。公卿五十一名、殿上人七十七名、地下五十一名、侍二十一名、僧綱四十四名の計二四四名を記す。記載事項は永禄六年のものに加え、朱で姓、年齢、通称等をも補っている。全体的に情報量が多く、事典のような細かさを覚える。

この二点の「補略」は年代が近く、同一人物によって作成されたため、あらゆる面において一般化して述べることは困難であるが、これらの資料からわかることについて触れておきたい。

まず、広橋家の「補略」はともに寸法が小さく、袋綴装であったということである。赤坂恒明氏は永禄六年の「補略」の形状から、掌中本として用いられたもので、江戸期の「補略」と同様の用途であったことを指摘している（赤坂二〇一一）。つまり、少なくとも当時の広橋家の「補略」は、すでに江戸期の実用的な性格を備えていたことがわかる。

次に、広橋家の「補略」は、補略資料としては珍しく堂上と地下とを併せて記載している点である。中世後期の公家の身分階層には昇殿《しょうでん》を許されている堂上《とうしょう》（公卿・殿上人）とそうでない地下がある。他家に伝来する補略資料は、堂上あるいは六位蔵人までを載せ、堂上関係者で構成されるものがほとんどである（赤坂二〇一三a・同b・二〇一六）。それに比べて、広橋家の「補略」は両本とも地下まで載せている。さらに、永禄六年の「補略」は、後欠であることを考えれば、永禄八年の「補略」のように地下のあとに侍、僧綱と続いた可能性が高い。

おわりに

公家の名簿である補略は、官位や家格で決められる複雑な公家の序列を一列に示したものである。永禄六年の「補略」は、基本的に位階ごとに叙位年月日順で記載されるが、例外的序列があることを述べた。つまり、位階や官職の順序では並べることのできない序列があるということであり、それを明示する資料が補略なのである。

広橋家の「補略」は記載対象とする人物・階層が豊富であり、当時の公家社会の様相を雄弁に物語る貴重な資料であることが明らかとなったが、「補略」の作成過程については検討できなかった。今後、補歴資料を中心に同家の資料収集・作成および伝来の問題について検討を進めていく必要がある。

そして、今回触れることができなかったが、広橋家の資料群は他家の所蔵本にはない詳細な記述で知られる「公卿補任」（同家所蔵本）や、「弁官補任　寛弘七年〜仁平四年」（歴博五五三）を有している。この「弁官補任」は現存最古の写本で、鎌倉中期の書写と考えられている。寛弘七年条から仁平四年条（一〇一〇―一一五四）までを存し、人物注記も豊富であるため、弁官補任の最善本とされる。同家の人事関係資料はきわめて良質といえよう。

参考文献
赤坂恒明「永禄六年の『補略』について―特に戦国公家大名（在国公家領主）に関する記載を中心に―」『埼玉学園大学紀要人間学部篇』一一号、二〇一一年
赤坂恒明「元亀二年の『堂上次第』について―特に左京大夫家康（三川　徳川）に関する記載を中心に―」『十六世紀史論叢』創刊号、二〇一三a
赤坂恒明「天正四年の『堂上次第』について―特に滅亡前夜の北畠一門に関する記載を中心に―」『十六世紀史論叢』二号、二〇一三b
赤坂恒明「文禄年間の公家列名史料『当官前官略次第』について」『十六世紀史論叢』七号、二〇一六年
井原今朝男「天皇の官僚制と室町殿・摂家の家司兼任体制―名家広橋・局務清原・内記菅原家を中心に―」同『室町廷臣社会論』塙書房、二〇一四年
上嶋康裕「中世後期の「補任」「系図」―その書写者と注記に注目して」『メタプティヒアカ　名古屋大学大学院文学研究科教育研究推進室年報』五号、二〇一一年
金子拓「戦国期室町幕府・大名・国人と官位―「歴名土代」をめぐって―」同『中世武家政権と政治秩序』吉川弘文館、一九九八年
斎木一馬「公卿補任」『日本歴史』第一九四号、一九六四年
武部敏夫「補略について」『新訂増補国史大系月報』三二、一九六五年
富田正弘「口宣・口宣案の成立と変遷―院政＝親政と天皇＝太政官政―」同『中世公家政治文書論』吉川弘文館、二〇一二年。初出一九七九・一九八〇年

湯川敏治「『歴名土代』について―もう一つの公家の昇進記録―」同『戦国期公家社会と荘園経済』続群書類従完成会、二〇〇五年。初出一九九六年

（井手麻衣子）

第四節　改元年号の選定と広橋家——延文改元における藤原兼綱——

はじめに

改元は、最も重要な朝儀の一つである。祥瑞《しょうずい》・災異《さいい》・代始《だいはじめ》などの理由で改元することになると、天皇はいくつかの年号候補を提出させ、改元定《かいげんのさだめ》と呼ばれる諮問会議を開いた上で新年号を決定する（小島二〇二二）。天皇に命じられて改元年号を選定し、年号勘文《かんもん》（候補となる年号の調査報告書）を提出する役割の者を年号勘者《かんじゃ》と呼ぶ。広橋家では歴代当主がこの年号勘者を務め、改元定にも参仕したが、鎌倉時代末の藤原光業《みつなり》にはその経験がなかった。光業の子兼綱《かねつな》は、南北朝期の延文改元時に初めて年号勘者を務めた。彼はどのようにして改元年号の選定に関わるノウハウを学び、また、これを自らの子孫にどう伝えていこうとしたのであろうか。以上に注目することで、広橋家の人々の朝廷における業務遂行と、そのために作成された記録類の活用の実態に具体的に迫ってゆく。

一　藤原北家日野流の年号勘者

年号は漢籍に典拠を求め、しかるべき字を選んで決められるので、その勘申《かんじん》（上申）には漢学の素養が必須である。したがって年号勘者は紀伝道を学んで身を立てる家、具体的には多く菅原氏・藤原北家日野流・藤原南家・藤原式家から選ばれてきた。日野流では本家の日野家以外にも、傍流である広橋家（鎌倉期には勘解由小路《かでのこうじ》と称した）や柳原《やなぎわら》家などからも年号勘者が輩出された（「年号勘者例」〔歴博一九三〕・「年号勘者人数例」〔歴博二〇七〕・「年号勘者例」〔歴博二〇八〕・「広橋家改元従事例」〔歴博二二九〕）。

鎌倉～南北朝時代に広橋家で年号勘者を務めた人物は、以下の通りである。

頼資《よりすけ》　嘉禄・安貞・寛喜・貞永・文暦・嘉禎
経光《つねみつ》　宝治・建長・康元・正嘉・弘長・文永
兼仲《かねなか》　永仁・正安
兼綱　延文・康安・応安・永和
仲光《なかみつ》　康暦・永徳・至徳・嘉慶・康応・明徳・応永

年号勘者を務めることは、儒者にとってこの上ない名誉であったに違いない。ただし藤原北家日野流の人々は、菅原氏や藤原南家・式家に比べて官位は上であるものの、学識や故実の習得という面では及ばなかった。この不足を補うべく、経光は父頼資や自身が携わった改元定の記録を作成していった。年号勘者を務める家にふさわしい故実の蓄積を目指すとともに、その役割が子孫へと継承されていくことを期待したと考えられる（『経光卿改元定記　寛元・宝治・建長』〔歴博二〇三〕、福島二〇一九）。経光の家督であった兼頼《かねより》はその期待に応える機会のないまま他界したが、代わって家を継いだ兼仲は、永仁と正安の二度にわたって年号勘者を務めた。しかし、兼仲の子で兼綱の父である光業は、彼が活動していた鎌倉末期から南北朝初期にかけて一度も年号勘者を務めなかった。光業だけではなく、この時期、特に正中（一三二四～一三二六）から文和（一三五二～一三五六）まで十二回の改元が行われたが、日野流からは一人も年号勘者が出なかった。

二　藤原兼綱と延文改元

文和五年（一三五六）正月、北朝では後光厳天皇のもとに改元が行われることになった。理由は兵革による。藤原兼綱はこのとき四十二歳で、前の年の八月に参議左大弁となっていた。彼は年号勘者となることを希望し、これについて蔵人左少弁藤原忠光《ただみつ》（日野俊光《としみつ》の四男資明《すけあきら》の子。柳原家）は、二十二日に洞院公賢《とういんきんかた》に意見を仰ぐために送った書状の中で以下のように記した。

史料1　『園太暦《えんたいりゃく》』文和五年正月二十三日条(1)

［釈文］

当家参議之後、進勘文参仗座之条代々例候、彼流以同前候、於入道光業（藤原）卿者不嗜稽古之上者勿論候、至父祖之相続候歟、所申其謂候哉之由存候、如何、

［読み下し］

当家参議《とうけさんぎ》の後《のち》、勘文《かんもん》を進《まい》らせ仗座《じょうざ》に参《まい》るの条代々《じょうだいだい》の例《れい》に候《そうろう》。彼《か》の流《りゅう》以《もっ》て同前《どうぜん》に候《そうろう》。入道光業卿《にゅうどうみつなりきょう》においては稽古《けいこ》を嗜《たしな》まざるの上《うえ》は勿論《もちろん》に候《そうろう》。父祖《ふそ》に至《いた》るの相続《そうぞく》に候《そうろう》か。申《もう》す所《ところ》其《そ》の謂《いは》れ候《そうろう》やの由存《よしぞん》じ候《そうろう》、如何《いかん》。

ここでは、参議昇進後に年号勘者や改元定参仕が叶うという慣例が日野流で共有されていることや、父親に経験がなくともそれ以前の先祖の例を踏襲することは問題ないという認識が示されている。公賢も、兼綱が年号勘者に加わることを「尤も理運に候や（なるほど、理に叶っておりましょう）」と返信した。兼綱の希望は叶い、この改元で初めて年号勘者の任を務め、改元定にも出席することが決まった。

このときの年号勘者には、兼綱の他に文章博士菅原（東坊城《ひがしぼうじょう》）長綱《ながつな》・文章博士藤原（柳原）忠光・式部大輔藤原

（南家）家倫《いえとも》が選ばれた。合計四人の内、家倫以外（長綱・忠光・兼綱）は初度であり、この三人はそれぞれ公賢との間に相談の書状をやりとりしながら年号の選定作業を進めていった。

家によって、また、勘者のそのときの官位等によって勘申すべき年号案の数に違いはあるが、兼綱はこのとき「初度は先々父祖勘進の字を一つ、新たに撰出の字を一つ、字を二つ載せ候。代々の所為此くの如く候（初度は父祖が勘進した字の中から一つと、新たに自分が選出した字を一つ、合計二つの字を勘文に載せるというのが代々のしきたりです）」と述べた（『園太暦』文和五年二月十七日条）。このしきたりは、広橋家では既に経光の時点で確立していた。(2)また、忠光も兼綱と同じようにして二字を撰進したので、柳原家でも同様の慣例であったことがわかる。

忠光は、このとき二十二歳であった。兼綱に比べて二十歳ほど若く、官はまだ参議に達していないが文章博士であることから年号勘者に加わり、蔵人弁として勘者に下す宣旨作成などの改元業務に携わりつつ、年号を選出しなければならなかった。彼は、父の資明が年号勘者を経験していないという点が兼綱と共通しており、その上、業務遂行に必要な記録類も不足していてたびたび公賢に借覧させてもらっていた。

兼綱の日記『建来記《けんらいき》』を繙《ひもと》くと、彼が忠光に対して次のように助言していたことが明らかになる。(3)

史料2　『建来記』文和五年二月二十五日条

［釈文］

左少丞（藤原忠光）示送云、今度年号字、可献二字〈元宝《新字》、建徳〉、建徳ハ曽祖父民部卿（日野資宣）度々載勘文云々、予（藤原兼綱）答云、於新字者可然、建徳ハ戸部勘進以前、有元（大江）朝臣・淳〔資〕高（菅原）卿等度々勘進了、然者不可謂父祖勘進字歟、如何之由答了、重示送云、誠有其謂、然者可猶予云々、(4)

［読み下し］

左《さ》少《しょう》丞《じょう》示《しめ》し送《おく》りて云《い》ふ、「今度《こんど》の年号《ねんごう》の字《じ》、二字《にじ》〈元宝《げんぽう》《新字《しんじ》》、建徳《けんとく》〉を献《けん》ずべし。建徳《けんとく》は曽祖父《そうそふ》民部《みんぶ》卿《きょう》度《ど》々《ど》勘文《かんもん》に載《の》す」と云々《うんぬん》。予答《よこた》へて云《い》ふ、「新字《しんじ》においては然《しか》るべし。建徳《けんとく》は戸部《こぶ》勘進《かんしん》以前《いぜん》、有元朝臣《ありもとあそん》・資高卿《すけたかきょう》等《ら》度《ど》々《ど》勘進《かんしん》しおはんぬ。然《しか》れば父祖《ふそ》勘進《かんしん》の字《じ》とは謂《い》ふべからざるか、如何《いかん》」の由答《よしこた》へおはんぬ。重《かさ》ねて示《しめ》し送《おく》りて云《い》ふ、「誠《まこと》に其《そ》の謂《い》はれ有《あ》り。然《しか》らば猶予《ゆうよ》すべし」と云々《うんぬん》。

忠光は、父祖勘進の字として曽祖父日野資宣《すけのぶ》が載せた「建徳」、新字として「元宝」を提案しようと考えていた。これに対して兼綱は、新字については異論なしとする一方、「建徳」は資宣以前に大江有元や菅原資高らが注進したことのある字なので父祖勘進の字とは見なせないのではないか、と返事した。忠光は、「たしかにその通りである。それでは考え直そう」と返し、兼綱の助言の内容を洞院公賢にも次のように伝えた。

史料３　『園太暦』文和五年二月二十六日条

［釈文］

年号勘文事、今日なと可注進之由存候、建徳・元宝存定候、而建徳資宣《（日野）》卿勘進以前有元《（大江）》・資高《（菅原）》等注進候、一字ハ必注載先祖勘出字候間、存其分候之処、先祖初勘出字事、其以前他儒勘進候者不可用之由令申候仁候之間、不審存候、仍引見候之処、誠其謂候歟、

［読み下し］

年号勘文《ねんごうかんもん》の事《こと》、今日《きょう》など注進《ちゅうしん》すべきの由存《よしぞん》じ候《そうろう》。建徳《けんとく》・元宝《げんぽう》に存《ぞん》じ定《さだ》め候《そうろう》。而《しか》るに建徳《けんとく》は資宣卿《すけのぶきょう》の勘進以前《かんしんいぜん》有《あり》元《もと》・資高《すけたから》等注進《ちゅうしん》し候《そうろう》。一字《いちじ》は必《かなら》ず先祖勘出《せんぞかんしゅつ》の字《じ》を注《しる》し載《の》せ候間《そうろうあいだ》、其《そ》の分《ぶん》と存《ぞん》じ候《そうろう》の処《ところ》、先祖《せんぞ》初《はじ》めて勘出《かんしゅつ》の字《じ》の事《こと》、其《そ》れ以前《いぜん》に他儒勘進《たじゅかんしん》し候《そうろう》は用《もち》ふべからざるの由申《よしもう》せしめ候仁候《そうろうじんそうろう》の間《あいだ》、不審《ふしん》に存《ぞん》じ候《そうろう》。仍《よっ》て引見《いんけん》し候《そうろう》の処《ところ》、誠《まこと》に其《そ》の謂《い》はれ候《そうろう》か。

先祖が勘出した字には、それ以前に他の儒者が勘申したものは使えないという考えについて、公賢は「此の儀誠に議等有るべく候なり（このことは、誠に議論が必要な問題です）」と書き送ったが、最終的に忠光は「建徳」を取り

下げ「延文」を提案した。三月二十八日の改元定で新年号として採用されたのは、この「延文」であった。

兼綱は、どのような字を選出したのであろうか。『建来記』には、以下のように記される。

史料4　『建来記』文和五年二月二十五日条

［釈文］

貞徳今度撰出字也、文安者曽祖（藤原経光）建長度新令撰出給字也、其後祖父（藤原兼仲）永仁度又令載勘文給、其後他家輩近来又出之歟、然而最初者曽祖勘進之、仍今度載勘文、代々先祖所進字一、又新字一、并二字参議初度載勘文条家例也、其子細見代々家記、

［読み下し文］

貞徳《じょうとく》は今度《こんど》撰出《せんしゅつ》の字《じ》なり。文安《ぶんあん》は曽祖《そうそ》建長《けんちょう》度《ど》新《あら》たに撰出《せんしゅつ》せしめ給《たま》ふ字《じ》なり。其《そ》の後祖父《ごそふ》永仁《えいにん》度《ど》又勘文《またかんもん》に載《の》せしめ給《たま》ふ。其《そ》の後他家《ごたけ》の輩《ともがら》近来又出《きんらいまたいだ》すか。然《しか》れども最初《さいしょ》は曽祖《そうそ》勘進《かんしん》す。仍《よっ》て今度《こんど》勘文《かんもん》に載《の》す。代々《だいだい》先祖《せんぞ》進《まい》らす所《ところ》の字一《じひとつ》、又新字一《またしんじひとつ》、并《あわ》せて二字《にじ》を参議初度《さんぎしょど》の勘文《かんもん》に載《の》するの条《じょう》は家《いえ》の例《れい》なり。其《そ》の子細《しさい》代々《だいだい》の家記《かき》に見《み》ゆ。

兼綱は、新字を「貞徳」、父祖勘進字を「文安」とした。ただし、当初は新字の候補として「応昌」「成安」「徳成」、父祖勘進字として「貞正」「文安」を公賢に示し、意見を仰いでいた。

兼綱は「文安」について、最近は他家でも出されているがこの年号を初めて勘進したのは経光であるから勘文に載せると述べた。この部分の記述は、先に示した「他家の儒者が勘進した字は先祖勘出の字には適さない」という主張に対応している。これは、公賢が「議論が必要」と述べたように、公家社会一般の共通認識とは言い切れなかったようであり、このときは東坊城長綱も「文安」を勘申した。しかし、兼綱にとっては遵守すべき重要な教えであった。なお「文安」は中国の皇后謚号《しごう》であるなどの難を指摘され長らく用いられなかったが、広橋綱光《つなみつ》が年号勘者のときにようやく採用された。

また、当初新字の候補にあった「応昌」について、公賢が「昌字は新字に非ざるか。加之《しかのみならず》昌泰の後用ひられず（昌の字は新字ではなかろう。それに「昌泰」の後は採用されていない）」と述べたことに対して、兼綱は「新字と号し候は、年号の字新にて候はず、父祖并びに他人未だ曽て勘文に載せざる字の事に候、所詮新に撰ぶ字を以て新字と号し候、代々の所為此くの如く候（新字と称しますのは、年号の字が新しいということではなく、父祖や他人が今まで勘文に載せたことがない年号のことです。要するに新たに選ぶ年号のことを新字と称するのです。代々の為す所はそうでした）」と返した。公賢も兼綱のこの意見を認めた（『園太暦』文和五年二月十七日条・二十六日条）。

「代々の所為」を重んじる態度は、公家社会では決して珍しくない。兼綱にとっては父親から直接の指導を仰げない分、先祖の記録の重要性はなおさら大きかったことだろう。彼が家記に寄せた絶大な信頼は、年号勘文の封じ方について詳細に記した後に「此の封じ様、四辻《よつつじ》殿（藤原頼資）の安貞度の御所為此の如し。御記に分明の間、彼の趣に任せおはんぬ」（『建来記』文和五年二月二十五日条）と続けた部分からも読み取れよう。

三　兼綱から仲光へ

延文改元の後、藤原兼綱は康安改元（一三六一）・応安改元（一三六八）・永和改元（一三七五）の三度にわたって年号勘者を務めた。その間、自身が勘者であるかそうでないかに関わらず多くの改元関係記録を収集・書写し、ときには「年号勘者例」（歴博二〇八）のようなマニュアル類も作成した。これは元暦改元（一一八四）から建長改元（一二四九）の間の年号勘者と、勘申の典拠とした漢籍の題名を載せた手引きである。紙背文書の年次から、おそらく康安改元の前後に作られたものとわかる（福島二〇二二）。

康安改元の約一カ月後に父光業が他界し、その頃から貞治改元（一三六二年九月二十三日）の時期にかけて、兼綱は熱心に部類記の作成に励んだ。奥書より書写時期が判明する『改元部類記』に歴博一五七（康安二年〈一三六二〉九月四日）、歴博一五八（康安二年八月中旬）、歴博一六一（康安二年八月中旬）があり、いずれも主家である鷹司《たかつかさ》冬通《ふゆみち》の所持本を借りて書写している。図1に歴博一六一を掲載する。これは正治（一一九九）～元仁（一二二四）の改元部類記であり、『猪隈関白記《いのくまかんぱくき》』から抄出して作成された。図1は奥書の部分であり、兼綱が康安二年八月中旬（貞治改元の直前の時期）に書写したことがわかる。兼綱は貞治改元の年号勘者ではなかったものの、光業没後新たな当主として、自身や子孫のために家の記録を伝えていこうという意欲に燃えていたのではないか。

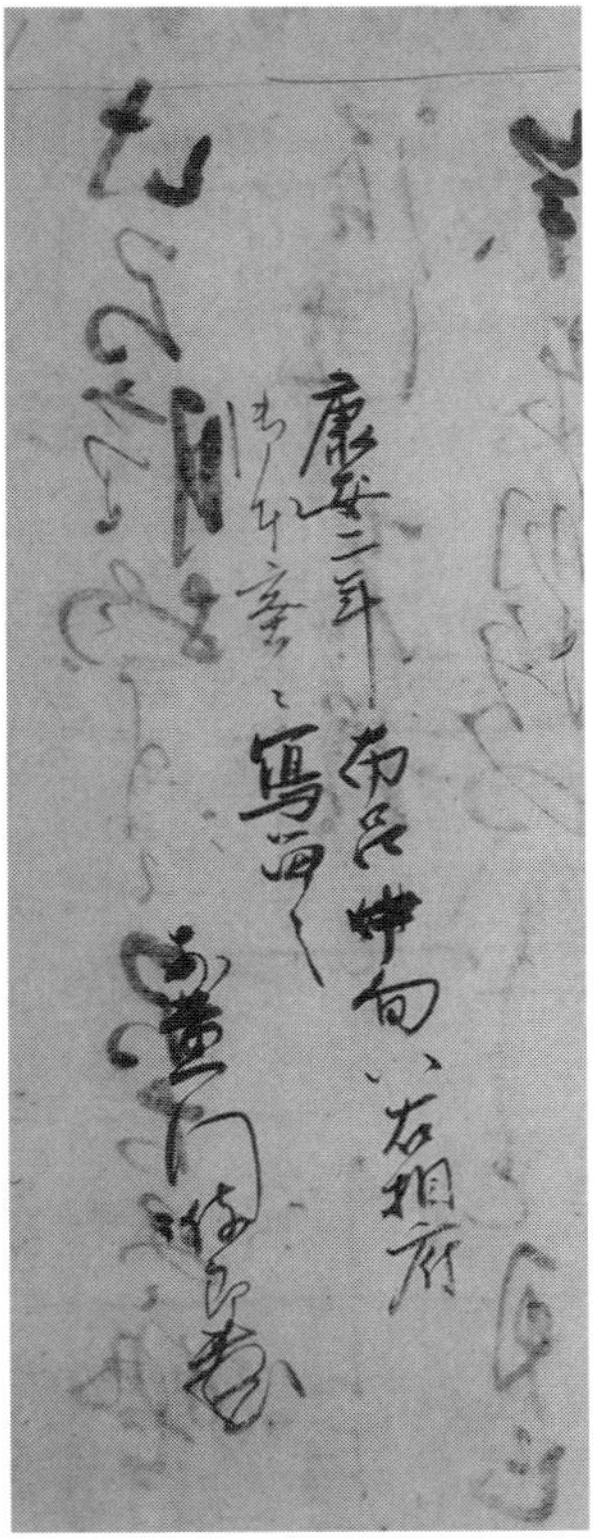

図１　『改元部類記』（奥書部分、歴博161）

［釈文］

康安二年南呂中旬以右相府（鷹司冬通）

御本蜜々写留之、

前黄門侍郎（藤原兼綱）（花押）

［読み下し］

康安《こうあん》二《に》年《ねん》南呂《なんりょ》中《ちゅう》旬《じゅん》右相府《うしょうふ》の

御本《ごほん》蜜々《みつみつ》写《うつ》し留《とど》む。

前《さきの》黄門《こうもん》侍郎《じろう》（花押《かおう》）

その後、康暦改元（一三七九）において兼綱は年号勘者を命じられたが、所労を理由に辞退してその任を子の仲光に譲った（『迎陽記《こうようき》』（5））。「広橋家旧蔵記録文書典籍類」の中には、父の役割を受け継いだ仲光が年号選定のために作成したと覚しい参考資料がいくつか現存する（「当家代々勘申未披用字集」〔歴博一九九〕、「年号字 新撰」〔歴博二一八〕、「年号字」〔歴博二一九〕など）。この頃には年号勘者の数が七人に増え、また、その中に占める日野流の人数も増えていった。日野流の人間が全く含まれなかった鎌倉末期の状況とは対照的である。これは、日野・裏松・広橋・

柳原の中に北朝の治天の君や室町殿に重用された人々が多くいた結果であると指摘されている（小川二〇一九）。

しかし、政治的地位の上昇とは裏腹に、日野流の面々の学問的素養は低下の一途を辿ったようである。兼綱が亡くなって十三年後の明徳五年（一三九四）、応永改元に際して年号勘者の東坊城秀長《ひでなが》（長綱の子）が『迎陽記』同年七月二日条に記したところによれば、彼は他の五人の勘者の分も勘文を用意した。「面々故実の子細無し」と呆れられたその五人とはいずれも日野流の人間であり、仲光も含まれていた（小川二〇一九）。年号勘者として、学術的な関心はそこまで強くなかったかもしれないが父祖の例を懸命に参照し、自ら記録も多く残してきた兼綱にとって、さぞかし不本意な結末であったことだろう。

おわりに

広橋家では、歴代当主の多くが改元の年号勘者を務め、改元定にも参仕していた。藤原兼綱も延文改元以降、康安・応安・永和の四度の改元で年号を勘申した。しかし鎌倉末から南北朝初期の改元儀礼においては日野家・広橋家ともに経験が乏しく、父光業もその業務に携わったことがなかったために、兼綱が年号勘者の任を果たすには洞院公賢など識者の助言を請うほかには父祖の記録に頼るしかない状況であった。

兼綱は後々のため自らも積極的に改元部類記を作成したり、過去の年号勘者や年号に使用する字の候補ならびにその出典など、業務に必要な情報を参照するための手控えを作成したりしていた。このようにして家の故実という観点から蓄積された年号勘申のノウハウが活用される機会は、兼綱の子である仲光が頻繁に年号勘者を務める中でいっそう増えていったが、全体的な傾向としては、日野流の進出によって改元年号の選定は形式化が進行した。

参考文献
小川剛生「迎陽記の改元記事について」水上雅晴編『年号と東アジア』八木書店、二〇一九年
小島道裕「特集展示「年号と朝廷」」『国立歴史民俗博物館研究報告』二三三集、二〇二一年
福島金治「鎌倉期の年号勘申者の家と公武政権」水上雅晴編『年号と東アジア』八木書店、二〇一九年
福島金治「広橋兼綱『年号勘者例』とその紙背文書」『国立歴史民俗博物館研究報告』二三三集、二〇二一年

注
（1）引用は史料纂集『園太暦』による。以下、延文改元の経緯については、特に断らない限り同記録の「第廿五　延文元年目録　正月」「第廿六　延文元年　目録　二月　三月」「第廿七　延文元年　目録　春夏」を典拠とする。
（2）大日本古記録『民経記』「経光卿改元定記」宝治元年（一二四七）二月二十八日条。
（3）『歴代残闕日記』第一三巻（臨川書店）所収『瑞雲院贈左府記』文和五年（一三五六）二月二十五日条。以下同じ。
（4）史料2について、福島金治氏は「広橋兼綱『年号勘者例』とその紙背文書」（『国立歴史民俗博物館研究報告』二三三集、二〇二一年）の中で元宝・建徳の提案者を兼綱と解しているが、史料3からも明らかなように、この二字を提案したのは忠光である。
（5）史料纂集『迎陽記』（以下同じ）永和五年（一三七九）三月九日条。

（田中奈保）

あとがき

「まえがき」にも記したように、本書は国立歴史民俗博物館において二〇二三年三月七日から五月七日にかけて実施した特集展示「中世公家の〈公務〉と生活―広橋家記録の世界―」（展示代表者：田中大喜）の内容をもとに作られたものである。特集展示は小規模のため、もともと展示図録を作製する計画はなかった。しかし、小規模ながら大変充実した内容になったため、ありがたいことに多くの観覧者から図録がないことを惜しむ声をいただいた。こうした声に対して、どのように対応すべきかを考えはじめたころ、おそらくそのなかのお一人だったであろう同成社の佐藤涼子氏から、「展示内容を書籍化しませんか」という、まさに「渡りに舟」のお話しを頂戴し、本書が生まれることになった。

この特集展示は、二〇二〇～二二年度国立歴史民俗博物館基盤研究「『広橋家旧蔵記録文書典籍類』を素材とする中世公家の家蔵史料群に関する研究」（研究代表者：家永遵嗣）の成果の一つとして開催した。この共同研究は、国立歴史民俗博物館が所蔵する代表的な資料群である「広橋家旧蔵記録文書典籍類」（以下、広橋本）を多角的に調査・分析することで、その全体像を歴代当主の伝記を軸として整理することを目的に設定した。そのため、広橋本に精通している歴史学・国文学を専門領域とする都合二十一名の研究者にご参加いただいた。

三年間で十回開催した研究会では、研究報告を通してそれぞれの知見を披露し合い、それを参加者で議論しながら情報の共有を進め、目的にアプローチした。研究報告の内容は、中世広橋家の歴代当主が記した日記の特色、中世の公家社会あるいは公武関係における広橋家の政治的位置、広橋本に残された補任・改元や国家財政に関わる文書、他家から広橋本に流入した文書・記録など、多様な資料群から構成される広橋本の特質に照応するように多岐にわたるものとなった。これらは『国立歴史民俗博物館研究報告』において論文化して公表する予定だが、特集展示はこれに先行してその一部を社会に広く発信するために開催したものだった。

しかし、広橋本は膨大な資料群で構成されるため、今回の共同研究でその全体像が解明し尽くされたわけではない。まだまだ研究の余地を大きく残している。

前述したように、広橋本には他家の文書・記録が流入している。伊勢神宮祭主家の藤波家の文書はその最たるものだが、それ以外のものもある。たとえば、摂関家近衛家の記録や藤原氏日野流の町家の記録・文書、さらには三条家・北畠家などのものも流入していることが指摘されている。広橋本を精査すれば、もっと多くの他家から流入した文書・記録を発見することができるだろう。また、広橋家が所蔵した資料群は広橋本だけではない。それは近代以降に分散したため、現在、国立歴史民俗博物館以外の研究機関にも所蔵されているのである。これら他機関に所蔵されている広橋家旧蔵の資料群も視野に入れれば、広橋家に流入した文書・記録を総体的に明らかにすることができ、広橋本を含めた広橋家旧蔵資料群の全体像の解明に繋がる成果を挙げることができるはずである。そしてそれは、中世から近世の公家社会における広橋家の政治的位置や交流の具体相を映し出すものであろうから、前近代の広橋家の実態解明にも繋がる成果になると予想される。

ほかに、広橋本には広橋家の家祖となった藤原頼資に関わる資料群があるが、これらは残念ながらいずれも写本であり、原本として残されていない。他機関に所蔵されている頼資に関わる資料群も同様である。しかし、興味深いことに広橋本と同内容のものであっても、広橋本のものには欠けている記事を掲載しているものがあることが確認されている。したがって、他機関所蔵の資料群と比較検討することによって、頼資に関わる資料群の内容を復元することができるわけだが、このような方法をほかの資料群にも適用することで、写本として伝わっている広橋本の資料群の内容を復元していくことができるだろう。さらに、それぞれの書写の時期や書写者に着目することで、書写当時の書写者の政治的立場や意図について知ることができると考えられる。

このように研究の余地を大きく残している広橋本は、「研究の宝庫」ともいえる資料群である。本書を足がかりにして、今後、広橋本ならびに広橋家旧蔵資料群の全体像の解明が進展することを大いに期待したい。また、本書を手に取った方々のなかから、広橋本と広橋家旧蔵資料群に関心を持ち、その研究を志す方が現れたならば望外の喜びである。

末尾になったが、ご多忙のなかご執筆いただいた共同研究の参加者でもある各執筆者と、本書を世に送り出す機会を与えていただいた同成社の佐藤氏、そして編者の作業を的確にサポートして下さった同社の工藤龍平氏に厚く御礼申し上げる。

二〇二四年十二月

田中大喜

執筆者一覧（五十音順、◎は編者。2025年1月現在）

◎家永遵嗣（いえなが　じゅんじ）	次頁参照
井手麻衣子（いで　まいこ）	福岡大学非常勤講師
榎原雅治（えばら　まさはる）	東京大学史料編纂所名誉教授
遠藤珠紀（えんどう　たまき）	東京大学史料編纂所准教授
小川剛生（おがわ　たけお）	慶應義塾大学文学部教授
尾上陽介（おのえ　ようすけ）	東京大学史料編纂所教授
甲斐玄洋（かい　としひろ）	佐伯市歴史資料館学芸員
木下昌規（きのした　まさき）	大正大学文学部歴史学科准教授
久水俊和（ひさみず　としかず）	追手門学院大学文学部准教授
末柄　豊（すえがら　ゆたか）	東京大学史料編纂所准教授
高橋秀樹（たかはし　ひでき）	國學院大學文学部教授
田中奈保（たなか　なお）	鎌倉女学院中学校高等学校教諭
◎田中大喜（たなか　ひろき）	次頁参照
廣田浩治（ひろた　こうじ）	静岡市文化振興財団事務局
村井祐樹（むらい　ゆうき）	東京大学史料編纂所准教授
桃崎有一郎（ももさき　ゆういちろう）	武蔵大学人文学部教授
湯川敏治（ゆかわ　としはる）	元関西大学文学部非常勤講師

中世《ちゅうせい》公家《くげ》の生活《せいかつ》と仕事《しごと》
──広橋家文書の世界──

■編者略歴■

家永遵嗣（いえなが・じゅんじ）

1957年、千葉県生まれ。東京大学大学院人文科学研究科国史学専攻博士課程退学、博士（文学）。その後、東京大学文学部助手、成城大学短期大学部助教授、学習院大学文学部助教授等を経て、現在、学習院大学文学部史学科教授。

〔主要論著〕「足利義満と伝奏との関係の再検討」『古文書研究』41・42合併号、1995年。「光厳上皇の皇位継承戦略と室町幕府」桃崎有一郎・山田邦和編『室町政権の首府構想と京都』文理閣、2016年。「政治的混乱が『国制の一元化』『皇統の一本化』になったわけ」遠藤珠紀・水野智之編『北朝天皇　研究の最前線』山川出版社、2023年。

田中大喜（たなか・ひろき）

1972年、東京都生まれ。学習院大学大学院人文科学研究科史学専攻博士後期課程修了。その後、駒場東邦中学・高等学校教諭、国立歴史民俗博物館研究部歴史研究系准教授を経て、現在、日本大学文理学部史学科教授。

〔主要論著〕『中世武士団構造の研究』校倉書房、2011年。『新田一族の中世』吉川弘文館、2015年。『対決の東国史3　足利氏と新田氏』吉川弘文館、2021年。『中世日本の地域社会における武家領主支配の研究』（編著）国立歴史民俗博物館、2024年。

2025年2月20日発行

編　者　家永遵嗣
　　　　田中大喜
発行者　山脇由紀子
印　刷　藤原印刷㈱
製　本　協栄製本㈱

発行所　東京都千代田区平河町1-8-2
　　　　山京半蔵門パレス（〒102-0093）
　　　　TEL 03-3239-1467　振替 00140-0-20618
　　　　㈱同成社

ISBN978-4-88621-995-4 C3021